常乃悳 著

中国思想史二十一讲
中国文化史十五讲
中国政治制度史十三讲

20世纪史学名著丛书

中国文史出版社

图书在版编目（CIP）数据

中国思想史二十一讲　中国文化史十五讲　中国政治制度史十三讲 / 常乃惪著. -- 北京：中国文史出版社，2024.12. --（20世纪史学名著丛书）. -- ISBN 978-7-5205-5176-2

Ⅰ.B2；D69

中国国家版本馆 CIP 数据核字第 202441CJ14 号

出 品 人：彭远国
责任编辑：秦千里　方云虎

出版发行：	中国文史出版社
社　　址：	北京市海淀区西八里庄路69号院　邮编：100142
电　　话：	010-81136606　81136602　81136603（发行部）
传　　真：	010-81136655
印　　装：	廊坊市海涛印刷有限公司
经　　销：	全国新华书店
开　　本：	16开
印　　张：	17
字　　数：	288千字
版　　次：	2025年6月北京第1版
印　　次：	2025年6月第1次印刷
定　　价：	58.00元

文史版图书，版权所有，侵权必究。
文史版图书，印装错误可与发行部联系退换

出版说明

常乃惪（1898—1947），字燕生，山西榆次人，是中国近代历史学家、思想家，新文化运动重要代表人物。1916年考入北京高等师范学校史地部，曾任教于燕京大学、山西大学、四川大学等多所高校。1925年加入中国青年党，长期担任常委兼文化运动委员会主任。主编过《醒狮》月报。

作为近代史学史上社会达尔文史观的代表人物，他提出从生物学视角分析历史，强调"关系""组织"的动态演化，认为历史是"生物生存竞争"的延续，主张文化改造需适应时代需求。他提出"文化病"学说，将文明衰败类比生物机体病变，主张通过文化病理分析提出改良方案，赋予历史研究诊疗功能。因此，在他那个时代，他将历史研究视为民族救亡的思想武器。

常乃惪尝试突破传统史观桎梏，但其过度依赖生物类比导致对社会经济要素的忽视，且在实证层面缺乏系统性历史解喻案例，最终未能形成持续影响力。又因政治立场与时代局限，长期被主流学界边缘化。

《中国思想史二十一讲》（即《中国思想小史》）撰成于1920年代末，作者用简洁明快的语言叙述了我国各历史时期思想的形成、特征及其作用和影响。本书以思潮和问题为章节，吸收各家之说，见解别致独到，贯穿着对民族命运的思索，隐含文化治疗方案。

《中国文化史十五讲》（即《中国文化小史》）采用鸟瞰式体例梳理中国文化脉络，由什么是中国文化谈起，叙述了从先秦到新文化运动各历史时期的文化现象、特征及其发展状况，能让读者大致了解中华文明的精神内涵。

《中国政治制度史十三讲》（即《中国文化小史》）详细介绍了中国历史上政治权力的变迁及演进，中枢政权的推移，历代中央官制、地方官制、地方自治、参政制度、监政制度的变迁，田赋、杂税、社会政策与民生等财政情况的演变以及司法、教育、军事制度的演进等。是20世纪初中国政治制度史研究的重要专著。

目 录

中国思想史二十一讲

导言　中国五千年来思想变迁的鸟瞰 / 3
第一章　原始中国民族的神话思想 / 8
第二章　宗教与伦理观念之进化 / 12
第三章　神权思想之衰落与人事观念之代兴 / 16
第四章　宗法社会思想之圆满的发展 / 20
第五章　贵族社会中的一般思想 / 24
第六章　学术的解放与思想的分化 / 29
第七章　各派思想之凋落混合及神秘思想之复兴 / 37
第八章　怀疑时代的曙光 / 41
第九章　佛教的输入 / 45
第十章　新佛教宗派的创造 / 49
第十一章　唐宋间理学未兴前之新形势 / 53
第十二章　宋朝理学的起源及其成立之经过 / 57
第十三章　理学的大成和独占 / 66
第十四章　程朱学的衰落与王学的兴起 / 74
第十五章　理学的反动时期 / 82
第十六章　考据学全盛下的清代思想界 / 86
第十七章　思想的解放与今文家的活动 / 89
第十八章　欧洲思想与昔日之中国 / 93
第十九章　政治思想与实际政治运动 / 96
第二十章　新文化运动的黎明时代 / 100
第二十一章　新文化运动的成绩 / 103

中国文化史十五讲

序 / 111
第一章　甚么是中国文化？ / 112
第二章　有史以前的中国人民 / 117
第三章　宗法社会与封建制度之进化 / 124
第四章　从上古文化到中古文化的特变期——春秋时代 / 132
第五章　古代文化的成熟期——战国时代 / 138
第六章　大帝国的出现 / 144
第七章　怀疑与黑暗时代 / 153
第八章　新文化成熟时代 / 158
第九章　隋唐帝国的黄金时代 / 163
第十章　文化的收敛与民族的屈辱 / 170
第十一章　东西交通之初启与民族精神之复兴 / 176
第十二章　民族思想之成熟与考证学之兴 / 182
第十三章　海通以后的文化转变期 / 190
第十四章　民国十七年来的中国文化运动鸟瞰 / 197
第十五章　今后中国文化上之诸问题 / 203

中国政治制度史十三讲

第一章　历史上政治权力之变迁及其演进 / 209
第二章　中枢政权之推移 / 214
第三章　历代中央官制之变迁 / 218
第四章　历代地方制度之变迁 / 222
第五章　地方自治制度之变迁 / 227
第六章　历代参政制度之演进 / 232
第七章　历代监政制度之变迁 / 235
第八章　财政一——田赋 / 238
第九章　财政二——杂税 / 242
第十章　财政三——社会政策与民生 / 247

第十一章　历代司法制度之演进 / 252

第十二章　历代教育制度之演进 / 256

第十三章　历代军制之演进 / 259

中国思想史二十一讲

导言　中国五千年来思想变迁的鸟瞰

思想史与学术史同呢？不同呢？说不同，所采的材料，所用的方法，未尝不大同小异；说同呢，内容所讲的确乎彼此两样。学术史——或者哲学史——所注重的是学说的内容，师徒传授的门户派别，以个人为中心的学者传记等等——思想史对于这些却全不注重，它所注重的乃是一时代思想递嬗的源流大概，及于当时及后世的波动影响。讲学术史尽可以个人为中心，多少忽略时代和地域等背景，讲思想史却完全不能不注意到时代、地域等等交互的影响。近来学术史乃至哲学史的著作也都渐渐抛弃以个人为中心的学案体，而趋重于环境的影响之叙述了，从此以后思想史的位置，将比学术史——特别是哲学史——的位置还高了。

中国有学术么？这话是不能轻易回答的，因为真正以科学方法为根据的学术，在欧洲也不过二百年来的事，在中国今日则甫在萌芽，尚无供历史记载的资格，更谈不到学术二字。中国有哲学么？自周、秦诸子以来，百家争鸣，其中未尝无近乎哲学性质的学说，不过中国的民族性是平易务实，所有主张多务求有裨实用，并不好为幽深玄远的思辨，因此发达为纯正哲学的机会甚少，只有六朝以后，从印度输入的佛教思想，颇有哲学的意味，但一到中国，学风也渐渐趋于实际，不是纯印度的旧来色彩了。地域环境之移人如此，因此在中国求为学术史或哲学史的记载是很不容易的，但五千年孕育深厚的民族，其发为思想自然不无可观，以民族的固有天性和环境铸成思想，以思想之力又铸成民族，彼此循回影响，遂造成今日庞大的中华民族与中华民族思想，对于全世界都有莫大的影响，这种情形又是我们所决不可放弃过了的，因此中国思想史的研究就绝对不可缓了。

我们要对于中国民族思想的内容作详细的研究，就不可不先将五千年来演化的源流大概先为鸟瞰的解剖，使读者心中对于全盘情形先有一番了解，然后再进而为细密的叙述，才不至茫然无措，因此本章先将这种思想演化的大概情形，作一番鸟瞰的叙述。

思想不是凭空发生出来的，他是民族精神结晶的表现，民族精神也不是天造地设一成不变的，他的成因，一半是民族血统，一半是地域环境和时代环境所造成。要研究中国民族的思想演化情形，除了各时代的时代环境应该注意外，对于中国民族的先天气质和地域环境也不能不注意，尤其要注意的是地域环境，因为民族的气质如何，本来难以表现，所表现出来的，尽是受过地域环境影响以后的情形，因此地域环境就更不能不特别加以注意。中国是个温带的国家，地方又广大，平原和河流又多，气候又温暖，物产又繁盛，这样情形之下，思想是应当早发达的。就最可靠的历史记载言，距今四千年时代，至少已有了系统的思想的萌芽了。在四千年以前，中国民族的思想进展到如何程度，我们今日无文献可征，已难十分断言了，不过从上古的种种民谣神话以及器物制度上考察起来，或者仍不无可以揣想而知之处。至于尧舜以降，多少已有书籍和器物可征，从这时代起到西周末年止，我们可以看作是一个相近的时代，这时代中我们所有的记载证明了一部分贵族宫廷的人已有了系统的观念思想，而大多数平民却仍生活在不识不知的神话之中。这时代因为交通不便、民族接触较少的缘故，至少文化的中心因民族之不同也分裂为数个，较显著的如黄河流域的诸夏民族文化，淮水流域的东夷民族文化，江汉流域的荆蛮民族文化，渭水流域的氐羌民族文化，四川中部的巴蜀民族文化，都各有其特异之点，由此产出的民族思想也各有其系统，彼此不同。除了诸夏民族之外，其他民族的本来思想因为记载简略的缘故，我们仅能于流传的故事神话之中，略得其一二，其详已不可得闻，这些不同的民族思想，到春秋以后因列国接触的结果，逐渐都加入诸夏思想系统之中，彼此混合调和，遂造成今日中国民族的整个思想了。

春秋战国是各民族接触频繁的时代，也是各种思想系统彼此竞争和调和最烈的时代。原始的诸夏民族思想因为政治进化较早的缘故，发展较为完备，表现出来的是儒、墨两家的思想。儒家重伦理秩序，墨家重实用节俭，两家为说虽稍有不同，根本的精神却无甚差别，都是发源于诸夏民族重实践的民族性。与这种精神相反的，则有道家与阴阳家两派。道家重虚无自然，阴阳家重鬼神怪诞，两家为说虽稍有不同，其源却均出于东夷民族的思想，不过一受海国的影响，气势较为雄大，一则发展于江汉流域，因地域丰饶的结果，思想较为高深罢了。最后出者为法家，法家起于韩、魏而盛行于秦，都是西北区域，西北为氐羌族的根据地,因气候寒冷,地势贫瘠,虽经周、秦两代的建都,文化仍甚落后,思想无甚表现,直到战国末年才有法家出现,其重功利、尚实用的精神仍与诸夏思想系统相近,不过更加谿刻峻厉,带有西北民族的色彩罢了。但法家的人生观却多承自道家,其受东夷族思想之影响也不少。要之先秦诸子,法家最为后出,其受他派影响也最多,故其学说首尾完密,壁垒森严,可谓集古代学说之大成,后来西汉一代的实际政治都是依据法家的主张而实行的。

经过战国末年思想发展极盛的结果,到秦、汉统一以后,便有衰颓的倾向了。西汉初年的社会,以前各派的分子仍然都在活动,不过都无杰出的人才。儒家只有董仲舒一派的迂儒撑持门面,和叔孙通、公孙弘等无耻小人,假借名目,献媚时主。道家则也将原始那种极端破坏的思想抛弃,只以清净无为等浅薄思想,迎合当时的人心。这两派的末流都吸收当时流行的方士妖妄之说,与阴阳家末流相合,造成谶纬的思想,支配东汉一代的政治社会,结果成为道教。阴阳家更加堕落,自战国末年就失去创始者的本意,变为方士了。秦、汉以后,这种方士逐渐吸收当时的社会上的多神思想,蔚成大宗,后来的道教便是中国多神思想的总汇,很值得注意的。法家在西汉一代最见实用,但结果毗于事功而忽略理论,因此思想方面转没有什么大的建树,不过在实际上颇支配当时的人心罢了。墨家本来不重理论,秦、汉以后更因与当时专制潮流不合的缘故,表面上销声匿迹,实际上任侠好义之士多带有墨者的意味,不过因为不尚理论的结果,渐渐数典忘祖不知道他们的思想所自了。总之西汉一代是各派思想日就式微的时代,到东汉时代各派遂均灭亡。东汉表面上尊崇儒家,似乎思想界为一派所垄断,实则有经师而无儒者,有训诂而无发明,够不上称为思想家。当时支配一般思想界者仍是儒、道、阴阳三派结合而成的多神宗教,思想界之寥落如此,无怪乎一到魏、晋之际,要生大的反动了。

思想到了东汉,可算消沉黑暗已极,妖妄的方士思想传布于民间,遂造成黄巾之祸。四百年来的统一大帝国,由此破裂。乱世社会不易安定,思想因之易趋激烈,遂渐渐产生对于古代传统思想反抗的怀疑精神。汉末的孔融,魏末的何晏、王弼,晋初的竹林七贤,都是此时代的代表。不过当时风气初开,规模未具,仅有对于传统思想反抗的破坏精神,别无新的建设。加以时代不宁,民生困苦,故颓废思想易于成立。伪《列子》中《杨朱篇》的思想即其代表。假如当时环境没有新的发展,则思想界也未必就长此安于颓废,或者就老庄哲学的路,发展为一种名理探讨的新精神也未可知,不过费的时间总要长些。乃时势凑巧，因种族移徙的结果，西域交通之路大开，印度的佛教思想竟大举输入中华，给颓废饥渴的思想界以一种新兴奋剂，从此思想界的工作，都集中到翻译事业上去了。

六朝的翻译事业，与两汉的训诂事业，虽均为述而不作的劳动，性质似乎相同，其实就精神上和效果上说起来，却大不相同。汉代的经师当思想由盛而衰之际，其功作仅止于抱残守缺，毫无进展，当其任者也多系拘谨迂阔的书生，并无非常杰出之才，故影响社会极小。六朝则正当思想革新的机会，外来的学说完全新颖，为向来所未见，足以吸引第一流人才的注意，而其内容博大精深，又足以维系人心的信仰，故翻译者妙契微言，听受者共乐新义，影响之大就决非区区汉代经师所可比了。

六朝时代，正在输入印度思想之际，大家都努力于介绍的工作，不暇咀嚼消化，在创造上无甚表现，不过单以介绍而论，已使中国思想界得了一支新生力军，发生一种新的变化罢了。到了六朝末年，翻译的工作业已将次圆满，印度思想重要的部分业已差不多都介绍过来，中国的学者接收了这一批新礼物之后，自然要逐渐求其与固有思想调和融化而另创出一种新东西来。自北魏中叶的净土宗起，到隋朝的天台宗，唐初的华严、禅宗等，都是中国人自创的东西，就是法相宗虽从印度输入，也是经过玄奘法师的改良，另有一番新意义的。

佛教到了唐朝中叶，已经发达到了极点，种种新义都已发挥净尽，物极必反，以后的佛教便往下坡路走了，唐朝末年的佛教徒骄奢淫佚，愚昧无知，已不能尽餍人心，学士大夫渐渐有另辟新路的动机，如韩愈、柳宗元、刘禹锡、李翱都是有志开辟新路的尝试者，不过时机未熟，成就不大。到了晚唐五代的丧乱时期俱已过去，北宋的政治统一开幕，因着政治的和平安定，思想得以酝酿发舒以至于成熟。北宋中叶以后欧阳修、王安石的实利主义和二程子的理学俱已成立，到南宋以至于元，便全是理学家的天下了。

理学起于北宋，大成于南宋，而盛于元及明初，元、明两代经过政治当局有意的提倡，简直成为一种变相的宗教，为人主钳制人心的工具了。末流之弊自然趋于谿刻，到明朝中叶反动渐起。一部分名士文人，专模仿浪漫的感情生活，虽为理学直接的反动，但在思想上无切实的立足点，尚非重要，在思想上占重要地位的，则为王守仁之良知学说。王学虽仍不脱理学之名，但实际上主张直接痛快，破坏一切，已超出宋儒的范围，非理学所能拘束了。

这种对于宋儒理学的反动，一经开始其势不可复止，故到明末清初，受了国家时局的激刺，便有更新的思想萌芽。黄宗羲、顾绛、王夫之、傅山、颜元等都各有新学派出现，不但宋儒拘他不住，即阳明学说也渐成过去了。这时候真是个新机萌芽的时代。不幸清圣祖以后，专制日亟，文网日密，屡兴摧残思想的大狱，又用利诱手段，以爵禄牢笼学者，以辞章销磨志气，因此思想界受此挫折，不能照直线往前进行，不得已以玩物丧志的考据之学来销磨岁月，清代考据学之盛，正清代思想界之不幸。但思想终非禁锢所能终了的，清代嘉、道以后，禁网渐疏，新思想逐渐复活，魏源、龚自珍等皆其代表。假使无欧洲思想的输入，这种思想也会逐渐发育起来成为系统的学说的。恰好欧洲的思想又适在这个时机输入进来，给思想界添一支非常有力的生力军，恰如六朝时代之输入印度思想一样。自清末以至今日都和六朝的初期相似，是一个努力介绍的时代，不过尚无像六朝时代那样大规模的忠实介绍罢了。但这种机运 动，决难中止，欧洲思想终有尽量地输入中国之一日，前途之光明正未有艾哩。

综观中国思想界的大势，自原始的神道思想进而为先秦诸子系统的学说，又吸收印度思想而造成宋明的理学，最后则欧洲思想输入，极恢奇变诡之致。足见民族创造力之大，融和力之伟，思想终无中断之一日，这就是我们所可引为乐观的地方了。

第一章　原始中国民族的神话思想

原始的中国民族并不是整个的,极概括地分起来至少也可以分为八九个不同的民族。各种民族占据的环境既不同,又因古代交通不便,彼此声息隔绝,无从交换意见,结果自然易于造成特殊的思想。这种思想后来有的澌灭无闻,有的日益光大,有的与他族思想相互混合,造成今日整个的中国思想,其情形各不相同。已经澌灭的思想,我们今日考证起来,尤为困难。大抵民族思想之发展迟速,内容丰啬,与民族所处的环境大有关系。原始的许多中国民族之中,其较有独立的思想系统堪令人注意者,仅有分布黄河流域的诸夏族,和淮水流域的东夷族。此外巴蜀民族虽有文化,而因与中国交通较迟,纪载已多轶灭,无从考起;荆蛮、氐羌等族文化较低,表现甚少;闽粤、北狄、西藏诸族,距中原荒远,文化发展也较后,更无思想之可言。惟今日盘踞珠江上流山地之苗族,古代相传分布的势力较广,文化的开辟也较早,其思想内容也有可以注意之处,惜乎可考的纪载也不多了。[①]

在这许多民族之中,最可注意的自然是诸夏族,因为他是中国民族的主干,他的文化发达也最早,流传下来的也最多,所以无论是任何种类的中国历史都不能不以他的事件为主干。诸夏族的来源有人说是从中央亚洲迁来,有的说是中国土著,我们姑不具论,总之自有历史以来,这个民族业已盘踞在黄河流域的中部,即今河南省及山东省的西部,山西省的西部一带。这一带地势平衍,土脉肥沃,易于产生文化,但气候并不甚热,在古代水患也较多,故人民不能过于逸乐产生很高尚的思想,只有与生活有关的平实思想容易成立,故其思想多趋于稳健切实。这一块大平原之中,除了西方有山岭以与陕、甘一带的氐羌

[①] 关于上古民族分配的情形,可参看拙著《中国民族小史》(上海爱文书局出版)及《中国史鸟瞰》(北京文化书社代售)。

族（戎人）相隔离之外，南北东三面都无险可守，和异民族容易接触，南方则有苗族，后来的荆蛮不知与苗族是同种否，大约彼此接近，东方则有东夷，北方则有北狄，除北狄因环境不良，略无文化及思想可考见外，苗族及东夷的文化发展也都很早，都有独立的思想系统，可以与诸夏相交换。上古诸夏族的敌人，最初是苗族，其后是东夷。苗族自黄帝斩蚩尤于中冀，尧胜南蛮于丹水之浦以后，逐渐失败南窜至长江流域，已失了与诸夏冲突的机会。他们的思想一部分被诸夏族吸收，变成中国民族思想的一分子，大部分犹遗留于江汉之间，直到楚国开化始挟之以与中夏思想相颉颃。东夷族与诸夏族之开化时期相仿佛，地势实逼处此，彼此冲突最多，融会也最深。今日所传的种种诸夏文化及思想之中，所含东夷族思想成分最多。上古诸夏族所传的圣人，如伏羲、神农、虞舜等，多不能谓为与东夷族无关。直到大彭霸于夏末，殷商代夏而兴，淮夷、徐戎叛于周初，徐偃王称霸于西周中叶，东夷族之势力犹倔强不伏，有与诸夏族代兴之势，可见其强了。治上古中国民族思想史者，对于苗、东夷二族与诸夏族的关系，是不可不注意的。

上古诸夏民族思想是怎么样呢？也是和其他原始民族一样，应该从神话一类的荒唐传说中去找的。中国的神话材料虽也不为不多，但于研究上古的思想上看起来，价值并不甚大，因为大部分的故事是从战国以至汉朝才出现的。譬如神话最多的纬书，内有关于开辟及古代史迹的神话，但全系汉朝的迂怪儒家所捏造，并不足以代表初民的思想。其次如《淮南子》中神话也最多，《淮南子》所采多系当时社会的传说，与向壁虚造者不同，故较有价值，其中如女娲补天，姮娥奔月等故事，更值得令人注意。不过《淮南子》是代表道家和阴阳家思想的书，所采撷的区域，又是在江淮流域，则此种神话之来源与阴阳家不无关系，阴阳家的思想多与诸夏的传统思想不同，具有海国的气味，与其谓为代表诸夏族，无宁谓为代表东夷族。其他《庄子》、《列子》等道家的书中的神话也可以同样性质视之。故真正代表诸夏族之神话仍只能于《诗》、《书》、《易》等五经中求之，就中《春秋左氏传》载神怪事较多，可以考见上古诸夏族神话之一斑。

> 秋，龙见于绛郊，魏献子问于蔡墨曰："吾闻之，虫莫知于龙，以其不生得也，谓之知，信乎？"对曰："人实不知，非龙实知。古者畜龙，故国有豢龙氏，有御龙氏。……及有夏孔甲，扰于有帝，帝赐之乘龙，河汉各二，各有雌雄，孔甲不能食，而未获豢龙氏，有陶唐氏既衰，其后有刘累，

学扰龙于豢龙氏，以事孔甲，能饮食之，夏后嘉之，赐氏曰御龙。"……献子曰："今何故无之？"对曰："夫物，物有其官，官修其方，朝夕思之，一日失职，则死及之，失官不食，官宿其业，其物乃至，若泯弃之，物乃坻伏，郁湮不育，故有五行之官，实列受氏姓，封为上公，祀为贵神，社稷五祀，是尊是奉。木正曰句芒，火正曰祝融，金正曰蓐收，水正曰玄冥，土正曰后土。龙水物也，水官弃矣，故龙不生得。"……献子曰："社稷五祀，谁氏之五官也？"对曰："少皞氏有四叔，曰重，曰该，曰修，曰熙，实能金木及水，使重为句芒，该为蓐收，修及熙为玄冥，世不失职，遂济穷桑，此其三祀也。颛顼氏有子曰犁，为祝融；共工氏有子曰勾龙，为后土，此其二祀也。后土为社，稷田正也，有烈山氏之子曰柱，为稷，自夏以上祀之。周弃亦为稷，自商以来祀之。"

——昭二十九年《传》

再看《国语》中的一段，更叙得清楚。

古者民神不杂，民之精爽不携贰者，而又能齐肃衷正，其知能上下比义，其圣能光远宣朗，其明能光昭之，其聪能听彻之，如是则神降之。在男曰觋，在女曰巫。是以使制神之处位次主，而为之牲器时服。而后使先圣之后之有光烈，而能知山川之号，高祖之主，宗庙之事，昭穆之世……而敬恭明神者以为之祝。使名姓之后，能知四时之生，牺牲之物……坛场之所，上下之神氏姓之出，而心率旧典者为之宗。于是乎有天地神民类物之官，谓之五官。各司其序，不相乱也。民是以能有忠信，神是以能有明德。

——《国语·楚语》

以上两段中的神话观念，虽出自春秋时代的智识阶级之口，其中自难免含有后来进化的思想，但二人都是追述古代的情形，总有一部分是事实的。从这两段之中，可以看出上古思想之一斑。第一，古代人信民神是不杂的，有专门事神的官，谓之巫觋卜史宗祝，他们的位置很高，有支配人事的权力。第二，古代人信神的意思可由这些巫觋之类代达出来，所以生活很有标准，不至动摇。第三，古代人的宗教观念是多神的，他们所认为神者很多，其有无主宰统属不可深知，即有，关系也是很浅薄的，皇矣上帝的一神观念，是商周以后才发达的，上古有史之初，尚无此见解。第四，古代人之所谓神本具有人格，与人性相去不远，除了日月山川等自然物都认为有神以代表之外，凡人之有才能功烈，为生民所信仰者，死后即成神灵，受后人的祭祀。物之奇异不常者也有神性，也可以为神。以上这几种观念，本是原始民族所同具的。不过诸夏民族受环境的影响，思想至为平实，故其神的观念也至为简单，除了拜物，拜伟人之外，并无其他新奇花样。其所谓神，都是具体的人物，且系与日常生活有关的，不似希腊、印度及波斯神话之多代表抽象的哲理，这便是诸夏民族思想的特色，正可以表示出他们只是大平原中一个老实安分的民族，没有什么有余时间去胡思乱想的。

诸夏族原始的神话思想是这样的简单，所以今日流传的中国神话之中，外来的成分很多。大约如同盘古开天辟地一类的神话是从苗族中流传过来的，此外苗族的思想影响于诸夏者有多少，此时已无可深考。在古代对于诸夏思想影响最深者，要算东夷族。东夷族最古时期的思想如何，也已经不能知道，但从历史上有记载的时期起，东夷族神话思想，已经比诸夏族进步了。东夷族的散布区域是从山东半岛起，淮水流域全部都在他们的范围之内，其种族有莱夷、淮夷、徐戎等，血统大约彼此相近。东夷族的鬼神观念较为发达，诸夏族只重神而不重鬼，东夷族则鬼神并重，迷信鬼怕鬼的风气似乎很盛，用人于社是东夷的风俗，可想见其宗教之残忍好杀。大约一神的观念也是从东夷族输入的。因为上帝的观念是从商朝以后才兴起的，商朝是东夷民族，他的宗教是东夷的宗教。试看《夏书·甘誓》上夏人数有扈氏的罪状，启说他"威侮五行，怠弃三正"，而《商书·汤誓》上商人数夏人的罪状，则有"有夏多罪，天命殛之"，"夏氏有罪，予畏上帝，不敢不正"等语，可见对于神道的观念已经很有进步了。夏朝的历史记载流传到后世的很少，在仅有的几篇《夏书》之中，也看不出多少当时鬼神迷信的痕迹，到商朝则这种风俗显然可考。以殷墟甲骨文字为证，可以发现当时迷信鬼神卜筮的风俗很多，这种迷信，在夏时虽非没有，但绝不像商朝那样发达的。

从粗浅的多神观念的夏朝进化到一神观念的商朝，虽然也许是时代的关系，但种族的关系也不为少，研究古代中国民族思想史者，对于这两种关系都不可不注意的。①

---

① 关于商人是东夷民族及其与夏人相异之点，参看拙著《中国文化小史》（中华书局出版）及《中国民族小史》（上海爱文书局出版）。

第二章　宗教与伦理观念之进化

中国民族在夏以前，还在过着一种素朴的原人思想，对于宗教的观念是很简单的，除了崇拜自然、生物，和已往的伟人以外，并无若何含有高深哲理的宗教信仰，其他学理方面更无规模。现今的《尚书·尧典》、《皋陶谟》诸篇虽然有很秩然的伦理观念可资研究，但以上诸篇撰作的时代尚待研究，我们与其承认这几篇书真是虞夏时代的史官所记录，无宁从梁任公先生之说，认虞夏书为周以后的人所追述者较为可信。其实上古史官与祝卜之类性质相同，并不任秉笔记载之职，尧舜的事迹，当时有何人记载？再以文体而论，《尧典》诸篇文从字顺，较之殷盘周诰之佶屈聱牙者不可同日而语，以文体变化的原则而论，《尧典》的时代也决不能早于《盘庚》。就此两端，就很可启我们对于这几篇史料的怀疑性了。

除了以上的几篇史料以外，我们若想找古代人民哲理思想的材料，就不能不从商朝以后的记载中去找。依我们看来，古代中国人民哲理思想的发达，决不会早于商朝以前。试看商汤即位以后，为着七年之旱，尚有自己翦发去爪，献于神灵作牺牲的野蛮举动，倘若虞夏之间已有很完备的哲学观念成立，则岂有数百年之后，宫廷之上，尚沿习这种野蛮的迷信举动的道理。可知当商人初代夏而兴的时候，尚未脱野蛮迷信的时代，商人固系由游牧民族突起，其文化程度较低，但为商所灭之夏人，虽早已进于农业生活，也不会比商人高至若干程度以上。如此我们假定中国民族——合诸夏族与东夷族而言——自商朝以前，尚在简单的多神信仰时代，到东夷民族的商人侵入中原，征服夏人以后，始以其本族之一神观念加入诸夏的宗教思想之中，而信畏上帝的习惯渐渐成立。这时候的一神教，并非严格的一神思想，不过于诸神之上设立一至尊之神加以尊奉而已，其诸夏族旧有的诸神及东夷族的诸神依然存在，于上帝之下作一属员。这就是当时的情形。

第二章　宗教与伦理观念之进化

因为东夷族的商人迷信鬼神最烈，所以产生两种影响，对于后来的思想界很有关系：第一是信仰天神的风气渐渐有力，上帝的权威增高；第二是因信鬼而追念死人，祭祀祖先的习惯渐渐流行，养成后来宗法社会的伦理观念。这二者都是商人所养成的。在最初多神的时代，有没有天之一神，尚未可知，即有，想亦不过群神之一，位置未必很高。到商以后天才成为唯一的大神，谥之曰上帝，认为有宰制一切的力量。当时社会上对于上帝的观念一定是很敬畏的，上帝的权力很大，几乎和以色列人的耶和华相似，诗书之中表现这种思想的很多。①

这种信仰到商、周交替之际还是极盛。上帝是一个有人格有意志的尊神，为一切伦理规范所自出。商王武乙的射天止是当时天神崇拜极盛的反映，纣的作恶也说"我生不有命在天"，武王的伐纣也说"予惟小子，不敢替上帝命"，可见当时上帝权威之盛了。但是上帝的崇拜尽管绝对是宗教的，到了民智进步，理智发达之后，这种素朴的思想不足以维持，就不能不逐渐向抽象的、理论的方面进行。于是具体的人格化的天神，渐有变为抽象的规范化的自然法则之势。这种过渡的情形，在《尚书·洪范》中表示得最明白：

> 我闻在昔鲧陻洪水，汨陈其五行，帝乃震怒，不畀洪范九畴，彝伦攸斁。鲧则殛死，禹乃嗣兴，天乃锡禹洪范九畴，彝伦攸叙。

洪范九畴是一种人事的规范，是抽象的理论，但是怎样会突然出现呢，他是从上帝颁下来的，他是一种具体的事实，这样说才能使当时的人明白，才能适合当时的需要。纯粹具体的偶像不能压服当时的人心，纯粹抽象的理论也不能使当时的人了解，只有这样半抽象半具体的哲理性的神话，才能应付当时的事实。

从此以后，上帝的直接命令已经不能生效了，他只有依靠他所颁布的人事法典才能处理人间的事务了，换言之，专制的上帝已经变成立宪的上帝了，慢慢地他的钦布宪法也要依靠人类的手才能敷演执行了，他虽名为上帝其实已经成了人类利用的一个偶像了。这就是从具体的宗教信仰进化到抽象的伦理规范的过渡时代的情形。

鬼的迷信也是东夷族的特色，商汤的献身牺牲，周公旦的代兄请命，都是从的商俗。直到春秋时代，宋襄公尚用鄫子于次雎之社以属东夷，宋为商后，

---

① 关于古代天道的思想可参看梁任公著《先秦政治思想史》第二章。

其习惯也有所自承的，因为信鬼很深，其对于死者的尊崇纪念也特别利害，所谓慎终追远的典礼就是从此起的。纯粹的宗法社会固然自周以后才成立，但其来源却是从商代重鬼的风气起的。因为商人信鬼，所以凡人死之后都认为尚有灵魂存在，犹能为厉，若不时常加以祭祀，则这些鬼饿极了就难免要作怪，所以上至国君，下至私家，都应该有宗庙祭祀之礼。祭祀的时候，在庙前作乐，唱歌，跳舞，且以活人当作偶像，代表死者，谓之为尸。这些风气都是野蛮民族中所通行的。日久之后，民智渐开，有些聪明的人觉得单是怕鬼的一念不足以解释祭祀的意思，因之加了一层慎终追远的高尚意思。从此以后，子孙祭祀祖宗不是因为怕鬼的作怪而祭祀，只是推生时的恩情到死后的一番好意了。既然祭祀的意思改变到如此，因此人死之后只有至亲的人如同子孙才有祭祀的义务，倘若死后没有子孙，就不免"若敖氏之鬼其馁而"了。

《小戴礼·祭义》篇中有一段解释祭祀的意义很清楚：

> 宰我曰："吾闻鬼神之名不知其所谓。"子曰："气也者神之盛也，魄也者鬼之盛也，合鬼与神，教之至也。众生必死，死必归土，此之谓鬼。骨肉毙于下阴为野土，其气发扬于上为昭明，焄蒿凄怆，此百物之精也，神之著也。因物之精，制为之极，明命鬼神，以为黔首，则百众以畏，万民以服。圣人以是为未足也，筑为宫室，设为宗祧，以别亲疏远迩，教民反古复始，不忘其所由生也。众之服自此，故听且速也。"

祭祀的意义最初只为着是享鬼神，聪明的政治家利用这迷信去畏服黔首，后来才更进而发生"反古复始"的意味。研究制度史的人应该留意这种事实，研究思想史的人更应该留意这种事实。

这"敬天"、"敬祖"两个观念从商朝发生以后，对于当时的社会一定发生很大的影响。后来维系中国民族的根本伦理观念就是由这两个观念结合演绎而出。这两个观念本是两事，但后来却结合成为一致，为这两观念结合的枢纽者就是祭祀之礼。《小戴礼·礼运》篇说：

> 故先王患礼之不达于下也，故祭帝于郊，所以定天位也；祀社于国，所以列地利也。祖庙所以本仁也，山川所以傧鬼神也，五祀所以本事也。故宗祝在庙，三公在朝，三老在学，王前巫而后史，卜筮瞽侑皆在左右，王中，心无为也，以守至正。

第二章　宗教与伦理观念之进化

将神、鬼、人、物都一并归纳到宗教信仰之内，又替他们各安置了相当的位置，这种有组织的复杂宗教观念，是人类思想进步的一种表征，在祭祀之礼中最表现得清楚。

但祭祀不过是人类对于神鬼应当尽的一种义务，还不足以推广宗教的作用，宗教所赖以发施权威直捷干涉人事者，所赖的是"巫史卜筮瞽侑"之类，而所用以沟通人类与鬼神意思的最重要的工具要算卜筮。《小戴礼·表记》篇说：

> 昔三代明王皆事天地之神明，无非卜筮之用。

卜筮事不知起自何时，但盛于商朝以后却是可信的，晚近发现的殷墟甲骨，就是当时商朝的君主占卜之用的，从里边的文字看起来，当时占卜的风气非常之盛，几乎每有举动必要问之于卜，可见一时的风气了。卜筮之初起本来全是为宗教的工具，但到后来应用日广，流传日盛，竟脱离宗教而独立成为一种信仰，于是数的思想遂与鬼神思想对立有抗衡之势，聪明的士大夫竟多有信数而不信鬼神的了。这也是思想史上的一大变迁，其机大约也始自商末，以五行作基础的《洪范》，以八卦作基础的《周易》，都是起自商末，可以为证。

总之，自商人兴起以后，始将原始粗浅的多神思想演进为有组织有系统的一神思想，以这种思想建立当时政治社会的基础，以祭祀维系他的信仰，以卜筮帮助他的运用，由此推演而成为纪念祖先的风俗，数千年来的中国社会基础由此奠基，这是商人对于后代中国最大的贡献。《表记》篇说：

> 子曰："夏道尊命，事鬼敬神而远之，近人而忠焉，先禄而后威，先赏而后罚，亲而不尊。其民之敝，蠢而愚，乔而野，朴而不文。殷人尊神，率民以事神，先鬼而后礼，先罚而后赏，尊而不亲。其民之敝，荡而不静，胜而无耻。周人尊礼尚施，事鬼敬神而远之，近人而忠焉，其赏罚用爵列，亲而不尊。其民之敝，利而巧，文而不惭，贼而蔽。"

夏、周两代都是"事鬼敬神而远之"，只有商人是"率民以事神，先鬼而后礼"，可见商人是个最信鬼神的民族了。宗教思想之完成于商代，实在是不足怪的事情。

第三章　神权思想之衰落与人事观念之代兴

中国上古的神权政治至商朝达到极点,其时的宗教崇拜对象上有天神,中有地祇(群神),下有人鬼。生民一举一动皆须受神意的支配,丝毫不敢违背。在这种环境之下,人类是没有自由思想的余地的。这种神权思想到了商朝的末年渐渐摇动起来。武乙以帝王之尊,首先反抗上帝的迷信,敢于肆行最大的侮辱于天神,这种精神决不止是武乙一个人的狂妄心所能造成,一定有时代的思潮给他以一种暗示才能如此。虽然当时天神的权威犹在,武乙终于因为受不住当时宗教权威的压迫而被指为受天雷震死,但是贵族社会之中,有了对于天神怀疑的心理,却是不可掩的事实。从此以后,聪明的贵族虽然不敢公开反抗当时普遍的神权政治,却有人用和平的手段,慢慢改革神权的思想,一步一步引导迷信无礼的神意使之进于有条理的人事规范之内。代表这种趋势最显著的作品,就是《洪范》和《周易》。

《洪范》据说是箕子向周武王陈述的理论,大约有几分可信,总之至早不能过于周初。"洪范"就是宇宙大法的意思,内容全是较有系统的哲理谭,是中国最古的一部有关思想的著作。他的著作托始于禹,据说是天因为禹治水有功所以锡以"洪范九畴",这种神话与《旧约》上摩西在西奈山受十诫于上帝的故事极相似,自然不足深信。但是这种神话却是很有意义的。在效力一方面看起来,若是平空撰著一篇理论拿来劝化世人,在那个神权发达的时代是不会发生效力的,不但不能发生效力,恐怕还要被指为渎神非法受了刑罚,惟有这种神道设教的办法才能压服人心,推行新制而有余。不过在当时创说的人还未必是有意的神道设教,只是由一种半理智半迷信的动机所催促而成的罢了。在他一方面从内容的意义看,这是神意和自然法则结合一致的观念所由发轫。人类对于自然界加以理智的解剖的最初一幕是很值得令人注意的。

《洪范》是一篇有系统的著作,他的内容纲要见于开首的一段:

初一曰五行，次二曰敬用五事，次三曰农用八政，次四曰协用五纪，次五曰建用皇极，次六曰又用三德，次七曰明用稽疑，次八曰念用庶征，次九曰向用五福，威用六极。

全篇只是以自然的现象及法则为标准，以之施用于人事。这种天人相感之说到了周朝很是盛行，春秋时代的贤士大夫多有怀抱这种思想的，儒、墨两家的思想都受他的影响。到了战国，人智大开，遂不复为人所信。只有西汉董仲舒一派的迂儒尚想恢复此种思想，但已不能生效了。

《洪范》所及于后世影响最深的思想还是他的五行说，五行是什么呢？"一曰水，二曰火，三曰木，四曰金，五曰土"。这本不过是举出自然界五种人所常用的物质之名而已，本来无甚希奇。不过《洪范》是有意解释宇宙法则而作，开首即举此五种物质，必有认此五种物质为宇宙根本原行之意，希腊的哲学家以"水、火、空气、地"为四种原行，印度的哲学家也以"地、水、火、风"为四大，与《洪范》五行的意思似乎相同。大抵未开化的人类对于具体和抽象事物的界限常分不清楚，因此五行虽是指五种物质，却是包涵抽象的法则在内。《洪范》解释五行，就有"水曰润下，火曰炎上，木曰曲直，金曰从革，土爰稼穑"等语，是从性质的方面解释五行，就含有抽象的意义。底下又以五味分配五行，抽象的意义更显然了。以后的"五事""八政""五纪""三德""稽疑""庶征""五福"等数目范畴，虽没有明白以之分配于五行之中，但彼此的关系却不能谓为绝无。到了战国时代，阴阳家以之采用于其学说之内，遂渐渐流传于社会，汉朝的儒者和方士更大加附会一番——或者《洪范》也许是经汉儒润色过的——从此五行之说遂成为中国士大夫和民间公认的信仰，成为支配一切自然界和人事界的公共大法，所谓"五色""五音""五味""五脏""五官""五方""五……"等名词，层见迭出，上帝则有"五帝"，天子代兴则有"阴阳终始五德之说"，医生诊病则有"五行生克之理"，几乎政治社会万事万象都无不以五行说为基础了，《洪范》思想之影响于后世有如此者！

与《洪范》有同等势力的著作就是《周易》。《周易》的撰集不知始于何时，大约也是商朝末年的作品。《易·系辞》说："《易》之兴也，其当殷之末世周之盛德邪？当文王与纣之事邪？"又说："《易》之兴也，其于中古乎，作《易》者其有忧患乎。"大抵《易》本是当时卜筮的书。商代卜筮之风极盛，《洪范》上说：

> 七稽疑，择建立卜筮人……乃命卜筮……汝则有大疑，谋及乃心，谋及卿士，谋及庶人，谋及卜筮……龟筮共违于人，传皆逆，用静吉，用作凶。

可见社会迷信卜筮之一斑。当时社会上流行的卜筮方法必甚多，拿其中的一种纂集成书，系以简单的繇词，以供人用，与今日的牙牌神数是一样的性质。流传既久，有思想的哲人拿来加以排比研究，更加上含有哲理性的解释，便成为今日的《周易》。《周易》托于周文王，与《洪范》托于箕子，同是不可靠的传说，但其兴当在商末周初，政治社会和思想界俱生变动之际，当亦可信。《周易》因为卷帙较多，且流行于春秋时代，故在哲学史上的位置比《洪范》还高。

《周易》后来的注解极多，有从义理讲的，有从卦象讲的，异说纷纭，莫衷一是。据我们今日看来，《周易》在当时不过是一种社会上流行的卜筮之书，其文辞皆是随手纂集——"十翼"是春秋以后人的著述，与其他解《易》诸家著述一样，与《易》的本经无干——并无深奥的意思，也没有系统的哲理思想寓在里面，其价值远逊《洪范》。八卦之名当系古代相传的一种占卜的专名词，其来原或者甚古，但起于偶然，非如《洪范》五行之为有意的排列。至商末流行既广，有学问的人拿来加以研究，才每卦中更附加许多有意义的文字，但也都是就卦象取义，并没有什么根本一致的系统思想，当时《周易》的进化止于如此。直到春秋以后，人类的眼光越进步，哲学思想越发达，才纯粹拿哲学来解释《周易》，"十翼"的著作当在此时期以后。

我们现在研究《周易》的本经，只能得到几点结果。第一，可以想见商代卜筮之风是极盛的，《周易》不过是当时流行的许多卜筮方法中之一种，在当时未必占很重要的位置，经过西周数百年的竞争，位置渐渐提高，到了春秋时代所可考见的列国占卦的方法，就几乎只有照《周易》的方法，其余"连山"、"归藏"以及许多无名的方法，就都受淘汰而散佚了。第二，《周易》并无系统的哲学思想，故从中研究不出甚么很高深的理论，但从片段的文字中，可以看出当时一般社会的状况，以及当时的社会思想的程度，可惜这个工作现在还没有人去做。第三，《周易》的本身虽然无甚哲理，但经后人的推衍附会，哲理的程度逐渐增加。即如后人相传彖辞是周文王所作，象辞是周公所主，系辞是孔子所作，虽不可信，大约彖、象起于商末周初，系辞出于战国的儒家之手，是有几分可信的。

自秦、汉以后,《周易》列于六经,有专门的经师为之注解,遂在中国的哲学界占了很高的位置。二千年来,易学的研究大抵有三大变,汉朝的经师承春秋战国儒家之旧,仍拿《周易》当作卜筮的书,故研究注重在爻辰气象的变化方面,在当时谶纬妖言的空气中,《周易》因为本身含有神秘意味,故其附会也最容易,汉朝的易大半都是方士易,可以说是犹甚近古,至于在思想界的影响还不及《洪范》五行说的势力大。到了三国时代,王肃用老庄思想来解《易》,于是易学才一变;晋宋六朝,清谈家《老》《易》并称,易学乃变为纯正哲学;唐初孔颖达作疏,亦折衷汉、晋两朝之说,这是又一个时代。五代宋初,陈抟一派的道士发明太极图,将《周易》又加一番附会,周、程等宋儒从此一转手,遂告成宋儒的理学,这又是一个时代。后两个时代——晋、宋——《周易》在思想界的影响极大。

《洪范》和《周易》都是商末周初的作品,拿二者比较起来,以本身讲,《洪范》为较有系统的古代哲学谭,而《周易》则不过通俗的卜筮书而已。就应用讲,《洪范》仅供学者的研究,《周易》则通行于上下流社会,应用较广。就对于思想方面的影响言,《洪范》五行之说,自战国末年迄于东汉,甚为流行,但自魏、晋以后,就渐归消沉;《周易》阴阳八卦之说,战国、秦、汉时代已为阴阳家及儒家采用,但不过是五行说的附属品,直到魏晋以后才成为中国哲学上唯一的根据,其影响及成就之大,就远非《洪范》所可及了。

第四章　宗法社会思想之圆满的发展

中国古代的思想界从周朝以前尚在神权时代，从周朝以后才渐入于人权时代。周朝人权政治的中心就在家族制度，这种以家族为基础的伦理思想自春秋以后，经儒家的发扬传布，遂成为中国三千年来思想的中心，而其机实启之于周。

家族思想托始于"敬祖"之一念，敬祖观念乃由商人的信鬼风气递变而来，我们在第二章业已说过。人类的崇拜祖先最初仅由于恐怕死鬼作怪的一念，其后人智进步，知道死者是自己的亲属，怕是可以不必，但推生及死，亲爱的观念油然而生。因之同一以祭礼表现的敬祖行为，礼文虽然照旧，礼意却已变了。慢慢的由死者再推及生者，于是组织圆满的宗法思想遂成立了。

这种宗法观念的具体表现就是"礼治主义"，后来的儒家对于此点发挥的最圆满，但他们并不认为是自己的主张，多数都托之于周朝的旧制，尤以周公旦的被附会为最甚。我们现在固然知道儒家所举的许多礼意礼文，不一定就是周朝的定制，但我们不能完全否认宗法社会的组织和思想是由周朝起就已发达的。《左传》上说"鲁犹秉周礼"，可见周朝自有礼制，与后世相传的未必过远。再看封建制度在周初业已成立，周朝的封建制度正是根据于宗法社会"亲亲"的观念而设的，可见宗法思想至少在周初已经发达了。

《礼运》上有一段述孔子言礼之起源颇有意义：

> 言偃复问曰："夫子之极言礼也，可得而闻与？"孔子曰："我欲观夏道是故之杞，而不足征也，吾得《夏时》焉；我欲观殷道是故之宋，而不足征也，吾得《坤乾》焉。《坤乾》之义，《夏时》之等，吾以是观之。夫礼之初，始诸饮食，其燔黍捭豚，污尊而抔饮，蒉桴而土鼓，犹若可以致其敬于鬼神。及其死也，升屋而号，告曰皋某复，然后饭腥而苴孰，故天望而地藏也。体魄则降，知气在上，故死者北首，生者南乡，皆从其初。昔者先

王未有宫室，冬则居营窟，夏则居橧巢，未有火化，食草木之实，鸟兽之肉，饮其血，茹其毛，未有麻丝，衣其羽皮。后圣有作，然后修火之利，范金合土，以为台榭宫室牖户，以炮，以燔，以亨，以炙，以为醴酪，治其麻丝以为布帛，以养生送死，以事鬼神上帝，皆从其朔。故玄酒在室，醴盏在户，粢醍在堂，澄酒在下，陈其牺牲，备其鼎俎，列其琴瑟管磬钟鼓，修其祝嘏，以降上神与其先祖，以正君臣，以笃父子，以睦兄弟，以齐上下，夫妇有所，是谓承天之祜。作其祝号，玄酒以祭，荐其血毛，腥其俎，孰其殽，与其越席，疏布以幂，衣其浣帛，醴盏以献，荐其燔炙，君与夫人交献，以嘉魂魄，是谓合莫，然后退而合亨，体其犬豕牛羊，实其簠簋笾豆铏羹，祝以孝告，嘏以慈告，是谓大祥，此礼之大成也。"

后此宗法社会圆满发达后的礼文虽多，虽有"礼仪三百，威仪三千"之说，但根本的起源却由于敬鬼神之一念，礼虽有五种——吉、凶、军、宾、嘉——但祭礼却是一切礼的核心，从上引的一段文字中可以看出来。《礼记·祭统》篇也说：

> 凡治人之道莫急于礼，礼有五经莫重于祭。……祭者所以追养继孝也。……是故君子之教也，必由其本，顺之至也，祭其是与！故曰：祭者教之本也已。夫祭有十伦焉，见事鬼神之道焉，见君臣之义焉，见父子之伦焉，见贵贱之等焉，见亲疏之杀焉，见爵赏之施焉，见夫妇之别焉，见政事之均焉，见长幼之序焉，见上下之际焉，此之谓十伦。

宗法社会的伦理观念尽于以上的"十伦"，而十伦却全包括于祭义之内，可见祭在古代的重要了。也可见"敬祖"一念是宗法社会思想的根源了。孔子说：

> 明乎郊社之义，尝禘之礼，治国者其如指诸掌而已乎。

——《礼记·仲尼燕居》篇

《祭统》篇也说：

> 故曰：禘尝之义大矣，治国之本也，不可不知也。

这种思想在不明白宗法社会组织的人想起来，是绝对不会了解的。

宗法社会的组织越发达，礼的功用就越大，不是一个简单的祭礼所能包括的了，于是有许多独立的礼演进出来。

> 故朝觐之礼所以明君臣之义也，聘问之礼所以使诸侯相尊敬也，丧祭之礼所以明臣子之恩也，乡饮酒之礼所以明长幼之序也，婚姻之礼所以明男女之别也。……故婚姻之礼废则夫妇之道苦而淫辟之罪多矣，乡饮酒之礼废则长幼之序失而争斗之狱繁矣，丧祭之礼废则臣子之恩薄而倍死忘生者众矣，聘觐之礼废则君臣之位失诸侯之行恶而倍畔侵陵之败起矣。
>
> ——《礼记·经解》篇

一切社会组织、政治组织，都以礼之一字贯串之，这是宗法社会思想的极致，后来的儒家有几派便全是代表这种思想的。

最圆满的宗法社会思想，更能在他的本身组织中表现出来。在宗法社会中政治与社会是没有分别的，社会与家族也没有分别的，因此政治的首领就是家族的首领，其中维系的根本精神全在"亲亲"一念。这种制度大约也是从周朝起才发达的，因为周朝以前，中国民族尚在神权时代，政治全是神权政治，君主是神的代表，所处的是宗教师的地位而不是家长的地位，商朝的历代君主乃至周文王、武王都有这种气象。真正亲亲本位的宗法社会组织乃是从周朝以后才发达，观于政治组织进化到封建政治就是本亲亲之义而设，可见自此以后和自此以前是一个大变局。这个变局的枢纽正当周公旦的时代。后儒以周公的制礼作乐开创一代的规模当作嘉话，虽未免有箭垛式的附会在内，但孔子已说道"周公之才之美"，又常常梦见周公，可见周代的制度必经周公手订者为多，周公是具有宗法社会圆满思想的最早的人物。

宗法社会的组织是怎样呢？《礼记·大传》篇讲得最明白，我们且节引在下面：

> 礼不王不禘，王者禘其祖之所自出，以其祖配之。……上治祖祢，尊尊也，下治子孙，亲亲也，旁治昆弟，合族以食，序以昭穆，别之以礼义，人道竭矣。圣人南面而听天下，所且先者五，民不与焉。一曰治亲，二曰报功，三曰举贤，四曰使能，五曰存爱，五者一得于天下，民无不足，无不赡者；五者一物纰缪，民莫得其死。圣人南面而治天下，必自人道始矣。立权度量，考文章，改正朔，易服色，殊徽号，异器械，别衣服，此其所得与民变革者也。其不可得变革者则有矣。亲亲也，尊尊也，长长也，男女有别，此其不可得与民变革者也。同姓从宗合族属，异姓主名治际会，名著而男女有别。其夫属乎父道者，妻皆母道也，其夫属乎子道者，妻皆妇道也，谓弟之妻妇者，是嫂亦可谓之母乎。名者人治之大者也，可无慎

乎。四世而缌服之穷也，五世祖免，杀同姓也，六世亲属竭矣，其庶姓别于上，而戚单于下，婚姻可以通乎。系之以姓而弗别，缀之以食而弗殊，虽百世而婚姻不通者，周道然也。服术有六，一曰亲亲，二曰尊尊，三曰名，四曰出入，五曰长幼，六曰从服。……自仁率亲等而上之至于祖，名曰轻；自义率祖顺而下之至于祢，名曰重。一轻一重，其义然也。君有合族之道，族人不得以其戚戚君位也。庶子不祭，明其宗也，庶子不得为长子，三年不继祖也。别子为祖，继别为宗，继祢者为小宗，有百世不迁之宗，有五世则迁之宗。百世不迁者，别子之后也，宗其继别子之所自出者，百世不迁者也。宗其继高祖者，五世则迁者也，尊祖故敬宗，敬宗尊祖之义也。……自仁率亲等而上之至于祖，自义率祖顺而下之至于祢。是故人道亲亲也，亲亲故尊祖，尊祖故敬宗，敬宗故收族，收族故宗庙严，宗庙严故重社稷，重社稷故爱百姓，爱百姓故刑罚中，刑罚中故庶民安，庶民安故财用足，财用足故百志成，百志成故礼俗刑，礼俗刑然后乐。诗云："不显不承，无斁于人斯。"此之谓也。

"亲亲故尊祖，尊祖故敬宗，敬宗故收族……礼俗刑然后乐。"这是宗法社会中最圆满发达的理想。这种理想虽是经过后来儒家托古改制后才更加圆满，但根本精神所在却不能说非得之于周朝的制度。我们现在无从考见周初一般社会的真正思想，就不能不拿儒家的叙述当作一种可供研究的材料了。

不过儒家的传说究竟不免有几分附会之处，就各种记载中看起来，周初的政治也并不是纯粹以亲亲为本的宗法政治，对于刑罚威力等还是很注重的。《左传》上记鲁大史克的话说：

> 先君周公作誓命曰："毁则为贼，掩贼为藏，窃贿为盗，盗器为奸。"……有常无赦，在九刑而不忘。
>
> ——文十八年《传》

《逸周书》也说：

> 维四年孟夏，王命大正正刑书。……太史筴刑书九篇以升授大正。
>
> ——《尝麦》

可见周初已有法律成立，法律思想必已略有端倪，决不能像儒家所想象的那样纯粹不杂的宗法政治了。

第五章　贵族社会中的一般思想

从西周中叶起一直到春秋末年，这五百多年之中，可以说是贵族政治极盛的时代。贵族政治在今日看起来是保守的，但在当时却是比较进步的。中国上古的政治和社会，在夏以前还是一种纷纭割据的部落时代，思想上也是一种低级的多神主义，直到商人以游牧民族侵入中国，武力比较强悍，中央政府才较有威力，思想上也由多神信仰进而至于一神信仰，这是一种进步。到周人以西方民族征服东方民族，武力更强，又采用封建的制度，将亲属分封于各要地以监视土著民族，中央政府的力量才更强些。思想上也由神权主义进而至于以亲亲为本的宗法思想，这更是一种进步。从周初又经过了三四百年，世变一天比一天的急，政治社会都不能保持固有的状态，思想上自然也不免发生变化。大约从周厉王时代起，当时的人对于固有信仰已经发生怀疑的思想。《诗·小雅·雨无正》篇说：

> 浩浩昊天，不骏其德，降丧饥馑，斩伐四国。旻天疾威，弗虑弗图，舍彼有罪，既伏其辜，若此无罪，沦胥以铺。

《巧言》篇也说：

> 悠悠昊天，曰父母且，无罪无辜，乱如此怃。昊天已威，予慎无罪；昊天泰怃，予慎无辜。

从前的诗人对于上帝的权威非常的信仰，《诗·大雅》里面，如"皇矣上帝，临下有赫"，"昭事上帝，聿怀多福"等语，层见迭出，到了这个时候，政纲紊乱，赏罚颠倒，向来所信仰的天意竟一些也不灵验起来，有智识的人自然要怀疑天意的不可信了。这时代的社会是什么情形呢？《小雅·大东》篇说得好：

> 东人之子，职劳不来，西人之子，粲粲衣服。舟之人子，熊罴是裘，私人之子，百僚是试。

贵族们所一向凭恃的阶级制度，竟不能牢固不破了，舟人之子，私人之子，都是不列于贵族的，现在也居然有参政的机会了，这焉能不令当时的君子人慨叹不已呢？厉王的被流于彘，大约是由于当时平民的暴动，暴动之后建设了共和政治，以毫无经验的平民，骤然干预政治，自然不免有种种不满人意的状况，《大东》等篇大约出于此时。自此以后，平民参政因无经验而失败，政权不得不复归之于贵族之手，但经此一番教训，贵族们深知平民意见之不可侮，民本思想遂渐渐由有智识的贵族们代为传布，普及于智识阶级的社会了。

我们若研究这时代的思想概略，可以从《国语》《左传》等书中得到一些材料，虽然也并不很多，但较之商、周以前的史迹，却较多而且较可靠了。从这些材料上我们可以看出当时贵族思想的一斑来，至于普通平民的思想此时尚无所表见。

当时贵族社会的思想大约有以下几种特色：

第一是不语怪力乱神的人本主义。商、周以前，一般社会思想尚在神权时代，对于宗教的敬虔心极深，自西周中叶以后，人智渐开，对于神权渐生怀疑，上引《诗经》诸篇就代表此种思想。神权既然隳落，于是不得已人力起而代之，春秋时代此种思想到处可见。《左传》昭十八年，郑子产斥裨灶好言天道之非，说：

> 天道远，人道迩。非所及也，何以知之？灶焉知天道，是亦多言矣，岂不或信？

《国语》观射父答楚昭王的问道：

> 古者民神不杂。……于是乎有天地神民类物之官，是谓五官，各司其序，不相乱也，民是以能有忠信，神是以能有明德。民神异业，敬而不渎，故神降之嘉生，民以物享；祸灾不至，求用不匮。及少皞之衰也，九黎乱德，民神杂糅，不可方物。……民渎齐盟，无有严威，神狎民则，不蠲其威。嘉生不降，无物以享，祸灾荐臻，莫尽其气。

当时有智识的人对于神话已不再相信，客气一点的则说神人应当分离，不可相混，不客气的竟说天道不可知了。

天道既然不可信，那么拿什么标准来代替神权呢？就普通则曰人，对政治言则曰民。《左传》上说：

> 夫民神之主也，是以圣王先成民而后致力于神。
>
> ——桓六年《传》季梁语

> 国将兴，听于民；将亡，听于神。神听明正直而壹者也，依人而行。
>
> ——庄三十二年《传》史嚚语

> 妖由人兴也，人无衅焉，妖不自作；人弃常则妖兴，故有妖。
>
> ——庄十四年《传》申繻语

这都表示神并不能自立，是依人而行的，人意就是天意，人事臧则自然受天之福，不必再去求神拜佛。因此国家的兴亡，人事的成败，都可以事理推之，不必但求之于渺茫的神意，因为神已经理智化了，已经成了人事理法的代表了。《国语》上说：

> 天道赏善而罚淫。
>
> ——《周语》单襄公语

又说：

> 柯陵之会，单襄公见晋厉公视远步高……单子曰："君何患焉，晋将有乱……"鲁侯曰："……敢问天道乎？抑人故也？"对曰："吾非瞽史，焉知天道。吾见晋君之容而听三郤之语矣，殆必祸首也。"
>
> ——引同上

可见天道不远，就在人身，是可以拿人世的道理推得的。

这时候对于鬼神虽仍有相当的崇拜，但也都给他加以理智的解剖，不复为盲目的信仰，所谓神者都使之与人事发生关系，仍是以人为本。《国语》上说：

> 海鸟曰"爰居"，止于鲁东门之外三日，臧文仲使国人祭之。展禽曰："越哉臧孙之为政也……夫圣王之制祀也，法施于民则祀之，以死勤事则祀

之，以劳定国则祀之，能御大灾则祀之，能扞大患则祀之。非是族也，不在祀典……凡禘、郊、祖、宗、报，此五者国之典祀也。加之以社稷山川之神，皆有功烈于民者也；及前哲令德之人，所以为明质也；及天之三辰，民所以瞻仰也；及地之五行，所以生殖也；及九州名山川泽，所以出财用也；非是不在祀典。

——《鲁语》

照展禽的话看来，神的存在几乎是以于人有用与否为判，这真是极端的人本主义了。因为凡事以人为本，而人的观念本是通"君子"、"小人"两阶级而共用的，因此四海一家，一视同仁的观念早已养成。民本主义遂因之也发达起来。以民为本的思想在中国本发达较早，《尚书》上如"古我前后，罔不惟民之承"（《盘庚》），如"庶民惟星，星有好风，星有好雨"（《洪范》），如"天畏棐忱，民情大可见"（《康诰》），如"天视自我民视，天听自我民听"（孟子引《泰誓》）等语层见迭出，但当时所谓民者，是否专指贵族，抑或兼包平民而言，尚不可知。到西周末年，此种重民的思想，遂更发达。《国语》召公谏周厉王止谤说：

防民之口，甚于防川。川壅而溃，伤人必多，民亦如之。是故为川者决之使导，为民者宣之使言。故天子听政，使公卿至于列士献诗，瞽献典，史献书，师箴，瞍赋，矇诵，百工谏，庶人传语，近臣尽规，亲戚补察，瞽史教诲，耆艾修之，而后王斟酌焉。是以事行而不悖。民之有口也，犹土之有山川也……夫民虑之于心而宣之于口，成而行之，胡可壅也。若壅其口，其与能几何？

此文所谓民，明含庶人在内，可见是兼指贵族与平民而言，据今口流传的《诗经·国风》而观，其中也确有许多是真正平民的作品，可见当时阶级的区别并不甚严。周厉王终究因为压迫人民过甚而被驱逐，驱逐厉王的主动势力当然还是贵族，但未必不利用平民作为驱除的工具。

春秋以后，这种思想更为普遍。《国语·周语》记内史过说："先王知大事之必以众济也，故被除其心以和惠民。"又记单穆公的话说："民所曹好，鲜其不济也；其所曹恶，鲜其不废也。故谚曰：'众心成城，众口铄金。'"《楚语》记子革的话说："民，天之生也，知天必知民矣。"《左传》成公六年传："或谓栾武子曰：'圣人与众同欲，是以济事，子盍从众？子大为政，将酌于民者也。'"襄公二十二年传："郑人游于乡校以议执政，然明谓子产曰'毁乡校如何'，子产曰：'何为？夫人朝夕退而游焉，以议执政之善否，其所善者，吾则行之，其所恶者，吾则改之，是吾师也。若之何毁之？'"民本主义竟成为当时贤士大夫公认的信条了？

不过当时的民本主义并不是像今日共和政治以人民为主体的一样，不过是一种贤君良相的保育政策而已。《国语》上说："君也者将牧民而正其邪者也。"《左传》上说："良君将赏善而刑淫，养民如子，盖之如天，容之如地。""保民"，"养民"，当时的民本主义所期望者不过如此而已。而且当时的贤士大夫虽然竞言重视人民，但实际上政权仍是操之于少数贵族之手，通春秋一代都是如此的。

在这种贵族政治之下，理想的政治标准是德治主义而并不是多数政治的民本主义。《左传》成公六年传：

> 或谓栾武子曰："圣人与众同欲，是以济事，子盍从众？"……武子曰："善钧，从众。夫善众之主也。"

这一段话表示德治主义的思想与多数主义的思想不同之点，很是明白。《国语》和《左传》上记载当时贤士大夫崇尚德治的言论很多，现在不能备引，总之我们知道德治的理想是当时一种有力的思想且影响于后世罢了。

第六章　学术的解放与思想的分化

上古的思想何以但发现于贵族社会而不普及于平民呢？因为古代学术是秘密的，不公开的。最古时代只有巫史宗祝之类才有学问的义务和权利，此外不但平民，就是贵族也只晓得战争武事，而不以学问为意的。古代民族的传说故训全赖这些巫史宗祝们代代口传保存下来，贵族们有不懂得的事就去问这些巫史宗祝们。这是一个时代。到后来社会日渐趋于安定，战争的事较少，贵族们有了余裕去从事别的事情，才有渐渐留心学问的。又因列国并立，彼此的接触频繁，贵族们的智识日渐扩大增高，遂有了独立学问的能力，那些旧日的巫史宗祝转形退化了。这又是一个时代。贵族社会的智识普遍之后，就有些式微的贵族，降身于平民之中，以其智识传授给平民，加以国际的竞争日烈，各国都想拔擢人才以改进政治，贵族中又互相倾轧排挤，都想与平民接近以取得政权，因此平民的地位日益增进，智识学问也就渐与贵族有同等享受的机会了。

春秋的末年，贤士大夫们讲求学问，议论故实的风气已经很盛行了。试就《左传》《国语》所记载的而言，如周之单襄公、单穆公、苌弘，晋之羊舌肸，齐之晏婴，楚之观射父，吴之季札，郑之子产、裨灶等，都是博学而好议论的人，他们的言论风采为天下所仰望，影响于当时的人心不少。当时的平民耳濡目染，也未尝无一二有智有学能够自己表见的，如与晋伯宗论梁山崩的重人，如用隐语述年纪的绛县老人，都是平民中之有才学者，不过为数不多罢了。

平民的正式有了公开学问的机会由于自由讲学制的兴起，而最初提倡自由讲学者要推孔丘。在孔丘以前有无自由讲学的制度，不可得而知，但史籍上信而有征的讲学制度却要从孔丘起首。孔丘是宋司马孔父嘉之后，也算是个贵族，但沦于平民之列已经好久了。孔丘曾自云"丘少也贱"，孟轲说他曾为委吏乘田，可见已与平民无异。他以一身具贵族、平民两种资格，故深适宜于为两阶级过渡时代之模范人物。当时学问尚系贵族社会的专有品，平民想求得学问很是困难。孔丘因为是贵族后裔，所以尚有资格与闻学问。他自身又是个极好学不耻下问的人。他因为政治上不得意，遂周游列国，遍观百二十国宝书，所至与其国之贤士大夫交游，问礼于老聃，问乐于苌弘，他的师友很多，所以学问也很博。他既以一身尽取贵族社会所有的学问而学之，及至周游既倦，所如不合之后，乃重返鲁国，修诗书，定礼乐。又毅然提倡讲学之风，设教于杏坛，公开讲学，门下弟子至三千人，平民甚多，如颛孙师出身驵侩，颜涿聚出身大盗，是其明证。自孔子开辟了这个风气之后，不但他的弟子遍布列国，到处聚徒讲学，传布师门宗旨，就是其他宗派也闻风而起，如墨翟就是一例。从此学术公开，思想解放，新气运遂一发而不可遏了。

自由讲学风气之开辟，以孔、墨两子的功劳最大，后来讲学问者亦以两家的门徒为最多。此外稷下之士三千人，开阴阳、纵横两家之端，也算于自由讲学之风有帮助的。大抵同一自由讲学，儒家取的是教育家的态度，墨家取的是宗教家的态度，阴阳家取的是研究家的态度。不过无论态度如何，总之不能不聚众，不能不有言论或著述表见，思想界就不能不受影响了。此外道、法两家，似乎不闻有聚众讲学之事，因为道家主张个人主义，喜欢独善其身，不求其思想之传布；法家则专靠政治以贯彻其理想，重政而不重教，故亦不蹈讲学的风气。但两家都有著述，为世人所传习，其末流亦有私相讲习其理论者，师徒授受之风仍不能免，思想界也因之越发达了。

关于战国时代中国学术思想界的情形，以前如《庄子·天下》篇，如《荀子·非十二子》篇，如《史记》司马谈论六家要指，如《汉书·艺文志》举九流十家，近人如胡适之先生的《中国哲学史大纲》上卷，如梁任公先生的《先秦政治思想史》，都已言之甚详，我们在这本小册子里不能多述，读者自可参考上列各书。我们这里只能将当时思想界分野的情形大概叙述一番。

自春秋以前，中国每一时代的思想可以说都是统一的，因为当时学问不公开，懂得讲学问者不过寥寥几人，所学者也全是先王的故训以及社会公认的信条，并没有什么新颖的意见发生，兼之当时思想简单，流传也很难，不容易有什么系统的意见成立。既无系统思想，就无冲突，因之也没有思想上的分化。直到自由讲学制成立后，学者求学容易，闻道者日多，才有派别分化出来。所以直到战国，中国思想界的分野才显明出来。

据《汉书·艺文志》之说，战国的九流十家似乎都出于周官所守，近人有驳此议论的。大抵古代学术集中于王官，不公开之于大家，《汉书》说学术出于王官是不错的。不过战国诸子的思想都是自己发明,并非由古代思想中偷窃而来,《汉书》上说什么某家者流出于某官,就未免太凿了。

《汉书》虽然举出九流十家之名,但依我们看来,思想确能独立,且有系统,能自成一家,且有影响于当时及后世者,只有儒、墨、道、法、阴阳五家,其余对于思想界的影响很小。

五家之中最先发达是儒、墨两家。儒家更为早出,后人说孔丘集大成虽不尽然,但儒家却可说比较的是承受古代中国民族的正统思想。因为在各派思想之中,儒家的创始者孔丘出世最早。他生存的时候,还在贵族社会将衰灭的时候,孔丘生于贵族社会坏境之中,虽因为个人的聪明才智取有许多新开拓的思想,但终因时代和环境的限制,不能脱尽古代贵族社会的传统思想。我们可以说孔丘的思想行为都是贵族社会中的模范,他算是集贵族社会思想道德之大成。因为他的思想是受贵族社会的影响很多,因此他对于中国古代的传统思想道德不但不能抛弃,而且努力想去保存恢复。他自命为"述而不作",这正是贵族社会中普通的主张。因此他的思想与古代传统思想相去不远,他对于古代传统思想的了解也最深,所以我们可以说他的思想是承受古代中国民族的正统思想。后来的儒家虽然派别很多,但根本精神与孔子相同,只有孟、荀两家稍特别点。

孔丘生时,学问著述的风气尚未开,故他本人并没有留下什么系统的著述,只有他手定的五经,和门弟子追记他生平言论的《论语》,可供我们研究他的思想之用。五经之中,《春秋》经他笔削,更能表见他的理想。大抵在五经中表现的是他对于政治社会的理想,在《论语》中表现的是他对于个人修养道德的理想。他对于政治社会的理想并不能脱去当时贵族社会所谓贤士大夫的一般见解,只是梦想恢复秩序井然的贵族政治和宗法政治,他生平景慕周公,也就是这个道理。这个意见他死后为多数儒家所鼓吹,造成了"礼"治的中心思想,对于中国思想及文化界的影响很大。他对于私人道德的理想,是以"仁"为中心,"仁"就是同情心,孔丘很重视这种同情心,想拿这同情心作个人修养的标准。孔子当日讲"仁"不过是为个人修养起见,并无远大的理想,但在他身后经一部分儒家鼓吹,渐渐为人所重视,到孟轲起来更加以发挥。同时又影响到墨家,造成墨翟的兼爱非攻主义。不过这都是孔丘身后的事情,孔丘生时必料不及此。

近人有以"大同"、"小康"解释儒家的派别,自然不免有许多牵强附会之处,但孔丘生时其主张之"仁"与"礼"已不免有自相矛盾之处。孔丘死后,弟子中没有什么有大力气的，只有曾参较年少，卜商较老寿，二人都是拘谨的人，因此后来的儒家就是拘谨一派为多。这一派断断讲一个"礼"字，又添出一个"孝"字来。他们讲"礼"字只讲到仪文节数许多细微小节上，现在的大小《戴记》中有许多篇可以代表他们的思想。他们讲私人道德则以"孝"代"仁"，将泛爱万物的伦理道德缩小到家庭父子之间去。这都是惹起墨家反响的原因。

另外一派的思想以"仁"字为出发点，推之于天下万物，想拿来建设一个理想政治，与墨家思想较相近。这种理想在孔丘身后的儒家中似乎并未发达，只有《礼运》中略见一点端倪。后来的孟轲也没有这种气象。所以这种理想在儒家中只可说是"昙花一现"。

儒家后来派别中最有影响于后世的自然要推孟轲、荀况两家，但孟、荀其实都是儒家的别派，他们各有自己思想的出发点，并不尽依傍在孔丘门户之下的。孟轲思想的出发点在发展精神生活，他以为养其大体则小体自然充实，这种主张与孔丘的精神相似，与其他儒家却不相同。孔丘身后许多儒家被讲礼讲得头昏了，全注重了此枝叶末节，忘记了根本所在，孟轲出来提倡个人的精神生活，振臂一喝，才使儒家有了新气象。他的思想确能超出贵族社会的思想，而建设一种新人生观。他的学说在当时似乎影响不大，但宋、明以后的儒者极受他的影响。荀况是以人性为恶的，故他不主张精神生活，而主张客观标准的礼治。但他的所谓礼与孔丘身后诸儒所讲的礼意思已经大不相同。他是主张要"法后王"，要"戡天"的，因此他的礼只是一种因时制宜的礼，而决不是其他儒家所断断计较的什么先王之礼。荀况的礼已近于法家的所谓法，这是时代进化的自然结果。

儒家孟、荀两派都有特别气象，但其传都不广，大多数的儒者还是牢守战国初年的拘谨家法，以"礼"为惟一理想。到了汉朝，遂只剩下叔孙通一派的贱儒，和董仲舒一派的迂儒，这真是儒家的大不幸了。

墨家之出正当孔丘身后儒家发达之际，故其主张处处与儒家针对，可谓为儒家正面的劲敌。其实两家根本精神都相去不远，都是代表诸夏民族重实际的色彩，不过墨家更为简捷罢了。墨家的根本主张是兼爱，与儒家的差别之爱已是相反，却同是为救时之敝而倡。孔丘生于贵族政治未衰之际，故他的主张只欲维持贵族政治原始的秩序，就可以拯救生民；墨翟的时代，贵族政治已完全破坏了，旧秩序已不能应付新环境了，在当时战乱频仍的环境中提倡兼爱大同的学说正是最相宜的。不过古代民智低下，想拿理论来说明天下一家四海同胞的理想是不容易的，因此墨翟不得不想出神道设教之法，利用普通社会对于上帝的信仰，建设出一种天志说来，以作他的兼爱非攻运动的理论根据。理论既然类似宗教，运动的方法和手段因之也不得不采取宗教式的，因此墨家的组织就成为一种宗教了。我们应当知道，时代的环境是很要紧的，当战国以前，人民了解思想的程度还是很低的，孔丘是主张维持贵族政治的旧道德，并没有什么新主张，因此他的理论为人了解，并且恰与当时贤士大夫一般的见解相合。墨翟的主张则完全是新颖的，他的兼爱说正与当时传统的阶级制度相反，因此他不得不托之于古代的神权政治以利其推行，这一种苦心我们应该为他原谅。到了战国末年，情形就大不同了，思想解放已达到最高点了，因此道家的虚无主义，法家的进化思想，种种与旧思想大相径庭的思想学说，都可以大胆公开地表白出来，不必再特意扭扭捏捏去托古改制了。这都是时代的关系，所以近人说周秦诸子都是托古改制，这是不对的，托古改制的只有儒、墨两家，乃是因为他们的出世较早的关系。

儒、墨二家的出世都在战国以前，不过到了战国才发扬光大起来，其余三家就全是战国时代的产品了。就中出现较早者为阴阳家。阴阳家的思想在近人谈古代哲学史者，多不加以注意，甚或加以指斥，谓为野蛮迷信的思想，其实是很错误的。阴阳家的思想和其他各家一样，虽然也有很荒谬可笑的地方，但大体上不失为一种有价值的学说，并且就流传之广，信徒之众，对于后世影响之大说，也不下于其他各派，怎能轻轻地一笔就抹杀呢？阴阳家传布的区域大约在燕、齐两国，而以齐国为出发地，其成立约在战国初年。当时齐国是东方大国，齐威王招贤礼士，稷下之士至三千人，天天在那里为谈天雕龙之辩，争论不休。阴阳家的思想就在这个学问环境中养育出来。我们要注意阴阳家与儒、墨两家不同，并没有唯一的首领，比较上人所知道的要算邹衍，可惜《史记》上一篇列传又讲得很简单，此外也别无什么著作传流下来，阴阳家之为人所忽视，未始不由于此。但是就他们的思想研究起来，确实有令人可以注意的价值，尤其是与诸夏系的正统思想有许多不同之处。第一他们是注意宇宙本体论的，诸夏的正统哲学思想都只注意人生哲学方面，对于宇宙本体如何多存而不论，惟有阴阳家好谈及此点，他们将《洪范》的五行之说拿来推演起来，便成了阴阳终始五德说。他们以为宇宙是循环的，终而复始，都是五种原行在那里互为代替，这种思想确是非常新奇，为诸夏思想家所梦想不见的。第二对于自然科学的注意，这也是诸夏正统思想所不注意的，邹衍的大九洲之说，很有科学思想，终始五德之说则含有数理意味，此外类似的思想必然很多，虽然没有记载可考，倘若细细从古书中去搜寻，未必不可以找寻出来。第三为富有趣味的神话思想，如汉朝方士所传十洲三岛等神话，都是战国阴阳家所流传下来的。这种神话都富有人性的趣味的，诸夏的正统思想也决没有这些。就这三端看来，已可见阴阳家的思想确与其他各派都有不同，其差异且甚大。为什么会发生这一派的思想呢？就不能不说是地域和人种的关系了。以人种而论，东夷民族本向来富于神话思想，其思想系统与诸夏大不相同，后来江淮一带及齐国的宗教也就带有特别性质。如同东岳泰山的崇拜就是齐国的宗教信仰之一。这信仰到了战国以后，经过学士大夫的一番研究，遂成为富有理智性的学说了。至于地域的关系更为重要。中国本是大陆国，各派的学说思想虽然不同，大致缺乏海国的气味。惟有燕、齐两国距海较近，人民习于航海，故思想也因之不同。我们研究阴阳家的思想，觉得与希腊民族的思想极为相近，大概因为同是海国的关系。在中国思想史上要算是异军突起。阴阳家的发展是自然造成的，最初并非有意的提倡，也没有什么大哲学家个人的造意，只是在那种环境之中自然会造成那样的思想。这种思想一成为系统的理论之后，非常容易流传，燕、齐二国的信奉者非常之众，当时的君主如燕昭王也非常信任，后来的秦皇、汉武更不必说了。这一派在汉朝的势力大家都知道，可不必细说，其实汉朝以后的潜势力也仍然还不小，不过不为人所注意罢了。我们试举几个例：一个是晋时伪造的《列子》中有述天地原始的一段，如太初、太始、太易等说法，自然是从《淮南子》中偷窃出来的，而《淮南子》却是采的阴阳家之说，这种说法后来遂成为道家哲学之一部分，魏、晋以后的道家思想其中含有阴阳家的思想非常之多，这不过是最高尚的一例。还有一个是北宋邵雍的皇极经世之说，虽然衍自道家，其实也是阴阳家终始五德之说的变相。唐、宋以后的所谓数理之学，其实都是阴阳家思想，道家并没有这些。随举两例，已可见阴阳家思想在后世影响之深了。

与阴阳家同时或稍后发生的思想是道家。道家也和阴阳家一样并没有开山的祖师。后世虽以老聃为道家的始祖，其实老聃这个人根本不是道家，《老子》这部书确是战国末年的作品，是道家最后的成熟著作，不是最初的著作。道家的发生大约和儒家的孟轲同时，其中著名的人如庄周、彭蒙、慎到之类，也是各自成一家言，并不相袭。大抵道家的共同精神在出世思想，因为要出世，所以不似其他各家要聚众讲学，有多少弟子传布他们的学说，道家的著名学者大抵姓名尚在若隐若昧之间,更无论于生平行谊了。不过道家的传布在于中原各国,不比阴阳家的僻居东北,因此他们的著作多数仍留传下来,为后人所知,不比阴阳家之湮没无闻。渐渐也有人以研究他们的学说为业,造成一种学派。然而在战国时代,这一派的势力似乎仍不能和儒、墨抗衡,直到汉朝初年,儒、墨俱受摧残之后,黄老之学才渐渐抬起头来。道家因为是个人的学说,所以他们的内容很不一致,有主张自然的,有主张虚无的,有主张清静的,有主张享乐的,甚至有极端相反的学说。因此严格说起来,原始的道家并不成为一家,不过一些山林隐遁之士各自发挥各自的思想罢了。不过在这种不同的思想之中也有一个共同点,就是个人主义,道家无不以个人主义为出发点的。这种思想在孔子时就有端倪,《论语》所载长沮、桀溺之类,就都是此派。到庄周以后,拿他的阔达放任的精神独立创成一部学说,道家才有了较高尚的理论根据。到《道德经》出世以后,道家才有了首尾一贯的系统思想,这部书确是道家成立的最大功臣,也是上古中国思想史上第一部系统的真正著作。自这部书出现以后,道家才有了森严的壁垒,老聃也就因此一跃而为道家的祖师。汉朝的黄老之学所以陡然盛行起来,也就是这部书的功劳为多。中国古代真正可称为著作的系统书,只有《老子》和《周礼》两种,但《老子》的影响却比《周礼》大得多。

  法家是最后出的。他的酝酿已在战国中叶,真正成立更在战国末年。各家学说到了演进到最高程度以后,已经都有接近法家思想的可能。如同儒家的荀卿,道家的慎到,就都有类似法家之处。到韩非出来,法家的思想才算大成。法家的思想中心是甚么呢?就是以人胜天的进化主义。他们不像儒家崇拜什么古先,他们也不像墨家信仰什么天意,他们更不像道家主张甚么自然放任,他们是最进步的,最彻底的。他们根本不信任什么人性本善的理想之谈,他们以为只有法律才可以范围人性的恶点,促进社会的进步。他们是人本主义者,也是进化主义者。他们的主张确是有实效的,因为秦国就是用了他们的主张才将"天下"统一起来,那些儒家迂阔的王道主义,墨家迷信的神治主义,道家空想的无治主义,就都不免相形见绌了。因此我们说法家是古中国学说之最进步者,而法家的巨子韩非尤为集上古学术之大成。犹如他的同学李斯完成了政治统一的工作一样,他也可以说完成了学术统一的工作,他们的思想不但促成秦国的统一,就是西汉二百年的太平郅治也是由法家造成的。后儒拘于迂阔之见,反要骂法家是只图近功,真是冤枉古人不少了。

我们对于先秦诸子学说的总观察是上古学说演化成以上各派的缘故，不尽由于各派创始者的主张不同，地域和时代的关系也很重要。地域的关系已经有人说过，如谓儒家代表北方民族思想，道家代表南方民族思想之类，其余三家若分配起来，可以说阴阳家代表东方海国民族的活泼理想，法家代表西方山国民族的谿刻理想，墨家则笃实似儒，高玄似道，热情似阴阳，组织似法，最得其中道。但这些地域的关系还不算很重要，最重要的还是时代的关系，儒家最先出，故保存的封建思想最多；墨家次先出，故主张稍进步；阴阳家次出，故主张又进步；道家晚出，故主张甚急激；法家最后出，故主张也最进步彻底。各家自身的进化也是循这个轨道而来，试列一表以说明之，如次：

	修正的 传统思想	素朴的 新理想	较进步的 新理想	系统的 理想	最进步 的理想
（儒家）	孔丘	孔门弟子	孟轲	荀况	
（墨家）		墨翟	墨家弟子	别墨	
（阴阳家）			稷下诸贤	（轶亡）	
（道家）		（诸隐者）	庄周	《老子》	
（法家）		（子产等 政治家）	《商君书》	《管子》	《韩非》

第七章　各派思想之凋落混合及神秘思想之复兴

古代的思想到了战国可算极盛，盛极了就未免难以为继，因此到秦国实行统一之先，各派就已都有凋落之势了。秦始皇混一宇内之后，实行法家的统一思想政策，对于各家思想极力摧残，儒家的受摧残最深，焚书坑儒是人所共知的事实。墨家的受摧残虽无明文，但观于秦以后墨家之衰微情形，再证以墨家学说与专制绝不相容的理由，可知其受摧残比儒家恐怕还深。此外阴阳家则末流变为方士，虽颇为时主所信任，而于学术关系颇少；道家则多属隐遁之士，不愿干涉政治，因此也都无显著的表现。惟有法家得行其志于时，始皇又禁绝百家杂学，令欲学法令者以吏为师，故此时可算法家的独尊时代。但因为无其他学说竞争的缘故，因此法家也就没有什么著作表现于学界，只有那些各种制度法令流传于后代，为汉朝的杂霸制度所因循罢了。

各家的学说经过秦始皇的专制摧残，虽然不免都受影响，但毕竟学术的势力不是政治所能禁压得住，因此秦朝一亡，压力一去，各派就都纷纷复活了。

先说儒家本来是当时最大的一个学派，年代又长，信徒又多，主张又很稳健，因此势力甚为稳固。秦始皇虽然信任法家，对他们极力加以摧残，但他朝廷之上仍然有博士存在。到汉兴以后，叔孙通等聪明的儒者能够通达时务，赶紧以礼乐之术牢笼君主，因此儒家的势力遂又恢复起来。自此以后无论在朝廷或在社会上，儒家的信徒都很多，他们又极力注重文献事业，为当时其他各家所不及，因此他们的势力因与古代文献打合到一处，遂更不可摧破。不过汉初君相如曹参、文帝、窦后等都很信道家，法家的潜势力也还存在，因此儒家还不能十分得志。直到景、武两帝都是右文好儒之主，儒者公孙弘、董仲舒等乘机进说，复实行秦始皇未竟的统一思想政策，不过以儒家换了法家罢了。这个政策一行，儒家遂成了二千年来的正统思想，再不敢有人加以反对。不过从此各派学说不能公然发展，都偃旗息鼓变相的侵入儒家，将儒家弄成一个四不像的东西，而思想界也就渐渐隳落成了不堪的景象了。

墨家在战国时代本来是很大的学派，信徒遍于中国，与儒家有对立之势。但是他的信徒过重实行，忽视言论，因此著作流传绝少。他们的组织又是极严格，极秘密的，普通的信徒渐成为绝对服从没有个人自由思考的余地，学说又逐渐趋于神秘，不易为智识阶级所赞同，这都是墨学自趋澌灭的原因。加以他们主张抑强扶弱，最与专制政体不合，尤其是大一统的时代，因此墨学自秦以后就失传了。不过最主要的原因大约还是由于墨者的过重实行，忽略文字，因为忽略文字，所以将信徒都弄成椎鲁无文，渐渐数典忘祖起来，因此秦亡以后，各派都能恢复，惟有墨家的精神虽寓于当时所谓侠客之中，而形式上早已忘却了墨翟的教训，墨家的名目就从此沦亡了。

道家本来都是个人主义者，素来就没有什么组织，不过因为他们的主张很投合乱世人的心理，因此同情者也很不绝。自《老子》一书出现于战国之末，道家有了系统的理论，才有与儒、墨争衡的资格。汉兴因为天下初定，正用着清静无为的政策，因此道家的主张就成了一时的主潮。同时战国中所有各附庸的派别如纵横家、农家，乃至阴阳家之类都纷纷自附于道家，道家的内容也就较从前大为扩张了。汉朝文、景两朝，上有文帝、窦太后等主持于上，下有淮南王安等奖励于下，当时除了儒家敢和他竞争以外，简直没有其他抗衡的学派。不过道家内容究竟过于简单，主张也很浅薄，因此不能满足雄才大略的君主的希望，到武帝定儒家为正统之后，道家自然不免也受了影响。从此以后，清静无为的正统道家学说渐归澌灭，而阴阳方士之流转依附道家的名目，造成东汉以后的神秘的道教了。

阴阳家在战国末年信徒就已不少，但是似乎始终没有演化出整个系统的思想。按说战国时代以齐国的和平时期最长，应该涵育出些较高尚的文化，但无论在文学方面或哲学方面，齐国方面都没有什么成绩流传下来，这是什么道理呢？依我们想，不是齐国没有文化，乃是因为齐国与其他各国交通较少，故国亡之后，就不免渐渐埋没了。就我们今日所知，齐国文化之表现于后世者，似乎只有阴阳家一派，但关于阴阳家思想内容之材料今日也就很少。盖阴阳家的思想全是海国民族的思想，其不为大陆性很深的中国民族所了解而渐至湮没，也是当然的道理。不过阴阳家思想的内容虽然不易研究，但就秦、汉时代他们的信徒众多，甚至欣动人主这一点上看起来，可见他确是当时一大学派，不容忽视的了。不过阴阳家到了秦、汉之际，似乎已失了他原来创始者的高尚哲理意

第七章 各派思想之凋落混合及神秘思想之复兴

味,而倾向于神秘方面了。大致哲学在极盛之后,民族对他们生了厌倦,就多易转入神秘的宗教方面。如希腊哲学极盛之后而有新柏拉图派的神秘思想代兴一样,中国上古的哲学思想到了先秦诸子也可算发挥净尽了,秦、汉以后各派都没甚新进步,社会上自然渐渐对他们都厌倦起来,神秘思想容易发生。阴阳家转入此方面最早,因此在西汉时代就几乎成了社会信仰的中心,他的势力不但征服雄才大略的君主如秦皇、汉武之类甘心为他效力,甚至儒家、道家也都为其所同化,而发生神秘式的谶纬思想。这真是阴阳家的大幸而又是大不幸了。

法家自秦得到政治的拥护战胜其他各派后,到秦亡汉兴名义上虽然失败,其实潜势力仍然甚大。汉朝的制度大多数沿自秦制,而秦制就是全本法家的精神制定的,因此西汉一朝可算仍然实行法家的理想,汉宣帝所以说汉朝的法家是用杂霸治国,也就是这个道理。汉初的君相如萧何、张苍、景帝、晁错等都是信仰法家的。武帝名为信儒,其实所用的人如张汤、杜周、桑弘羊、孔僅之类都是法家。就是公孙弘之流也是阳儒阴法的。儒家的胜利,法家的失败,大约在元、成以后,因为汉元帝是个好儒的人,所以西汉末年儒者才大盛起来。桓宽所辑的《盐铁论》一书,可以代表西汉中叶以后儒、法两家冲突的情形。平心而论,西汉的富强未始不是法家之效,至于元、成以后,政治所以紊乱不堪,虽非儒家的责任,但儒家的迂阔之术断不易挽救那种鱼烂的局面,也是实情。两家的优劣,由此可以见出了。

我们前面已经看到,汉朝初年,神秘的思想已经流行了。当时阴阳家隳落而成的方士,在社会上极力传布神秘的思想,聪明如汉文帝,雄略如汉武帝也都受他们的愚弄。当时的名臣如张良之类又借神仙以自晦,因此神仙的价值就越高起来了。流风所及,儒、道两家也都受了影响。儒家如董仲舒之流号称大儒,但是他的著作中满纸妖妄之言。道家则托黄帝以自掩其神秘之说,其著作如《淮南子》中也充满了神秘思想。自汉武帝定儒术为国家后,思想越发退化,儒学中的神秘色彩越发达了,于是产出所谓谶纬之学,以妖妄之言自附于儒家。西汉末年,这种神秘的思想一天盛似一天,王莽的篡汉,刘秀的兴复,都借谶纬以欺人,可见神秘派在社会间的势力了。

儒术定为一尊以后,思想上就绝没有什么表见,所谓儒家者不是妖言惑众的方士,就是抱残守缺的经师。方士派固然造谣可恶,经师派也只知道咬文嚼字,毫无独立的思想可言。并且汉武帝之推尊儒术,本来是利用科举的手段,这种手段虽然将异端一一打倒,但结果使儒术变成一种干禄之学,无论是方士派或经师派都是以奉承有权者为事。西汉末年，思想史上只能产出模仿派的扬雄和作伪派的刘歆，再产生不出什么伟大的思想家来，真是思想史上隳落的时代了。

东汉时代，思想的隳落消沉更甚于西汉，学术界上只有经师派和方士派在那里作怪。这时候有一个王充，是一个有独立思想的哲学家，他著了一部《论衡》，专门和当时的时代潮流反抗；他不信神怪，不信故训，甚至对儒家的祖师孔、孟都敢攻击，确是一个杰出的人物。但他的著作并不为时人所注意，直到二百年后，蔡邕得了还当作秘本，不以示人，可见在当时毫无影响，我们决不能拿他的著作来代表东汉的思想界。只可以他的著作之中，反映出当时神秘空气笼罩下的一般景象罢了。

这样神秘的空气，从王充的时代起，一直又笼罩了将近二百年，直到蔡邕们出现的时代，王充的著作渐被人认识的时候，怀疑的曙光才渐渐发现。但同时神秘思想已造成空前的匪乱黄巾贼，将二百余年的东汉大帝国一拳打破。同时新的宗教纷纷俱起，而神秘思想结晶的道教遂于此时出现，成为中国唯一真正的国教了。

第八章 怀疑时代的曙光

东汉是儒术最盛的时代，儒术统一的结果，除了造成一般方士和经师之外，只有在政治上造成些臧否时政的党锢名流。这些党人们大半牺牲他们的精神生命到政治上，对于思想界的贡献殊少，但因为结党交游的风气一开，思想上交换的机会日多，并且党人们多半是光明俊伟之士，绝非委琐卑陋的经师们可比，他们的流风所及，很可使人的心智一开。到了东汉末年，政治日坏，人心思变，思想上怀疑之机遂一发而不可遏了。

从东汉末年起，到东晋初年止，这一百多年之中可以说是思想史上的怀疑时代。虽然没有什么独立的建树，但较之黑暗消沉的东汉时代，实在已高出百倍。东汉经师们只晓得咬文嚼字，说《尧典》首数字，至十余万言，其繁琐冗长，毫无用处可见。东汉末年有个郑玄算是经师之巨擘，他将这些妖妄之说，繁琐之论，分别结集起来，成了五经的注，经师派到此可算大成，但经师派的势力也就及郑玄之身而斩了。

当郑玄苦心结撰那些故纸堆中的材料的时候，新的怀疑空气已经渐渐造成。与郑玄同时略后的孔融和祢衡便都是放荡不拘礼法的人，他们曾说"子之于父母犹物寄瓶中，别无恩义"，这是对于汉代儒教盛行的唯一教义"孝"字的大胆反抗。这时候儒教的不能压服人心，已成公然的事实，有眼光的政治家如曹操、诸葛亮，都想拿法家的主张来范围人心。无奈人心遏郁已久，正是思想自由解放的时候，法家的干涉主义也无法与这新潮流反抗，因此曹操和诸葛亮的建设事业都只成了昙花一现，毫无效果。到了曹操的重孙手里，便出了何晏、王弼两个大思想家，他们大胆与古来相传的儒教教义反抗，开拓了一个新世界。何晏、王弼都好谈老庄，王弼注解《周易》，以义理为主，一扫汉朝经师支离荒谬的胡说，确替中国的哲学开拓一条新路。他援引老庄来解《易》理，虽然也未必即是《周易》的本义，但于融会儒、道二家的主张上，很有功效。汉以来的道家，除了一部分神仙妖妄之说外，大抵是清静无为的老子之教为主，当时谓之"黄老"，其说甚浅。到何晏、王弼以后，才特别提出庄子之学，建设一个新人生观，此后言哲学者，或谓之"老庄"，或谓之"《老》《易》"，总之不但与儒家不同，抑且与汉以来的道家大不相同，完全是一种新东西。

与王弼等同时稍后的，还有个王肃，他是一个经学家，著经解若干种专门与郑玄为难，且并不惜伪造伪书以证实其说，如《孔子家语》便是王肃所造伪书之一。因为他是晋武帝的外祖父，所以他的学说后来也居然传之于世，与郑玄相颉颃。此人及其学说虽不足取，但他敢于遍翻郑玄之案，立意与汉儒为难，也可见时代潮流之一斑。

魏、晋之际与西汉末年一样，是一个伪书流行的时期。王肃所造伪书除《孔子家语》外，还有《孔丛子》。此外有汲冢发现的许多古书如《逸周书》《穆天子传》《竹书纪年》等，其真伪也是问题。东晋初年梅赜所上《古文尚书》及《尚书孔氏传》也是伪书之一。此外如《汉武内传》，东方朔《神异经》之类，俱属东晋以后的伪书。这些伪书中，于时代思潮最有关系的，要算《列子》。《列子》是经晋初张湛注解以后才出名的，有人疑为即张湛所伪造，有人以为张湛以前的人所伪造的，总之绝不是战国时代的作品。就中《杨朱》一篇最滋人疑窦，其实《杨朱》篇以外的各篇大半抄袭《庄子》而成，又间杂以佛经的语法和故实，其非战国时著作也是显然的。《列子》虽系晋人伪作，但它的价值倒不可轻视，因为魏、晋之际的时代思想颇可从这部书中寻绎出来，尤以《杨朱》一篇更可注意。他因为孟子中有"杨子为我"一语，遂因而杜撰出一篇极端为我主义的哲学来，大致以人生的享乐为主，轻视一切身后的批评和社会的善恶标准。所谓享乐主义者更绝对以肉体的享乐为主。这种不长进的堕落主张，确是魏、晋之间才会有的，战国时代哪里会产生这样的思想呢？

当何晏、王弼提出以老庄代替儒家的时候，确是想努力缔造一个新哲学，新人生观的，他们努力于破坏方面反不及努力于建设方面者多，倘若后来有人能承继着这个方向去走，则新的哲学早已出现，不必待印度思想之输入而始有光明之路了。不过不幸何晏、王弼死后，没有能够继承他们事业的人，所谓晋初的竹林七贤阮籍、嵇康等——大都是放荡不拘的名士派，在思想方面破坏之功多，建设之功少，反抗旧礼教的力量多，建设新哲学的力量少。并且生丁禅代之际，易遭政治的压迫，嵇康一个较有思想的人，竟为司马昭所杀，阮籍因此缄口不言，以酒自放，此外山涛、毕卓、王戎之流则竟欺世盗名，躬为污浊之行，而自托于高尚了。当时的所谓思想，不过是伪列子《杨朱》篇中所代表的享乐主义而已。西晋末年，内政腐败到极点，外患也因之勃起，竟至中原沦丧，夷狄横行，虽然是政治不良之过，究竟这些堕落的时代思潮也不能不负一部分责任，所以范宁要太息痛恨地说"何晏、王弼之罪浮于桀纣"哩！

享乐主义的影响，确使人心风俗因之奢靡，当时的名人如何曾、石崇等，都以奢华相尚，未始不是受了这个影响。其间有与这个潮流相反抗的，如裴颁著《崇有论》，可以代表儒教的反抗思想，不过效力很少，终于酿成五胡乱华之祸。

东晋初年，过江名士流风未绝，竟以谈玄论道为尚，一言片字，妙解独契，颇似唐以后佛教的禅宗。《世说新语》一书载这种名言甚多。虽非系统的思想，究属不无可取。当时名士，每多升座讲演，手拿麈尾，与听讲的人互相辩难，辩不胜的便即退席，这种情形与禅宗的机锋更相似。假使东晋和平较久，学者循这种轨道往前进行，或者也可以成就一种新的系统思想。但是这种自创的思想尚未成功，印度的佛教已挟民族迁移之新势力尽量侵入，给饥渴徘徊的中国思想界以一种无尽的宝藏，学者的力量顿然转向这新的方向去，思想上就又成了一个新的局面了。

思想的进退与民族精力的盛衰是成正比例的，中国民族自西周以前尚在浑浑噩噩的未开化时代，异民族的醇化也未成功，自春秋时代经晋、楚、齐、秦诸大国的努力，将东西南北各方面的异民族都融化于一炉，民族的醇化既已完成，正是发挥精力的时候，所以才产出战国时代光辉灿烂的思想来。战国以后，思想业已成熟，但民族精力尚未发挥净尽，因此秦皇、汉武得以挟之向政治外交军事方面尽量发展。西汉武、宣以后，政治军事已经发扬到绝顶，民族精力已呈疲倦之态，因此自西汉末年以至于东汉一代，无论政治、军事以及思想方面，都没有什么了不得的成绩，只是苟且敷衍局面而已。魏、晋以后，民族越老了，政治、军事方面都退化了，思想也就因之堕落起来，才会产出那样徘徊歧路的怀疑思想和聊以永日的享乐思想。民族思想到了这样地步是非常危险的，照这样弄下去，是会酿成民族的自杀的。然而"适会有天幸"，西北、东北的野蛮民族突然大举的侵入中国，造成一种民族的大混合，结果产生出一种新的富有朝气的大民族来。并且这些异族的侵入不是空手来的，他们背后挟着中央亚细亚一千年来的文化，并且间接地将喜马拉雅山这一条天障打开，使恒河流域的古文化得以与东亚民族接触，这个举动真是影响不小。于是正在醇化中的中国民族，接受了这件巨大的礼物，尽力地将他介绍研究，慢慢地咀嚼融通，隋、唐的大帝国和新的佛教都从这个时代酝酿出来，这个时代就是我们下章要说的时代。

第九章　佛教的输入

当汉朝在中国本部建设了统一大帝国的时候，北方蒙古地方也兴起了一个大帝国，就是匈奴。匈奴最盛的时候，势力东面扩张到满洲和朝鲜半岛，西面直达到新疆和中央亚细亚。那时新疆和中央亚细亚建设了许多小国，成为东（中国）、西（希腊、罗马）、南（印度）三方面文化势力和政治势力的接触地。匈奴和汉朝争持了多少年终于被汉朝将他战败，到东汉初年匈奴的主要部分已降伏汉朝，南迁至塞外，余民数十万落在蒙古的，尽为东北方面的鲜卑民族所吸收，从此鲜卑遂成为庞大的民族。至于中央亚细亚地方，自西汉末年，兴起了一个大月氏帝国，这个帝国本是东亚民族，由黄河套搬至中亚的，所据的地方则系希腊民族所建大夏帝国的故地，而尤可令人注意者，这个大月氏帝国跨兴都库什山而建国，一部分在山北中央亚细亚，一部分则在山南北印度，因此印度的文化就借这个帝国之力灌输到中亚诸国来。印度自公历纪元前六百年左右，佛教兴起以后，战胜了旧有的婆罗门教，就成为印度的中心思想。这时分为南北两派，南派由锡兰岛传至后印度半岛诸国，就以锡兰岛为根据地，北派则由大月氏传至中亚诸国，大月氏就成了北方佛教的中心了。西汉末年，大月氏使者来中国，哀帝使博士弟子秦景宪从之受《浮屠经》，这是佛教输入中国之始。至东汉初年楚王英在宫中私祀浮屠，可见佛教势力已侵入宫廷。自此以后，民间传习者渐多，不过尚属宗教的性质，于学术思想无大关系。到西晋末年，鲜卑、匈奴、羯、氐、羌五种民族侵入中国，号称五胡乱华之祸，这五种民族在未入中国以前，本来都已受过佛教的感化，既入中国以后，遂将佛教间接介绍给中国人。加以自异民族侵入以后，西北交通复开，中央亚细亚与中国的接触日繁，印度的佛教文化遂由这种种的机会传入中国了。

这一期的佛教，主要的工作在翻译事业。因为佛教初入中国，内容尚未尽为华人所窥，因此不得不致力于这层工作。这时担任翻译事业的人，大半系外国的高僧，有来自印度的，有来自大月氏的，有来自其他各国的。这些外国僧人初来中国，对于华言未尽通达，翻译颇为困难，因此不得不另物色中国人为之笔受。大致由外国僧人口译，再由中国人由笔记录下来，或者有时更请文学家为之润色一下。翻译既然须经过如此许多困难，自然不免谬误，就中翻译最有名的要算鸠摩罗什。鸠摩罗什是天竺人，生于龟兹，自幼精研佛理，名闻东西。当时中国有一个高僧叫做道安，对于佛理也深有研究，常常慨叹佛经翻译的多有错误，因发起迎鸠摩罗什来华。前秦王苻坚容纳他的意见，派大将吕光去迎他。恰好苻坚不久就因兵败而死了，鸠摩罗什赶到长安的时候，已是后秦王姚兴的时代。姚兴也是个信仰佛法的人，他用政治的力量保护鸠摩罗什，赞助他大规模地做翻译事业，因此鸠摩罗什得以放手进行他的工作。他的翻译卷数既多，内容又很正确，因此在中国思想界的影响极大。除鸠摩罗什以外，外国僧人在中国很有名的有安世高、佛图澄、菩提达摩等人。

当时东西交通既便，不但外国僧人来中国的很多，就是中国僧人也有到西方求法的。当时的东西交通约有两路，一条是陆路，就是从新疆经中央亚细亚以达印度，另一条是海路，从广州出发，坐海船经后印度半岛以达印度的锡兰岛。外国僧人来中国的大半系从陆路，惟菩提达摩是从海道来的。当后秦的时候，长安有一个和尚名叫法显，发愤往印度求法，由陆路出发，凡经三十余国始抵印度，在印度住了十五年，由海路返回中国。带回的经论很多，并著有《佛国记》一书，详记他的经历，这部书在后来宗教史和地理学上都很有价值。在法显前后往印度或中亚诸国求学的僧人很多，据梁任公先生在《千五百年前之留学生》一文中考证，自三国以至唐初往西求法的高僧其确有姓名可考者已有百零五人，佚名者尚有八十二人，在当时旅行困难，危险非常之多的时候，能有这许多人牺牲生命光阴去做这种事业，可见时代潮流之一斑了。

除了出国求法的高僧以外，在国内也出了许多有名的和尚。在东晋末年有一个高僧道安，本姓卫氏，后改姓释，他在南北传道多年，弟子非常之多，欢迎鸠摩罗什来华的动议就是他发起的。中国佛教的基础可以说自他以后才确立起来。他的弟子慧远在庐山结白莲社，研究佛理，南方佛教的发达，他与有功焉。

当时信仰佛教的不但是和尚们，就是在家的居士也很多。原来佛教输入中国以后，其初政府尚禁止中国人出家为僧，故信仰者多属居士。自三国以后，此禁才开，于是在家、出家两途遂分。居士中信佛的著名者如与慧远结社的刘遗民等十八人，如宋初的谢灵运、颜延之等，对于佛法的普及都很有关系。

第九章 佛教的输入

当时佛教传播之速，于政治势力的保护很有关系。自五胡乱华之后，侵入北方的异民族大半系信仰佛教的，他们的政治首领多努力奖励佛教的传布。如同后赵主石勒，前秦主苻坚，后秦主姚兴都非常提倡佛教。北魏诸帝除太武帝外，也都信佛，末年的胡太后尤崇佛法，建筑佛寺甚多，又遣宋云、惠生到印度求经，得百七十余部而还。北魏一代佛寺的兴筑非常之多，读《洛阳伽蓝记》一书可见梗概。南方的君主虽系汉族，但受了异民族的影响，也非常崇信佛法，就中东晋孝武帝、宋文帝、梁武帝、陈武帝等尤为著名。梁、陈二武帝都以开国雄桀之姿，不惜几度舍身僧寺，祈求福泽。南朝建筑寺庙之多，不亚北朝，政治上的如此提倡，正是时代思潮的反映。

佛教自西汉末年输入中国，历时二百余年，到东汉末年民间已传习甚广，但都是宗教的信仰，丁学术思想无甚关系。加以当时翻译事业初开风气，外来的僧人对华言素不通习，辗转传译，错误甚多，专门术语也未经成立，因此翻译的经典不能引起一般人的注意。直到五胡乱华以后，外国的高僧来华者日多，带来的经典也较前多了，中外僧俗彼此相处日久，情意融洽，所翻译者自然较前正确，从此东土的人，才得睹佛教之真正广大的面目，又恰当思想烦闷饥渴的时候，焉能不立刻风行全陆呢？佛教在印度本分大、小乘两派，当中、印交通的时候，值大乘业已盛行中亚之后，因此迻译的经典以大乘者为多。其初尚没有枝派可分，到后来传习既众，不免有门户之见，于是大乘之中又分出许多枝派，大致都是以西土的经典为主，如般若宗依据《大般若经》，摄论宗依据《摄大乘论》，地论宗依据《十地论》，律宗依据《律藏》之类。原来大乘在印度本分两派，龙树一派从实相方面立观点，主张"法体恒空"，无著、世亲一派从缘起立观点，主张"万法唯识"。其输入中国也分两派，鸠摩罗什所译的《般若》三论之类，尽属空宗经典，故此派先盛于中国，到陈时真谛三藏东来，译出《摄大乘论》等有宗的经典，于是唯识法相之说才稍有萌芽。而此宗又分两派，在北方者谓之地论宗，在南方者谓之摄论宗，其实大旨相同，不过大小互异而已。以上这些派别，都尚系承继印度学派，直到昙鸾创净土宗，智𫖮创天台宗之后，中国才有了自创的佛教哲学，佛法就越发光芒万丈了。

我们前面已经说过，东汉一代是神秘思想发达的时代，佛教在当时也不过是许多神秘思想中之一种，此外本国自创的秘密宗教尚多，大致不出方士妖妄之说，而其中有主符箓的，有主丹鼎的，有主梵咒的，细细分起来，派别也很多。今日道教所托始的张道陵，在当时也不过是这些秘密宗派之一，后来流为五斗米贼，仅盛于四川一带。这些秘密宗教最初与道家本无甚关系，到东晋时候，有一个葛洪出来，著了一部《抱朴子》，将当时的神秘思想整理出一个系统来。东晋本是老庄之学最盛的时候，因此这些神秘思想就与道家相结托，借老庄的哲理以为后盾，他们的基础才渐渐稳固。到佛教盛行以后，受了佛教的影响，模仿佛教的组织，将这些神秘思想组成一个完全的宗教系统，从此以后就有了"道教"的名目，能够与佛教对抗成为二大宗教了，这个时代约当北魏的初年。

自老庄之学盛行后，与儒家旧说显相牴牾，学者已感取舍之困难，佛教输入以后，又添了一个新学派，这三派思想之间，怎样调和分别，问题甚多。因此学者有著论专主一家的，有谋调和三教的，但大势已趋于佛教思想，这些主张无甚大关系，故不赘述。此外如梁范缜所主张的神灭论，虽立意颇为新颖，但在当时和后世都无影响，也就不足轻重了。

第十章　新佛教宗派的创造

纪元三四世纪之时，佛教已盛行于中国，但当时信徒精力大半消费于迻译经典，消化未遑，况云创造。到五世纪以后，佛教的翻译已渐次完备，学者研究的风气已盛开，咀嚼消化，逐渐成熟，以中华民族的天才，接收了这一份丰富的礼物，自然会另外创出一种新的融化物了。从五世纪（南北朝初）起，到七世纪（唐初）止，这三百年之中，可以说是中华新佛教建设的时代，这些新建设的佛教，虽然蒙着佛教的面目，其实已是中国化的佛教，在学风上，态度上，内容问题上，都与印度本来的佛教完全不同，可以说是中、印两枝文化结合以后的新产物，这真是思想史上可以值得大书特书的事情。如今依这些新宗派创立的次第，分别叙述如下：

一、净土宗。净土宗系由菩提流支传入中国，但至其弟子昙鸾始发扬光大。在昙鸾以前，已有慧远在庐山结莲社，刘遗民等十八人都来入社，也为本宗的先声。这一宗虽云以《无量寿》等三经一论为根据，其实是不立文字，但以念佛为方便法门，于思想上无大根据。又这一派的修持方法与天台宗相似，同以"观"字入手，创莲社的慧远也就是天台宗的远祖，因此我们可以说净土就是天台宗的一个别支，后来才各自独立发展的。

二、天台宗。天台宗是中国自创的第一个大宗，开创人名叫智顗，时代约当陈、隋之际。这时候龙树一派的空宗与无著、世亲一派的有宗正在论争不绝之际，天台宗出来创立判时判教之说，以中道为最后究竟，非空非有，不即不离，虽然根本上仍毗于空宗，但已算调和于二派之间了，这是天台宗在当时唯一的价值。至于在修持的方法上，提出一个"观"字来，也是发前人之所未发。我们要明白了六朝末年中国佛教的纷歧情形，才知道天台宗是调和各宗派的新学说，他的内容圆融中正，能弥补各派的缺点，确有一日之长，且可以代表中国民族喜调和的根性。

三、起信论派。《大乘起信论》是佛学界公认的一部名著，从前人都以为是由印度翻译来的，近来经多人考证，始知印度原无此书，乃属中国人伪造。其成书约在隋、唐之际。这本书虽系伪造，但内容极为精深，后来在佛学界的影响也非常之大。当时空有二宗争论甚烈，一派主张法体恒空，一派主张万法唯识。起信论将这两宗的主张调和折衷起来，立一心二门之说：一个是心真如门，就是心的本体，不生不灭，与空宗本空之义相合；一个是心生灭门，就是心的现相和作用，是有生灭，与有宗唯识之义相合；而这二门又各总摄一切法，并不是二元论，真如中含有空不空二义，生灭中则含有觉不觉二义。像这样说法，就将空有两宗的争论异点一切调和无迹了。《起信论》之所以有价值者在此。而他的出现正与天台宗的成立先后同时，可见当时正是需要调和折衷的时候了。起信论与他宗不同，未尝独立成一宗派，但因其在佛学界影响极大，故我们不能不注意及之。而且起信论后来与华严宗的关系颇深，欲知华严宗思想之来源者也不可不注意此论。

四、法相宗。法相宗本是印度的大乘宗派。印度自佛灭度后六七百年，大乘始分为空有两派，始终不能调和。中国自鸠摩罗什来华，译出《大般若》经及《中》《百》《十二门》等论，空宗之义大张，人人以为佛经妙义不过于此。至六朝末年，《摄大乘论》等有宗的著作陆续译出，才于空宗之外别树一帜。但晚出之派究难与固有者相争。加以天台、起信纷纷以调和自任，壁垒更加紊乱。直到唐初，玄奘以杰出之姿，往印度留学十九年，尽得法相宗的真义，归而力弘唯识之义，这一派才大盛起来。玄奘自著《成唯识论》一书，其理解超过印度诸贤，故法相虽来自印度，其实大成于玄奘。至玄奘的弟子窥基更加以发挥，遂成立此一重要宗派。

五、华严宗。华严宗虽以《华严经》为根本，但《华严经》在印度的传授源流已很渺茫，有由龙宫发现的神话。传入中国以后也并没有什么宗派，直到陈、隋之间，有一个杜顺和尚始提出纲领，标立宗门。到唐初智俨和法藏出来，才大加发挥，华严宗就光大起来。本宗主张即事即理，事事无碍，理事无碍之说，广大圆通，不落门户之见，自称为圆教，与印度佛教好分析的气味迥不相同。其思想的立足点颇有似于泛神论，确是完全的中国思想。

六、禅宗。禅宗是最后出来的宗派，也是最富于革命性，最有势力的宗派。他的传授托言是始于释迦牟尼的大弟子迦叶，在印度传了二十八代，到梁武帝时始由达摩传至中国，其实也是无对证的话。大约禅宗的端绪是开于达摩，自他以后传了五代，都没有什么成就，到六祖慧能出来始大畅宗风，成立了一个广大的宗派。六祖以后，辗转传衍，变为云门、法眼、曹洞、沩仰、临济五宗，一直到宋、明以后，势力还存。禅宗的主张是不立文字，直指本心，明心见性，因此简单直捷，富于刺激性，且悟彻之后，虽呵佛骂祖也可以，真是最有魄力最能发挥个性的宗教。

除以上六派以外，还有真言宗，以秘密诵咒为主，也是自唐以后才输入的，但因与中国民性不合，故不能发达，而转盛于蒙古、（中国）西藏等处。

总括起来，以上中国自创的各宗派，虽然内容各有特色，不能相提并论，不过若就历史家的眼光看来，也不妨替他寻出一个自始至终一致演进的痕迹来。原来佛教自输入中国以后，最初只是承接印度的学说，只有因袭，没有创获。印度的学风本是最好分析最不圆通的，因此为一点小问题彼此分门别户毫不相下。不但同一佛教有大、小乘之分，而且同一大乘又有主张唯空和唯识之别。自印度人看起来，一派主张宇宙和自性的根本是空无的，一派却主张是有实在的东西为之根本，这岂不是根本相反吗？但是中国的民族性却是极端调和的，同一佛教而有如此极端相反的学说，在中国信徒看来，终觉得不甚安心，因此才产出天台宗一派的调和论来。天台宗以五时八教之说立论，将所有佛教各宗派分配于各不同的时代，说是世尊因时代的不同故说法内容有异，这样一来，大家便不大彼此互相攻击，存入主出奴之见了，因为虽在极端相反的学说也不妨同认为是教祖所说的了。这是一种调和。判时判教之说在天台以前已有"南三北七"十种不同的说法，可见当时中国佛教徒大家已都感到调和的必要，不过到天台而后理论完密罢了。这种调和仅能将各派学说位置在佛教的旗帜之下使之不必自相冲突而已，但在学说的内容方面还不能调和弥缝，使之趋于一致。于是起信论出来，立一心二门之说，一面容纳空宗的本体之说，一面容纳有宗的唯识之说，这种学说上的调和统一确是又一种进化。到华严宗出来，这种学说上的统一更进一步。他简直将一切空有的区别根本打破，立一切无碍之说，这种说法一出，回视印度各派为一点小小问题竟至分门别派生死不相容者，真觉是醯鸡之见，不知天地之广大了。佛教学理发展到此地，已到最广大圆满之境，底下自然的趋势自然会产出禅宗那样连佛教和异教，如来和众生的区别也一齐抹杀的最进步的宗教来。印度以国民性是好分析，所以一个佛教会分成无数的宗派，演出许多绝对不相容的学说，中国的国民性则恰与他相反，好的是调和综合，因此许多不两立的学说宗派偏会设法将他调和统一起来，这真是国民性的特色，研究思想史的人最不可轻视的。唐朝以后，只有一个法相宗是从印度输入的，玄奘留学印度甚久，受了印度国民性的感化，故其学说主于分析，壁垒森严丝毫不肯融通，但因此也不能光大于中国。中、印两民族这种性质的区别，平心而论，各有短长，为学术本身计，自然印度人的认真分析的精神最可宝贵，但中国人的圆通性质能有了华严和禅宗的成绩也就不可厚非了。

今试列一表比较中、印两国的佛教派别性质如下：

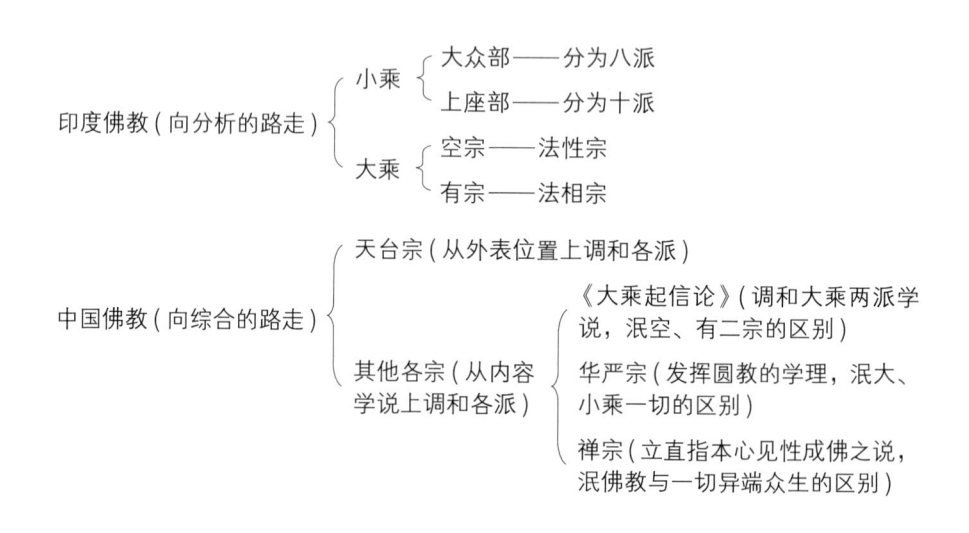

- 印度佛教（向分析的路走）
  - 小乘
    - 大众部——分为八派
    - 上座部——分为十派
  - 大乘
    - 空宗——法性宗
    - 有宗——法相宗

- 中国佛教（向综合的路走）
  - 天台宗（从外表位置上调和各派）
  - 其他各宗（从内容学说上调和各派）
    - 《大乘起信论》（调和大乘两派学说，泯空、有二宗的区别）
    - 华严宗（发挥圆教的学理，泯大、小乘一切的区别）
    - 禅宗（立直指本心见性成佛之说，泯佛教与一切异端众生的区别）

第十一章　唐宋间理学未兴前之新形势

中国的佛教学理进化到了禅宗，已经达到最高点，不能再往前发展了。禅宗的主张是打破一切范围拘束，连佛教两字的范围也打破了，因此反倒容易和教外的人接近。当时禅宗的人才既多，理想又高，方法也很精妙，因此在社会上的势力非常之大，学士大夫们也都受了他们的感化，后来宋、明理学的创造与禅宗很有关系。

佛教到了唐朝，不但教理发达到极点，教势也发展到极点。在教理方面，有所谓"教下三家（天台、法相、华严），教外别传（禅宗）"，名理奥义，层出不穷。在教势方面，则上自天子，中至宰相王公文武官吏，下至平民，无不信仰尊奉，惟敬惟恭，比孔子的教势力大至百倍。这种势力的普及就是腐败的根芽，因为僧侣既多，品类当然不齐，多数的僧侣不明教义，惟以虚言诱惑借博钱财为务，当时社会上信仰的人也都是明理者少，盲从者多，因此佛教自唐朝中叶以后就一天一天腐败下去，为有识者所不满。加之教理发挥到了禅宗，已到无可再发挥的余地，禅宗的主张鄙弃经卷，专用一两句不着边际的话，令学者自己去参悟，谓之曰"参话头"，这种方法固能使上智顿悟，但也容易使狂妄之徒借以藏拙影射，因此禅宗的末流捕风捉影，自命不凡，甚至酒色财气都说是不碍菩提路，这种狂禅一多，自易使人对之发生不满。这样教理和教势方面都发生了破绽，自然反动潮流会乘时而起了。

反动的主潮自然是南宋以后成立的理学，但在理学未成立以前，从唐到宋已有许多新思想发现，不过都没有成了正式的系统而已。本章就是要将这种理学未兴以前的新形势叙述一下。当时的新学说约有以下数派：

一、文中子的拟儒派。文中子据云姓王名通，是隋末的人，隐居河汾，著书立说，唐初将相多出其门。其实王通虽有其人，但并无所表见，今所传《中说》、《元经》等都是他的孙子在唐初所伪造，借以装点祖父门面的。其书处处模仿四书五经，大言不惭，而辞意尘下，比扬雄还不如，本来在思想史上毫无价值，但因后人称引者众，故不得不列于此。

二、韩愈的原道派。韩愈是个文学革命家，本不懂什么哲理，但因他生的时候，佛教是正在得势的时候，种种腐败情形，很为有识者所不满。韩愈是个直性的人，因此著《原道》一文以斥之。《原道》的内容很浅薄，并不能折服佛徒。但他在文中提出尧、舜、禹、汤、文、武、周、孔相传的道来，为后世理学家道统说之滥觞。他又著《原性》，主张性有三品之说，于古代人性的争论上又添一新说，不过无甚影响。总之，就学理说，韩愈本没有什么特见，就事实的影响说，韩愈确是后来宋朝理学家的远祖。他的道统说，他的辟佛举动，都是后来理学家所竭力模仿的，也可谓豪杰之士了。

三、柳宗元、刘禹锡的进化论派。与韩愈同时的有柳宗元和刘禹锡二人，也是文学革命的健将，在思想上也很有独到之处。刘禹锡著《天论》三篇，主张人是进化的，人力可以胜天，柳宗元附和其说，并为更进一步的解释，以为天是无知之物，人可以鞭策驱使他。他的文集中发挥这种思想的很多。这种思想若有人发挥光大起来，倒可以战胜佛学，可惜刘、柳二人受政治的压迫，窜迹南荒，言论不为人所重视。加以唐时讲学的风气未开，虽有思想无法传布，因此在当时及后世竟毫无影响，也不足为怪。

四、李翱的《复性书》派。李翱是韩愈的侄婿，学术根本与韩愈颇相类，但似较韩氏稍高明些。他曾著《复性书》三篇，主张性本是善的，因为受了情欲的蒙蔽，所以昏了，修道的要旨就是恢复性的本体。这种说法本来是偷窃佛教的皮毛，没有什么精义。但到了宋朝，经程、朱诸理学家一番发挥，演为天理人欲之说，就成了理学的中心思想了。

五、吕岩的道士派。吕岩就是今日道士们崇拜的纯阳祖师吕洞宾，相传是唐朝中叶的人，后来得了道，遂为道教崇拜之中心。此人的有无虽尚未定，但我们不妨姑假其名以代表唐朝的道教。原来道教自东晋葛洪以后，已成立了一个系统，后经北魏寇谦之等的努力，形式上也成了宗教组织了。但当时佛教势力盛极一时，道教终不能与之抗衡。到唐朝兴起以后，因为与道教始祖老子同姓的关系，故推尊道教，定为国教。道教得了这种政治上的帮助，遂极端发展起来。道教寺观遍于天下，公主和宫人出家为女道士的很多，与唐朝文学之发展很有关系。道教势力既然这样发展，自然于思想界不能毫无关系。因此中唐以后，种种神仙服食之说，乘之而起。一部《道藏》的许多理论都是从这时候筑基的。后来对于宋朝理学的影响也很大。

六、陈抟、种放的隐逸派。道教的势力既然在唐朝很盛，因此派别也很多，到了五代末宋初出来了一个别派，就是陈抟、种放一派。二人都是当时的隐士，号称道士，但与普通妖言惑众的道士不同，故很得当时士大夫和民众的信仰。他们是《太极图说》的创意人，是拿《周易》和道教学说联络到一处的过渡人，自魏、晋以后儒、道两家久无调和的余地，到这时才又调和起来，从此就创出理学的哲理来。

七、孙复、胡瑗的实践派。孙复、胡瑗都是宋真宗、仁宗时代的名儒，二人的学风虽然不尽相同，但大体上是士于躬行实践。自六朝、隋、唐以来，儒者讲学的风气久已不开，因此除佛教以外产不出什么大思想家来。到宋初这几个人出来，才将讲学的风气重新唤起，而胡瑗手创的安定书院制度，尤为后此学者所模仿。宋朝儒学的复兴，二人不能说不是功臣了。

八、范仲淹的经世学派。范仲淹是宋朝一个大政治家，但同时也是一个思想上的革新者。他的论政论史都有特识，有许多和王安石很相似。他主张存心以仁为本，与后来大程及陆、王一派的持论颇相同。朱熹曾许他为宋朝唯一的完人，可见他与南宋理学的关系了。

九、欧阳修、李觏、王安石的功利学派。欧阳、李、王三人都是江西人，他们的学风虽无师传授受的痕迹，但颇相近。他们是彻底的功利主义者，对于当时佛教化的虚幺思想根本反对，主张以实际的事功来证实理想。他们实在是宋朝理学的正对头。可惜自王安石政治试验失败以后，连学说也联带埋没不彰，正与唐朝柳宗元一派的受屈相似。

十、邵雍的术数学派。邵雍是一个隐者，他的乐天主义，他的平民精神，都很值得人佩服的，但他在当时及后世影响最大的还在他的术数之学。他著《皇极经世》一书，主张循环的宇宙观，后来中国人多受其影响。与他同时交好的司马光也曾著《潜虚》一书，大约也是受了他的影响。

十一、周敦颐的《太极图说》派。宋朝受了唐朝的影响，道士派的思想很盛，邵雍、司马光的术数之学，就是这种思想的表现。同时有一个周敦颐著《太极图说》一书，掌陈抟、种放等道士的学说来解《易》。他的为人本无足重轻，但他的学说后来为程、朱所采用，因此就尊为宋朝五子之首。与他同时的刘牧著《易图》五十五篇，也是受之于种放，与周氏渊源相同。

十二、张载的《正蒙》学派。张载是关西的大儒，他的学说确有独到之处，

《正蒙》和《西铭》二篇，主张万物一体的学说，能言人所未言。可惜他身后没有得力的弟子来传他的学派，因此虽然名义上与周、程、朱等并尊为宋五子，实际上学说思想倒反埋没不彰了。

十三、程颢的存仁学派。二程虽然是弟兄，其实学派大不相同，大程主张存仁之说，以为先养其大体则小体自然好了，这种学说正为陆、王所自出，末流流于禅宗，也是理所当然。

十四、程颐的正统学派。程颐的学风比乃兄大不相同，极为严肃刻苦，事事不苟，他的弟子很多，到南宋时遂蔚成大宗，为正统学派之祖。

总观唐、宋二代的学说思想的大势，唐朝的思想除佛教以外，殆无足观者，当时的文豪如韩、柳等偶有所见，也都不引而未发，于当时毫无影响。到宋初佛教势力既衰，反动思想才纷纷萌芽。大抵可分为三大派：一派是儒家的正统思想，孙复、胡瑗乃至二程都属之；一派是道教的术数思想，陈抟、种放乃至刘牧、周敦颐、邵雍都属之；一派是类似法家的功利思想，欧阳修、李觏、王安石等属之。后来道教派归并到正统儒家思想之内，而正统派与功利派又因思想之争演为政治之争。功利派政争失败，正统派遂独占了南宋以后的思想界。但不久内部又分出两派来，一派主张由一理以推之万事，一派主张由万事以归于一理，这是朱、陆之所以分。在北宋末年，二程弟兄便已有这种不同的趋向了。

第十二章　宋朝理学的起源及其成立之经过

中国号称是以孔子之道为大本的国家，但历史上真正以儒家的思想为正统思想的，有几年呢？战国以前，百家争鸣，儒家虽有相当的势力，但尚得不到惟我独尊的地位，固不必说。汉武以后，罢黜百家，表彰六经，加以东汉光武、明、章诸帝，崇儒重道，似乎应该是儒家独霸的时代，但是在思想史上有什么表见的，我们只看见许慎、贾逵、服虔、马融、郑玄，一般经师们在那里抱残守缺，咬文嚼字，丝毫没有一点独特的思想。董仲舒的繁猥，扬雄的剽窃，就算代表儒家的思想家了，反不如反对儒家的《淮南子》和《论衡》，倒还有几分特色可取。这算是儒家正统思想的表现吗？魏、晋以后，始则老学流行，继则佛学鼎盛，儒家只好拿王通、韩愈一班人来勉强撑持门面，更不必说了。由此看来，自唐朝以前，这一千年中名为独尊孔子，其实儒家的思想丝毫无所表见，若不是宋儒出来重行抖擞一番，替儒家开创了一个新局面，则中国思想史上之能否位置儒家竟还是一个问题，无怪乎宋儒要说他们是直接孔、孟的道统了。

理学是南宋以后正式成立的，但在北宋时代已经酝酿很盛。我们在前章已经说过，周、张、二程乃至邵雍都是南宋理学的先导，不过直到朱熹才具体成了正统形式罢了。究竟这种占历史上六七百年正统位置的宋明理学是怎样会发达起来的呢？

宋朝自开国以后，历代君相就很提倡文治。宋太祖很喜欢读书，他曾说"读书知为治之道"，因为此对于臣下如赵普、曹彬等都极力劝他们读书。宋太祖更好文学，他曾诏史馆修《太平御览》一千卷，立崇文院，又作秘阁藏书凡八万卷，因此风气一开，文治事业就渐渐进步起来。宋朝自太宗伐辽大败以后，就绝口不言兵事，从太宗朝以至于真宗、仁宗，这六七十年之中社会上太平无事，文化自然容易发展。到了仁宗朝，当时的宰相大臣如韩琦、富弼、范仲淹、欧阳修等都是很能提拔人才，崇奖学术的人，经过他们一番提倡，学术界自然会有了生气，这是理学发达的第一个原因。

当时的教育制度，也很有裨于理学的发展。原来自六朝、隋、唐以来，官立的学校颇为发达，私人讲学之风久已消沉。自晚唐以来官立学校受政治的影响，久成具文，于民间才有私立的学校出现以代之，这种学校便叫做书院。宋朝以后，这种书院经政府的鼓励，学者的提倡，遂到处发展起来。最著名的有白鹿洞、岳麓、应天、嵩阳四大书院。其制度职教员有洞主、洞正、堂长、山主、山长、副山长、助教、讲书等名目，房屋有礼殿、讲堂、书库、学舍、庖、湢等建设。教师所讲，为教师自做的叫做讲义；随便问答，由学生记录的，叫做语录。统观这种制度，显然是受了佛教的影响。宋朝的理学便在这种适当的教育环境中涵育出来。

还有刻书业的发达也是很有助于宋朝学术的。古代中国书籍多用手抄，甚为困难，故不易普及。唐朝才有雕板发明，但未能为重要的应用，五代时冯道奏请将九经雕板，于是印书才在社会上发生了重大影响。宋朝承着这个趋势，雕板事业大为发达，各种重要书籍多印行出来，学者读书既易，研究自然也较发达。当时宏通的学者多有藏书极富的，考证事业所以起于南宋，也是这个道理。

以上所述还是客观的环境，虽然理学的发达有赖于客观的环境不少，但究竟还不是主要的原因，主要的原因仍是在思想界本身的观摩现象，在这一方面最有助于理学的是佛、道二教的思想。

理学发达的最重要的助力是佛教，这是人人所知道的。佛教到了晚唐，各宗都已衰歇，惟有禅宗的势力笼罩一世。禅宗自六祖慧能以后，分为临济、沩仰、云门、法眼、曹洞五宗，宋初诸宗以云门为最盛，有契嵩、重显、居讷、佛印诸人，最有名。临济宗又分黄龙、杨岐二宗，前者为慧南禅师所开，后者为方会禅师所开。黄龙门下有常总、性清、宁、惟清诸人，杨岐宗之有名的，有圆悟、宗杲、道谦、德光诸人。和儒家往来最密的，在北宋是常总，在南宋是宗杲。周敦颐和慧南、常总都有来往，又参佛印；杨时亦尝从常总问答。此外李觏之于契嵩，欧阳修之于居讷，游酢之于宁，陈瓘之于惟清、明智都有原因。朱熹曾参宗杲，陆九渊也曾参德光。这些儒者与佛教徒的来往既如此之密，其思想受佛教影响自不必怪，因此理学发达以后，在外表方面如讲学的方式，如书院的组织，如静坐的提倡，都是受的佛教的影响，在学理方面自更不必提了。

还有道教，对于理学的影响也是很大的。原来道教当南宋之际，分为南北两派，南则天台张用诚，其学先命而后性，北则咸阳王中孚，其学先性而后命，这些正统的道家，似乎与儒家的关系尚少。与理学关系较深的，乃是道教的一个别派。当五代、宋初的时候，有一个道士陈抟，很有理想。他能够以《易》理牵合道教，因此道教的价值就又提高一点。周敦颐、邵雍都是受他影响最深的人。周氏的《太极图》，邵氏的《先天图》，都是出自陈抟。陈抟传种放，种放传穆修，穆修传周敦颐和李之才，李之才又传邵雍。《太极图》和《先天图》都是宋朝哲学思想的中心，而其源乃出自道家，可见道家对于理学关系之深了。

我们虽然知道佛、道二家对于理学的兴起都有很大的影响，但我们切不可武断地说理学就完全是佛、道二家思想的出品，我们须知道儒家的学说中本已含有理学的成分很多，到宋儒出来参考了佛、道两家的思想才将他发挥光大是有的；若说宋儒的思想全不是儒家本来面目，那就未免厚诬宋儒，抑且厚诬古代的儒家了。

我们若承认《论语》确是孔门弟子的记录，那么我们就应当注意里面已经有许多抽象的理论如同问仁之类，孔丘之所谓仁并不只是具体的伦理条目，实在还含有哲学的意味，如同说"回也其心三月不违仁"之类，请问仁若不是一种哲理的概念，怎样拿心来不违他？可见在孔丘时代这种含有哲学意味的问题已经略略提起了。到了孟轲时代，为一个性善恶的问题打官司打得不得开交，儒家的哲学意味更进一步了。汉朝儒者所结集的大小《戴记》，其中如《礼运》《祭义》《中庸》《乐记》诸篇都有很精粹的哲学理论，可见儒家至少到战国末汉初已经发达了哲学意味的理论了。不幸自汉武以后，儒家反因为受了政治上奖励的恶影响，将哲学理论完全抛弃，让许多抱残守缺的经师们来承继儒家的正统，因此这种引而未伸的儒家思想就不免暂时被人埋没了。东汉的经师们见解更鄙下，对于这种宝藏自然更不懂得去理会，所以到东汉末年大家厌弃经师的迂腐事业的时候，只有向老、庄里等寻取高超的理想，儒家的观念竟无人去注意。儒家这样被忽略了六七百年，直到禅宗的心学掩袭了一世以后，儒家受了这种暗示，才晓得自家屋里原来也有同样的宝藏，大家又重新注意发掘起来，这就是宋朝理学所以兴起的原因了。

理学成立于二程而光大于朱熹，这不过是就发达以后的情形而言，若讲起渊源来，则为时已甚久了。当佛教在唐朝势力掩袭一时的时候，儒家如王通、韩愈、李翱等已有反抗的表示，就中李翱的《复性书》颇多精粹之语，已开理学的端绪。不过风会初开，尚未能卓然成一家之言罢了。宋朝自开国以后，经过七八十年的太平休息，于是有孙复、胡瑗诸儒出，胡瑗在湖州创立书院制度，分治事、经义二斋，造就人才至多，宋儒讲学风气之开，实自胡氏始。孙复则隐居泰山，聚徒著书，以治经为教，所著《春秋尊王发微》语深意刻，已具有理学的精神。他的弟子石介著《怪说》《庆历圣德诗》等，开宋人门户之争。这几个人可说是理学的开山祖师，后来的理学家虽然不以他们为直系的祖宗，其实彼此的关系是很深的。自孙、胡诸人开创了讲学风气之后，儒家似乎开了一条新路，那时正是宋仁宗时代，国家太平无事，在朝的大臣如范仲淹、欧阳修等都是学者出身，对于学术极力提倡。宋朝文学受欧阳修的影响最大，宋朝理学受范仲淹的影响最大。孙复、胡瑗都是经他提拔以后才成名的，张载也是经他的鼓励才有志于理学，所以朱熹称他为宋朝的惟一完人，可见他与理学家关系之深了。继范仲淹以后的又有司马光，也是以大臣而为理学家的保法者。他领袖旧党与王安石一流的新党相争，当新派得势的时代，退居洛阳二十余年，一时反对新法怀抱保守思想的人都与他来往，洛阳遂成为政治和思想的中心。但是这一派人在政治上的影响并不大，他们的势力还是深种在思想界中，后来理学大师二程就是在这种环境之中长养成的。

当时在洛阳与司马光往来最密的有一个邵雍，他是一个乐天主义的哲学家，他的学说是纯粹以术数为根据的，他曾受"先天象数之学"于李之才，李氏的学问是陈抟、种放一派，因此邵雍的学说实在是道家的学说，不过因他与二程的关系很深，故后来的理学家不加以攻击罢了。他所著有《观物内外篇》《先天图》《皇极经世》等书。他主张"物莫大于天地，天地生于太极，太极即是吾心，太极所生之万化万事，即吾心之万化万事也，故曰天地之道备于人"。这种糅合道、佛二家思想的宇宙根本观，后来颇为理学家所采用。

与邵雍同时的，有一个周敦颐，他是湖南道县人，曾在江西等处为官，晚年隐居庐山底下的濂溪。他生平足迹多在南方，故与北方学者的往来较少，但因二程少时曾受学于他，故他的思想后得了这两个有力的弟子而大发扬。他所著有《太极图说》和《通书》。后来理学家的宇宙根本概念，即根据于周氏的《太极图说》。故我对于这个《太极图》必须加以注意。周氏的《太极图》如下：

《太极图说》解释这个图的意思说：

> 无极而太极，太极动而生阳，动极而静，静而生阴，静极复动，一动一静，互为其根，分阴分阳，两仪立焉。阳变阴合而生水火木金土，五气顺布，四时行焉。五行一阴阳也，阴阳一太极也，太极本无极也。五行之

生也,各一其性;无极之真,二五之精,妙合而凝,乾道成男,坤道成女,二气交感,化生万物,万物生生而变化无穷焉。惟人也得其秀而最灵。

这一段糅合阴阳五行之说,又窃取道家的说法立了一个"无极"作根本,后来因为这个问题引起了许多理学家的争论。其实周氏这个图和说,据清儒考据原是受之于穆修,穆修受于种放,种放受于陈抟,与邵雍的《先天图》同是道家思想的产物,不过后来儒家误认为己有的罢了。周敦颐和邵雍,在北宋虽然为人尊重,但都认为理学的旁系,并不尊为正统,到南宋以后,经朱熹的特别提倡,才将周氏列于正统,从此以后,周氏遂哀然居宋五子之首席了。

较周敦颐略后辈的有一个张载,他是陕西郿县人,少年曾有志于功名,后经范仲淹的陶冶,始转治理学。他与二程是亲戚而兼朋友,彼此所学虽相近而不尽同。所著有《正蒙》《西铭》《经学理窟》《性理拾遗》等书。《正蒙》是他的宇宙观,《西铭》是他的人生观。《正蒙》上说:

> 太和所谓道,中涵浮沉、升降、动静、相感之性,是生细缊、相荡、胜负、屈伸之始,其来也几微易简,其究也广大坚固。……散殊而可象为气,清通而不可象为神。

张氏所说的太和是阴阳会合冲和之气,他以为这就是道,道之合即含有动静沉浮等性,与《太极图》说的"无极而太极"之说似有不同,故朱熹说他只说的形而下者,不甚重视。他的学说之较有力者,还在《西铭》一篇。它的内容略谓:

> 乾称父,坤称母,予兹藐焉,乃浑然中处。故天地之塞,吾其体;天地之帅,吾其性。民,吾同胞;物,吾与也。大君者,吾父母宗子;其大

臣，宗子之家相也。尊高年，所以长其长；慈孤弱，所以幼其幼。圣，其合德；贤，其秀也。凡天下疲癃、残疾、惸独、鳏寡，皆吾兄弟之颠连而无告者也。于时保之，子之翼也。乐且不忧，纯乎孝者也。违曰悖德，害仁曰贼，济恶者不才，其践形，唯肖者也。知化则善述其事，穷神则善继其志，不愧屋漏为无忝，存心养性为匪懈。……富贵福泽，将厚吾之生也；贫贱忧戚，庸玉汝于成也。存，吾顺事；没，吾宁也。

张氏这种万物一体的人生观，正是由他的泛神论宇宙观演绎出来的，有点与墨家之学相似，与理学的严刻态度稍有不同，不过因他与二程的关系较深，故仍被后世理学家加以尊视罢了。

理学的中坚分子还是程颢、程颐兄弟，故我们对于二人的学说更应注意。他们是河南人，世称为大小程先生，大程又称明道先生，小程又称伊川先生。兄弟们的学术虽然相近，但因各人性格的不同，也略有差异。大程的性格和易，故学说也和平近人，小程的性格端严，故学说也严刻不近人情，以后遂演成理学上的两大派。

大程所著有《识仁篇》《定性书》《语录》等书。《识仁篇》最为精粹。

> 学者须先识仁，仁者，浑然与物同体，义礼智信皆仁也。识得此理，以诚敬存之而已，不须防检，不须穷索。若心懈，则有防；心苟不懈，何防之有？理有未得，故须穷索；存久自明，安待穷索。此道与物无对，大不足以明之。天地之用，皆我之用。孟子言"万物皆备于我"，须"反身而诚"，乃为大乐。若反身未诚，则犹是二物有对，以己合彼，终未有之，又安得乐？"

《定性书》说得更好：

> 所谓定者，动亦定，静亦定，无将迎，无内外。苟以外物为外，牵己而从之，是以己性为有内外也。且以己性为随物于外，则当其在外时，何者为在内？是有意于绝外诱，而不知性之无内外也。既以内外为二本，则又乌可遽语定哉？夫天地之常，以其心普万物而无心；圣人之常，以其情顺万物而无情。故君子之学，莫若廓然而大公，物来而顺应。《易》曰："贞吉，悔亡，憧憧往来，朋从尔思。"苟规规于外诱之除，将见灭于东而生于西也。非惟日之不足，顾其端无穷，不可得而除也。人之情各有所蔽，故

不能适道，大率患在于自私而用智。自私，则不能以有为为应迹；用智，则不能以明觉为自然。今以恶外物之心，而求照无物之地，是反鉴而索照也。《易》曰："艮其背，不获其身；行其庭，不见其人。"孟氏亦曰："所恶于智者，为其凿也。"与其非外而是内，不若内外之两忘也。两忘则澄然无事矣。无事则定，定则明，明则尚何应物之为累哉！

程颢这种主张是先立其大本的修养方法，后来陆、王一派不过从此演出，更加彻底罢了。

程颢在理学上建设极大，但是他的年寿较短，仅活了五十四岁就死了。因此他的学说未能十分光大，他的兄弟程颐仅小他一岁，却活到七十五岁，因此后来理学遂得程颐一派所垄断了。

程颐首创理气二元之论，他说："气有善有不善，性则无不善也。"性是什么呢？"性则理也"，因此理与气是不同的。理是纯然善的，气则有善有不善，人生性的本体本是善的，但因禀赋气质之不同，故有善恶之不同。他在语录上说：

问："人性本明，因何有蔽？"曰："此须索理会也。孟子言人性善是也，虽荀、杨亦不知性。……性无不善，而有不善者，才也。性即是理，理则自尧、舜至于途人，一也。才禀于气，气有清浊，禀其清者为贤，禀其浊者为愚。"

又说：

性即理也。所谓理，性是也。天下之理原其所自未有不善，喜怒哀乐未发，何尝不善？发而中节，则无往而不善。发不中节，然后为不善……

程颐这种人性二元论，后来经朱熹的解释，更加详晰，遂成为理学的根本原理。而"性即理也"一语，尤为理学的最精髓处。

程颢论修养的方法，只从识仁入手，他以为只要识其大体，则小体自然顺从，这是演绎的修养方法。程颐则不然，他是一个拘谨的人，他的学问也是从用苦功得来的，因此他的修养方法更加繁密，且兼重归纳。他尝说："涵养须用敬，进学则在致知。"又说："只守一个敬字，不知集义，却是都无事也。"又说："敬义夹持，直上达天德自此。"他的大旨是主修养之方须理智与意志并用，自此旨一立，到朱熹更加详细发挥，遂成为"穷理"、"主敬"的双翼修养论，与大程、陆、王一派的专从直觉入手，忽略理智工夫的修养论，遂俨然如水火之不能相容了。

从周、张、二程以来，理学的内容逐渐充实，壁垒逐渐森严，同情的人也很多。这时他们最大的敌人是江西派的思想家，从欧阳修、李觏，以至王安石，他们都是主张功利的，主张以外治内的，主张变法革新的，到王安石时代两派遂因思想之争演而为政治之争。结果虽互有胜负，究竟新派在政治上占胜利的日期较多，故理学家大受压迫。不过新派自王安石死后，没有伟大的思想家承继，又因得政较久之故，许多小人都依附起来，因此反日趋于坏，而旧派转因禁锢的结果，得以专心讲学，在思想上的成就一天一天宏大起来。反对新法的思想家虽有邵雍、司马光、张载、苏轼、程颐等许多派别，但邵雍专意数理，学问太艰深，没有传人，司马光是实行家，苏轼是文学家，都没有什么思想上的建树，结果只有张、程二家之学较显。张载之学世称关学，二程之学世称洛学。关学规模稍狭，张载又死得较早，故其学也中衰，只有洛学岿然如鲁灵光之独存，故程颐以后的理学就是洛学一派独占的理学了。

程颐的弟子很多，他的学说传布得也很广，以地域论，约分为下数系：

一、洛中本系。这一系有吕希哲、谢良佐、刘绚、李吁、朱光庭、郭忠孝、尹焞、张绎诸人。就中谢良佐和尹焞最为著名。尹焞最后进，寿数最长，守师说也最严。他再传有吕祖谦、林之奇、陆景端、林光朝诸人，皆为南宋名儒。

二、南剑系。程门弟子以游酢、杨时、谢良佐、吕大临四人最著名，世称"程门四先生"。就中杨时为最老寿，南渡以后岿然成为大宗。南宋理学的大兴，他的过渡的功劳最大。他是福建南剑州的人，他的弟子有罗从彦、陈渊、张九成、高闶、吕本中诸人。罗从彦传弟子李侗，李侗传弟子朱熹，朱熹是集理学大成的人，探原追始不能不以杨时的功劳最大。相传杨时从程门辞别南归的时候，大程子送他说"吾道南矣"，后来南方果然赖他而大传。

三、蓝田系。陕西原是张载一派学说的发源地，但张载的学说并未光大。当时蓝田有吕大忠、大钧、大临弟兄三人，本是张载的弟子，后来又事程颢，《识仁篇》就是为他做的。这一派后来因金人之乱，中绝无可考。

四、永嘉系。当程学正盛的时候，浙江永嘉有许景衡、周行己、刘安节、刘安上、戴述、赵霄、张辉、沈躬行、蒋元中诸人，或亲见小程子，或私淑他，世称为永嘉九子。周行己之后有郑伯熊，再传为叶适、陈傅良、陈亮诸人，遂独立成为一派。

五、湖南系。这一派的开创者为胡安国，他是从杨时、谢良佐等得程氏之传。南渡以后，很有功于程学的发展。他的三个儿子胡寅、胡宁、胡宏和侄儿胡宪都是理学名儒。后来张栻问学于胡宏，卓然自成一大家。

六、涪陵系。谯天授是四川涪陵人，在程门为私淑之列，后来遂传程学于四川。朱熹、张栻之学都间接和他有关系。

七、吴系。吴人王苹也师事程颐，并问学于杨时，他的学问很启佑九渊一派之先。

二程虽然在北宋遭受政治上的极端压迫，但因为他的弟子众多，散布在各方，因此虽遭南渡之乱，学问不但不衰，反有日盛之势。到朱熹、张栻、吕祖谦、陆九渊等出来，理学遂又有一番新面目了。

第十三章　理学的大成和独占

理学到了北宋已经成立了一大部分了，但是若无南宋以后继起理学家的努力，则理学后来能否独占了中国的思想界，成为六七百年中唯一的正统学派，尚未可知。为什么呢？理学在北宋的成立最晚，孙复、胡瑗乃至司马光诸儒虽然笃行实践，绰有理学家之风，但系统未成，不得目为完全的理学家。到理学的真正创始人二程出来，已经快到北宋之末了，程颐身后二十年北宋就为金所灭了，因此理学在北宋并没有多大时期供他发展。并且当理学初成立的时代，正是政治上新旧两派竞争最烈的时代，理学家因为几乎全部属于旧派，受新派的压迫极力，诸君子保身不暇，何能尽量发展学派势力，因此理学在北宋实在并没有多少成绩。直到南渡以后，经继起的理学家在各方面努力，理学才深入社会的中心，虽经秦桧、韩侂胄两次的压迫，抵抗之势力反愈增加大起来，到史弥远以后权臣们对于理学便不敢再压迫，只有改用笼络的手段了。恰巧宋理宗又是个爱好理学的人，当时理学家如真德秀、魏了翁诸人也都位至显宦，经此政治上一番提倡，理学的势力遂坚固不拔。元朝又有许衡、刘因诸人，能够因时变动，利用政治的势力，因此野蛮的蒙古人不但对于理学不加摧残，反加保护。到明太祖、成祖又因与朱熹同姓的关系，特别提倡理学，以遂其专制之私心，理学因此就成了几百年来的正统了。

由此看来，南宋的理学比北宋更值得令人注意。南宋初年承北宋亡国之余，戎马流离，本无暇于学术，不过杨时、游酢、谢良佐等门人多在东南，因此理学在社会上本有一部分潜势力。高宗时代赵鼎、张浚当国，颇引用理学家，因此理学稍盛，后因张浚和赵鼎不合，荐陈公辅为左司谏，陈公辅遂奏请禁伊川之学，结果理学遂复被禁，而赵鼎也因此去职。秦桧当国以后，颇主王安石新学而排斥程学，目为专门之学，申禁极严。秦桧死后，学禁少弛，而朱、陆、张、吕诸儒复相继挺出，理学遂又重光了。

第十三章　理学的大成和独占

这些理学家之中成就最大的自然要推朱熹，他不但是二程以后最伟大的理学家，并且在天分上，在学力上，在气象上，都远过于二程。理学到朱熹手里才完成整个的系统，也到朱熹手里才扩大为具体的宗教，朱熹对于理学的功劳实在比二程大得多。

朱熹是安徽（编者注：今江西）婺源人，他的父亲在福建做官，因此生于福建尤溪县，他的一生学术和福建的关系极深。福建在宋朝本是刻书业最盛的地方，文化因此较为发达。南宋以后，政治中心迁到浙江，福建距离较近，风气自然更为开通。程颐的最得力弟子杨时本是福建将乐县的人，南渡以后，享寿最久，成为理学的大宗。他的弟子罗从彦，罗从彦的弟子李侗，都是他的同乡，因此理学在福建就流传成一派。朱熹自幼从学于李侗，故推源其思想所自，出于杨时一系。其实罗从彦和李侗都主张从静坐中去观察喜怒哀乐未发时气象，其为学方法颇近于陆九渊一派，与朱熹的主张未尽相同，朱熹的学问实在还是他自得为多。

朱熹在思想上最大的建树是在他将程颐的理气二元论扩充成很有条理的思想。他以为理气是二物，但在物上看则二物浑沦不可分开各在一处，人性具有这两方面的禀赋，理是纯善，气则有善有恶，修养的方法在锻炼气质之性使合于天理而已。这种说法本是自二程以来就已成立的，不过怎样变气质使合于理性，周敦颐以为只要主静，程颢加了一个敬字，程颐以为还不够，提出"涵养须用敬，进学则在致知"二语，朱熹因之大加发挥，遂成为"穷理主敬"的双立修养论。他说：

> 讲学不可以不精也，毫厘之差，则其弊有不可胜言者。故夫专于考索，则有遗本溺心之患；而骛于高远，则有躐等凭虚之忧：二者皆其弊也。考圣人之教，固不越乎致知力行之大端；患在人不知所用力尔。莫非致知也，日用之间，事之所遇，物之所触，思之所起，以至于读书考古，苟知所用力，则莫非吾格物之妙也。其为力行也，岂但见于孝悌忠信之所发，形于事而后为行乎？自息养瞬存以至于三千三百之间，皆合内外之实也。行之力则知愈进，知之深则行愈远。

又说：

> 为学当以存主为先，而致知力行亦不可以偏废。

原来理学的起原本自道家演出，故周敦颐只说一个静字，完全是主内之学，到二程手里觉得这种说法不完备，才提出主敬、致知等说，逐渐向主外的方法演进，这种主张到朱熹才十分完备。他们的主张虽然和北宋李觏、王安石等江西派，及南宋陈亮、陈傅良等永嘉、永康派比较起来，还是偏于主内，但较之原始的理学和后来陆、王一派的主张比较起来已经是主外的了。要之穷理主敬之说，在当时实在是折衷调和之论，既不左倾，又不右倾，其所以能餍服人心者在此。

就全部理学运动史讲起来，朱熹最大的功绩还不在他对于思想内容的建树，而在他的综合工作。他是理学的集大成者，他所著书有《论语》《孟子》以及《诗集传》等，在经注上是一大革命，一扫汉人支离附会之习，专以义理说经，虽然有时不免武断以致受清儒的攻击，但较之汉人实在是一种进步。此外又著《太极图》《通书》《西铭》解，周敦颐、张载二人之得列于理学正统是由他的提倡之力。《太极图》的宇宙观，为理学所正式采用也是由于他。他又编次《近思录》《河南程氏遗书》《伊洛渊源录》等书，二程学说之整理和理学的渊源系统都赖他的劳作而完成。他的家礼为后来理学家的言礼所宗。他的工作实在是普及理学全部的。并且他又是个博学多能的人物，对于文学和历史都有很深的了解，甚至竟有类似近世科学的言论，如语录中有一段：

> 天地始初，混沌未分时，想只有水火二者，水之滓脚便成地。今登高而望，群山皆为波浪之状，便是水泛如此，只不知因甚么时凝了，初间极软，后来方凝得硬。

又说：

> 尝见高山有螺蚌壳，或生石中，此石即旧日之土，螺蚌即水中之物。下者却变而为高，柔者却变而为刚，此事思之至深，有可验者。

这些话虽未尽符近世自然科学的发现，但在七百年前的人物能够注意到这些道理，也可为不凡了。原来朱氏之学本从格物入手，他的穷理致知之说，实在是近代科学家的态度。他既然主张这种方法，自然与佛、道两家冥心静想的修持方法大不相同。此所以与功利派的永嘉学者尚能相合，而对于陆九渊一派的主静学却反极端不相容的道理了。

与朱熹同时齐名而学问宗旨相同的有张栻，他本是丞相张浚之子，张浚在高宗朝曾反对理学，后来被谪以后转与理学家接近。张栻少年师事胡安国，胡氏之学本从二程衍出，别成一派，张栻从而发挥光大之，由此湖南之学得在学术史上占一主要位置。张栻论学宗旨多与朱熹同，故极为朱熹所推服，但张栻死得早，学问未能大成，门人又没有得力的，其后合并于朱学不复能自成一家了。

当时与朱熹讨论学理最烈的是陆九渊，他是江西金陵县的人。弟兄三个，长九韶，世称梭山先生，次九龄，世称后斋先生，三即九渊，世称象山先生。他三人都是有名的理学家，九渊尤为著名。

九渊在宇宙论上对于周敦颐的《太极图说》很致怀疑，他以为先有无极而后太极是道家的宗旨，与儒家不类，不应尊信，为此事曾与朱熹往复辩论，在学术史上是一重大公案。他的学说的中心在"心即理也"一语。他曾说：

> 心，一理也；理，一理也；至当归一，精又无二，此心此理，实不容有二。

又说：

> 万物森然于方寸之间；满心而发，充塞宇宙，无非此理。

这种"节理"的观念实在是陆氏学说的精髓，他与朱熹学说不同之点在此，朱氏以为理虽然只有一个，但须用学问工夫去慢慢研究才能觉悟，陆氏则以为至理即在本心，只要心一觉悟，自然万理贯通，无待外求，因此对于修养方法两派主张大不相同。朱主"道问学"，以为从格物入手，物理既穷，自能豁然贯通；陆主"尊德性"，以为先立乎其大者，则自然百川会归。朱、陆二子生时彼此意见已经不同，鹅湖之会，为两家正式分离之始。陆氏先卒，故其学在宋、元不如朱学之盛，到明朝王守仁出而提倡良知之说后，陆氏之学始大显。要之陆氏之学较近于禅，为不可掩之事实，其直捷痛快，能使人勇猛进精，则似又较胜于朱学也。

当朱、陆两派争持不决的时候，能够于两家之外别树一帜的则有吕祖谦、薛季宣、陈傅良、叶适、陈亮诸人，这些人都是浙东的人，学问宗旨又大致相近，故世称之为浙学。但细分起来，又可区为三派，吕祖谦是婺学派，薛、陈、叶三人是永嘉派，陈亮是永康派。

吕祖谦是浙江金华人，宋初宰相吕夷简之后，在宋朝是个极著名的世家。他父亲吕本中也是杨时的弟子，故吕氏之学也源出于二程。但祖谦的学问宗旨

却与当时理学家不尽相同。他对于当时理学家的空谈心性是不大赞成的,他主张为学当以切用为主。他曾说:

> 教国子以三德三行,立其根本,固是纲举目张;然又须教以国政,使之通达治体。古之公卿,皆自幼时便教之,以为异日之用。今日之子弟,即他日之公卿,故国政之是者,则教之以为法;或失,则教之以为戒。又教之以如何整救,如何措画,使之洞晓国家之本末源委,然后他日用之,皆良公卿也。自科举之说兴,学者视国事如秦、越人之视肥瘠,漠然不知,至有不识前辈之姓名者,一旦委以天下之事,都是杜撰,岂知古人所以教国子之意。然又须知上之人所以教子弟,虽将以为他日之用,而子弟之学,则非以希用也;盖生天地间,岂可不知天地间事乎!

——《礼记说》

这种主张是很切当时实际的,可惜不为理学家所重视。他对于当时理学家的豁刻态度也不赞成的,他的学问宗旨与陆九渊本绝对相反,但鹅湖之会是他发起,他却绝不作左右袒,反调停其间。他曾与朱熹书说:

> 析理当极精微,虽毫厘不可放过;至于尊让前辈之意,亦似不可不存。

可见他对于朱熹的争辩态度是不大赞同的,朱熹也不满意他,说他太含糊了些。不过二人的交谊很好,故理学家对于吕氏也还尊重,列他于统系之内。

永嘉派的开创人是薛季宣,薛季宣是袁溉的弟子,袁溉曾师事程颐,故永嘉派的学统也传自二程,但自袁溉以后,就都注意于制度文物,不屑屑于空谈心性。薛季宣以后有陈傅良,陈傅良以后有叶适,一派相承,都是主外之学。叶适的《水心习学记言》上说:

> 《洪范》耳目之官,不思而为聪明,自外入以成其内也。思曰睿,自内出以成其外也。故聪入作哲,明入作谋,睿出作圣,貌言亦自内出而成于外;古人未有不内外交相成而至于圣贤。盖以心为官,出孔子之后。以性为善,独自孟子始。然后学者尽废古人入德之条目,而专以心性为宗主;虚意多,实力少,测知广,凝聚狭,而尧、舜以来内外交相成之道废矣。

这是对于当时道学家专重内部修养的一种反响。

他又说：

> 耳目者，视听之官也。心而无与乎视听之事，则官得守其分。夫心有欲者，物过而目不见，声至而耳不闻也。故曰上离其道，下失其事。故曰心术者，无为而制窍也。案孟子称耳目之官不思而蔽于物。心之官，则思余论之已详……则执心既甚，形质块然，视听废而不行……盖辩士诸子之言心也……其为心术之害大矣。《洪范》"思曰睿，睿作圣"。各守身之一职，与视听同；谓之圣者，以其经纬乎道德仁义之理，流通于事物变化之用，融畅沦浃，卷舒不穷而已。恶有守独失类，超忽惝恍，狂通忘解，自矜鬼神而曰此心术！

这更是对理学家的痛加攻击了。又说：

> 《周官》言道则兼艺，贵自国子弟，贱及民庶，皆教之。其言"儒以道得民"，"至德以为道本"，最为要切；而未尝言其所以为道者。虽书尧、舜时亦已言道，及孔子言道尤著明，然终不的言道是何物。岂古人所谓道者，上下皆通知之，但患所行不至邪？老聃本周史官，而其书尽遗万事而特言道，凡其形貌朕兆，眇忽微妙，无不悉具。予尝疑其非聃所著，或隐者之辞也。而《易传》及子思、孟子亦争言道，皆定为某物，故后世之于道始有异说而又益以庄、列西方之学，愈乖离矣。庶学者无畔涣之患，而不失古人之统也。

他们提出一个"艺"字，认为即是"道"的内容，这种思想正是后来颜、李学派所本。他们明白主张功利主义，认为只有功利才是道义的目的，没有无功利的道义，所以说：

> "正谊不谋其利"，"明道不计其功"，此语初看极好，细看全疏阔。古人以利与人而不自居其功，故道义光明。后世儒者行仲舒之论，既无功利，则道义者乃无用之虚语耳。

他们这种功利思想在当时确是独有创见，可惜与时代潮流不合，就不免终于暂时受屈了。

比永嘉派更激进的还有个陈亮，他是浙江永康人，故又称永康派。陈亮本是个豪杰之士，不是讲学问之人，但因与朱、吕等为友，故也沾染谈学问的气习。他认为王霸义利有同等的价值，故对于当时理学家的义利之辨太严常认为不满。他说：

　　自孟、荀论"义利""王霸"，汉、唐诸儒未能深明其说；本朝伊、洛诸公辨析天理人欲，而王霸义利之说于是大明。然谓三代以道治天下，汉、唐以智力把持天下，其说固已不能使人心服；而近世诸儒遂谓三代专以天理行，汉、唐专以人欲行，其间有与天理暗合者，是以亦能久长。信斯言也，千五百年之间，天地亦是架漏过时，而人心亦是牵补度日，万物何以阜蕃，而道何以常存乎？

又说：

　　赫日当空，处处光明。闭眼之人，开眼即是，岂举世皆盲，便不可与共此光明乎？眼盲者摸索得着，故谓之暗合。不应二千年之间，有眼皆盲也。亮以为后世英雄豪杰之尤者，眼光如黑漆，有时闭眼胡做，遂为圣门之罪人；及其开眼运用，无往而非。赫日之光明，天地赖以撑拄，人物赖以生育。今指其闭眼胡做时，便以为盲，无一分眼光；指其开眼运用时，只以为偶合，其实不离于盲。嗟乎，冤哉！

他骂当时的道学尤为淋漓尽致：

　　为士者必以文章行义自名，居官者必以政事书判自显，各务其实而极其所至，各有能有不能，卒亦不敢强也。道德性命之说一兴，而寻常烂熟无所能解之人，自托于其间，以端悫静深为体，以徐行缓语为用，务为不可穷测，以盖其所无；一艺一能，皆以为不足自通于圣人之道也。于是天下之士始丧其所有而不知适从矣！为士者耻言文章行义，而曰"尽心知性"；居官者耻言政事书判，而曰"学道爱人"：相蒙相欺，以尽废天下之实，则亦终于百事不理而已。

陈氏这种说法，切中当时道学之弊，可惜他的学问根柢太浅，行为又不检点，因此不为当时人所重，他的言论也就不能发生多大效力了。

南宋中年，反对朱熹的派虽很多，但都不能战胜朱学，故朱学为当时的正统，南方各省无不有朱氏的门人弟子。大致分起来，约有以下各系：

一、金华系。以黄榦为开始。黄榦系朱熹的女婿，这一派传授很长，榦传何基，以至于王柏、金履祥、许谦，世称为"金华四先生"。到元为柳贯、黄溍、吴莱，明为宋濂、方孝孺，一脉相承，接连有四百年之久。

二、鄱阳系。江西鄱阳饶鲁，也从黄榦传朱氏之学，其后到元朝有吴澄，世称草庐先生，为元代理学之大师。

三、新安系。新安董梦程也是从黄榦传朱学的，其后有许月卿以节著，胡一桂以经术显。

四、义乌系。这一派的开始人是徐侨，其后有黄溍、王祎等，皆文章之士，与金华系合并。

五、四明系。四明传朱学的有二派：一派是余端臣，从辅广传朱学，再传有黄震；又一派是史景正，从囊亚父间接传朱学，其后有程端礼、端学兄弟等。

以上不过是就后此朱学的传授最远的系统而论，若就朱熹及门弟子中最有魄力者而言，则当推建阳蔡氏父子蔡元定、蔡渊、蔡沈等。蔡元定和朱熹是以朋友而兼师弟的，他们父子都以数理著名，能于朱学之外别有发明，《书集传》就是蔡沈做的。宋末朱学之最显者有真德秀、魏了翁二人，他二人官职都很大，所以名望甚著，但于思想都没有什么新发明。朱熹因为以穷理格物为入学之方，他自身又是个博学多能的人，故他的一派后来颇有从考据文物制度入手的，如黄震、金履祥、黄溍、王祎等，都以文献之学著名，颇接近永嘉学派，开后此清儒考据之风，这也是朱氏讲学宗旨当然的结果。

陆氏之学远不及朱门之盛。陆九渊虽是江西人，但他的学派却偏在浙东发展，如杨简、袁溉、舒璘、沈焕，都是陆学得力的传人，世称"甬上四先生"，尤以杨、袁二氏最著。杨氏之学颇流于禅，不如袁氏之笃实。到南宋末年，有徐霖者，大畅陆学，陆学为之一盛。元朝有陈苑、赵偕等，继续相传不绝。

朱学虽然盛于南方，但因当时南北分立的结果，北方学者传朱学的很少，直到宋末湖北人赵复被元人掳去，始讲程、朱之学于北方，于是姚枢、窦默、许衡、刘因等相继闻风而起。许衡、刘因是纯粹的朱学派，元朝朱学之流行，许氏之功尤大。

第十四章　程朱学的衰落与王学的兴起

宋儒理学到朱熹才算大成，自朱熹以后理学就取得正统的位置。元朝虽是野蛮民族，对于理学也不曾反对摧残过，并且相当的加以提倡，如元仁宗时定制，以宋儒四书注及经注试士，是宋学获得政治地位的开始期，因此理学就越加发达。到了明初，仍然是他们的世界。明太祖时代的开国文豪宋濂，也就是明朝提倡理学的第一人，他是金华朱学的嫡系，他的门人方孝孺在当时也有程、朱复出之誉，不过后来以节义显，对于理学思想上反没有什么发明。因为社会潮流仍然趋向理学，所以帝王们也就利用这个趋势来表彰宋儒，藉以保护他们专制的地位。明成祖御制《性理大全》《四书大全》等书，将宋儒的学说为系统的编集。因为有科举制度的保障，所以明、清五百余年之中，朱注的经书在学校内始终奉为规范，虽经过阳明学派及清代考据学者的屡次批驳，而实际上丝毫不能发生影响，可见其潜势力之大了。

宋濂、方孝孺以后，承继宋儒理学的正统者有曹端、薛瑄、吴与弼、吕柟诸人。曹端是河南渑池人，为学以躬行为主，在思想上无甚新发明，但因他是明代正式讲理学的第一人，在他以前，宋濂、方孝孺虽言行近于理学，但均不以理学家名，故后人颇有推尊他的。薛瑄是山西河津人，也是以躬行实践著名，他在当时声名极大，门生也很多，故为明代程、朱学派的唯一大宗。吴与弼是江西崇仁人，也是明代程、朱学派的大师，他的学问自言多从五更枕上汗流泪下得来，可见其用功之刻苦，但其学以涵养天趣为主，与薛瑄之一味实践不同，故再传到陈献章遂超出程、朱的范围自成一家了。吕柟是薛瑄的四传弟子，其学仍是薛学风采，不过更加严紧一点。他是陕西高陵人，故关学受他的影响自成一派。

总之明朝中叶以前，思想界大体仍是程、朱理学的世界。这些程、朱派的理学家共同的长处在躬行实践，一毫不肯苟且，短处则在谨守古训太甚，思想上毫无新的发挥，并且因为拘谨太过，演成迂阔的行径，处处惹人讪笑而无补于世务。况且朱熹的学说本从格致入手，格致是要他们"即物以穷其理"，这本是科学的方法，而不幸后来的程、朱学派儒者，忽略了他这种治学的方法，只知道拿些空虚不着边际的理气等说翻来覆去"玩弄光景"，因此人心自然不免要对之厌倦起来，而有别寻途径的要求了。

在这个宋学不能餍服人心的时候，第一个首举别帜的是陈献章，他是广东新会人，学者称白沙先生，曾受学于吴与弼，但其学能于与弼之外，别有创获。黄宗羲《明儒学案》说他：

> 先生之学，以虚为基本，以静为门户，以四方上下、往古来今穿纽凑合为匡郭，以日用、常行、分殊为功用，以勿忘助之间为体认之则，以未尝致力而应用不遗为实得；远之则为曾点，近之则为尧夫，此可无疑者也。故有明儒者，不失其矩矱者亦多有之，而作圣之功，至先生而始明，至文成而始大。

又说：

> 有明之学，至白沙始入精微，其吃紧工夫，全在涵养。喜怒未发而非空，万感交集而不动，至阳明而后大，两先生之学最近，阳明后来从不说起，何也。

他自己复赵提学书，论其生平为学之经过说：

> 仆年二十七，始发愤从吴聘君学，其于古圣贤垂训之书盖无所不讲，然未知入处。比归白沙，杜门不出，专求所以用力之方，既无师友指引，惟日靠书册寻之，忘寐忘食，如是者累年，而卒未得焉。所谓未得，谓吾此心与此理未有凑泊吻合处也。于是舍彼之繁，求吾之约，惟在静坐。久之，然后见吾此心之体，隐然呈露，常若有物，日用间种种应酬，随吾所欲，如马之御衔勒也；体认物理，稽诸圣训，各有头绪来历，如水之有源委也。于是涣然自信曰，作圣之功其在兹乎。有学于仆者，辄教之静坐，盖以吾所经历，粗有实效者告之，非务为高虚以误人也。

可见其宗旨之一斑。大抵白沙的气象天分皆与阳明为近，但较阳明更为疏阔一点，所以结果成为狂者一派，专以天趣为主，有类乎宋之邵雍，而末流就变成道家思想了。

陈献章的门人最有建树的是湛若水，学者称甘泉先生，是广东增城人，与王守仁同时，彼此交好，而学问宗旨不同。湛氏的学主张随处体认天理，注重学问思辨的功夫，他批评阳明学说的弊说：

> ……兄之格物训云正念头也，则念头之正否，亦未可据，如释、老之虚无，则曰应无所住而生其心，无诸相，无根尘，亦自以为正矣。杨、墨之时，皆以为圣矣，岂自以为不正而安之。以其无学问之功，而不知所谓正者，乃邪而不自知也。其所自谓圣，乃流于禽兽也。夷、惠、伊尹、孟子亦以为圣矣，而流于隘与不恭，而异于孔子者，以其无讲学之功，无始终条理之实，无智巧之妙也。则吾兄之训，徒正念头，其不可者三也。论学之最始者，则《说命》曰"学于古训乃有获"，《周书》则曰"学古入官"，舜命禹则曰"惟精惟一"，颜子述孔子之教，则曰"博文约礼"，孔子告哀公则曰"学问思辨笃行"，其归于知行并进，同条共贯者也。若如兄之说，徒正念头，则孔子止曰"德之不修"可矣，而又曰"学之不讲"何耶？止曰"默而识之"可矣，而又曰"学而不厌"何耶？又曰"信而好古敏求"者何耶？子思止曰"尊德性"可矣，而又曰"道问学"者何耶？所讲所学所好所求者何耶？其不可者四也。

此说切中王学之敝，王氏之所谓良知，其实并无一定的标准，野蛮人杀人为祭也自以为是良知所许，何尝是真可靠呢。湛氏随处体认天理之说，即朱熹即物而穷其理之说，宗旨原不差，可惜没有穷理的方法，因此不能战胜王氏罢了。

王守仁自然是对于程、朱学派最大的革命家，他是浙江余姚人，学者称为阳明先生，故他的学派亦通称阳明学派。他自幼豪迈不羁，出入佛、老之学，为刑部主事时因触犯权阉刘瑾，谪为贵州龙场驿丞，他的平生学问基础即筑于此时。后巡抚南赣，平宸濠之乱，声名大起，而学问也遂成熟。黄宗羲说他：

> 先生之学，始泛滥于辞章，继而遍读考亭之书，循序格物，顾物理吾心，终判为二，无所得入。于是出入于佛、老者久之。及至居夷处困，动心忍性，因念圣人处此更有何道，忽悟格物致知之旨，圣人之道，吾性自足，不假外求。其学凡三变而始得其门。自此以后，尽去枝叶，一意本原，以默坐澄心为学的，有未发之中，始能有发而中节之和，道德，言动，大率以收敛为主，发散是不得已。江右以后，专提致良知三字，默不假坐，心

不待澄，不习不虑，出之自有天则。盖良知即是未发之中，此知之前更无未发；良知即是中节之和，此知之后更无已发。此知自能收敛，不须更主于收敛；此知自能发散，不须更期于发散。收敛者，感之体，静而动也；发散者，寂之用，动而静也。知之真功笃实处即是行，行之明觉精察处即是知，无有二也。居越以后，所操益熟，所得益化，时时知是知非，时时无是无非，开口即得本心，更无假借凑泊，如赤日当空而万象毕照，是学成之后又有此三变也。

这段话说阳明的学问经过，很有道理。

王氏之学，虽有三变，龙场得道以后，专讲收敛，江西以后，始提出"致良知"三字，晚年则更有进步，但其主要宗旨仍在"致良知"之说。什么叫良知呢？试看他自己说：

夫良知之于节目事变，犹规矩尺度之于方圆长短也。节目事变之不可预定，犹方圆长短之不可胜穷也。故规矩诚立则不可欺以方圆，而天下之方圆不可胜用矣；尺度诚陈则不可欺以长短，而天下之长短不可胜用矣；良知诚致则不可欺以节目事变，而天下之节目事变不可胜应矣。毫厘千里之谬，不于吾心良知一念之微而察之，亦将何所用其学乎？是不以规矩而欲定天下之方圆，不以尺度而欲尽天下之长短，吾见其乖张谬戾，日劳而无成也已。吾子谓，语孝于温凊定省孰不知之，然而能致其知者鲜矣。若谓粗知温凊定省之仪节而遂谓之能致其知者，凡知君之当仁者皆可谓之能致其仁之知，知臣之当忠者皆可谓之能致其忠之知，则天下孰非致知者耶？以是而言，可以知致知之必在于行，而不行之不可以为致知也明矣。知行合一之体，不益较然矣乎？夫舜之不告而娶，岂舜之前已有不告而娶者为之准则，故舜得以考之何典，问诸何人而为此耶？抑亦求诸其心一念之良知，权轻重之宜不得已而为此耶？武之不葬而兴师，岂武之前已有不葬而兴师者为之准则，故武得以考之何典，问诸何人而为此耶？抑亦求诸其心一念之良知，权轻重之宜不得已而为此耶？使舜之心而非诚于为无后，武之心而非诚于为救民，则其不告而娶与不葬而兴师，乃不孝不忠之大者，而后之人不务其良知以精察义理于此心感应酬酢之间，顾欲悬空讨论此等变常之事，执之以为制事之本，以求临事之无失，其亦远矣。

——《答顾东桥书》

因为他以为"良知诚致，则不可欺以节目事变"，所以才有"知行合一"之说：

> 知行原是两个字说一个工夫，这一个工夫须着此两个字方说得完全无弊病，若头脑处见得分明，见得原是一个头脑，则虽把知行分作两个说，毕竟将来做那一个工夫，则始或未便融合，终所谓百虑而一致矣；若头脑见得不分明，原看做两个了，则虽把知行合作一个说，亦恐终未有凑泊处，况又分作两截去做，则是从头至尾更没讨下落处也。
>
> ——《答友人问》

这个头脑是什么呢？就是良知。

王守仁的才气在历来儒者中算是杰出的，他的地位又高，故能号召一时的人心，造成一个新派。他的主张致良知，是从内向外的工夫，与朱熹的穷理主敬尚注重外面工夫者，颇有不同，故他对于朱氏特别攻击，他解《大学》"格物而后知"的"格"字是"感格"之格，与朱熹的训格物为"研究物理"之意不同，他并提出"大学古本"以为证，又搜集朱熹的言论与他宗旨相近的，名之"为朱子晚年定论"，这都是他的习气未净之处。但在当时迁拘矫诈的程、朱理学空气中，得此一番新的洗刷，人心自然不能不为之一振，故他身后不久，王学遂遍于南方，许多光明俊伟之士都出在他的门下了。

王守仁是浙江人，而其一生事业多在江西，故他身后弟子虽遍于长江以南各省，但以浙江、江西两省为最多，无形中也就分为两派。浙江的王门弟子之著名者，有徐爱、钱洪、王畿诸人，除徐爱先死，未及闻良知之说外，钱、王二人对于良知之说发挥甚力。他们学风偏于直捷活动，以为良知是不待修养而成的，故不主张从静处去用功。钱氏说：

> 未发竟从何处觅。离已发而求未发，必不可得。

王氏说：

> 寂者心之本体，寂以照为用，守其空知而遗照，是乖其用也。

这都是针对主静过甚的流弊而言的。故此派的末流勇于任事，富于责任心，颇能发挥王学的长处，但也略近于禅宗。王畿常提出阳明的四句教以为教学的宗旨，四句教是：

> 无善无恶心之体，有善有恶意之动，知善知恶是良知，为善去恶是格物。

"无善无恶心之体"，这实在是含有佛学色彩的话。

较浙江派更彻底近于主动的，还有一个泰州派，这派的首领是王艮，他所标的宗旨是"自然"，是"学乐"，他是有志于用世的，他的弟子中也纯向这面发展，他们都是平民哲学家，樵夫、陶匠都有，末流如颜山农、何心隐虽不免过于放荡，但精神的勇猛却为前此哲学家所不及。阳明学派所以能在思想史占很高的位置者，就靠他们能和实际发生交涉的这一点上，这是我们所不可不注意的。

浙江派和泰州派这样过于主张向外活动而忽视修养的结果，自然引起正统派王学的不满，因此江西一派的学者便起来纠正他们。这一派的著名学者有邹守益、罗洪先、聂豹、邓以赞等，邹氏拈出"戒惧慎独"四字，罗氏拈出"收摄保聚"四字，都用以主补救浙江派的偏荡的。盖浙江派把"致良知"三字只记得"良知"二字而忽略了"致"字的工夫，故其末流小人得以假借之肆无忌惮去作恶，而以良知为辩护之具；江西派则特注重"致"字，以为良知不能忽略修养的工夫。就王学本身而言，江西派实在是正统，流弊较少些。

自明朝中叶以后，王学虽然披靡一世，然而实际上不满于王学的还是很多，试引几段评论于下，可以见当时反王学议论之一斑。如汪俊说：

> 道一本而万殊，夫子之一贯是矣。以学言之，则必有事于万殊而后一者可几也。曾子之随事力行，子贡之多学而识，皆亲受业于夫子之门者也。颜子之博文约礼，而后如有所立，《易》之知崇礼卑，而后成性存存，皆一说也。程子论学曰："涵养须用敬，进学则在致知。"朱子伸明之曰："主敬以立其本，穷理以致其知，本立而知益明，知进而本益固。"可谓尽矣。陆氏之学，盖略有见于道体，虽欲单刀直入，以径造夫所谓一者，又自以为至简至易，立跻圣域，故世之好异者靡然趋之，而不知其相率而陷于异端之说也。张子曰儒者穷理，故率性可以谓之道，释氏不知穷理，而自谓之性，故其说不可推而行。程子有言，自格物而充之，然后可以至圣人，不知物格而先欲意诚心正者，未有能中于理者，据此可以断陆氏之学。

如何瑭说：

> 儒者之学，当务之为急，细而言语威仪，大而礼乐刑政，此物之当格而不可复者也，学问思辨一旦卓有定见，则物格而知至矣。由是而发之以诚，主之以正，然而身不修家不齐未之有也。至究其本原为性命，形于著述为文章，固非二道，特其缓急先后各有次第，不可紊耳。今日理出于心，心存则万理备，吾道一贯，圣人之极致也，奚事外求；吾恐其修养治平之道反有所略，则所学非所用，所用非所学，于古人之道不免差矣。

如黄佐说：

> 德性之知本无不能也，然夫子之教必致知而力行，守约而施博，于达道达德，一则曰"未能一焉"，二则曰"我无能焉"，未尝言知而废能也。程子曰"良能良知，皆无所由，乃出于天，不系于人"，又曰"圣人本天，释氏本心"，盖《大学》言致知系于人之问学者也，孟子言良知必兼良能，本于天命之德性者也。惟宋吕希哲氏独以致知为致良知而废良能，则是释氏以心之觉悟为性矣。《圆觉经》以事理为二障，必除而空之，则理不具于心，心不见于事，惟神识光明而已。反身而诚，似不如是。

以上这些说法都切中王学之敝。大抵王学虽提出"良知"二字，当下指点，可以启悟人，然究其所谓良知者实在并无此物，不过在光景恍忽间耳。所以在当时就已经有很多反对的论调，这一般反对的潮流，一直到明末清初才光大起来成为后此三百年的主潮。

王学到了明朝末年，势力虽披靡一世，而流弊也就渐渐发露了。许多有革命性的青年固然打着良知的旗子，到处勇于为善，但矫伪的小人也可以打着良知的旗子，到处勇于为恶，因此弄得所谓"酒色财气不碍菩提路"的狂禅，滔滔于天下，结果自然会使人心不满。因此王学到明末便有了两个新方向。一派是刘宗周的证人学派，刘氏是以继承王学自命的，但他鉴于王学末流之失，故特拈出"慎独"二字以为宗旨，他的慎独的意思是：

> 盈天地间皆气也，其在人心一气之流行，诚通诚复，自然分为喜怒哀乐，仁义理智之名因此而起者也。不待安排品节，自能，不过其则，即中和也。此生而有之人人如是，所以谓之性善，即不无过不及之差，而性体原自周流，不害其为中和之德。学者但证得性体分明，而以时保之，即是慎矣。慎之工夫只在主宰上觉有主是曰意，离意根一步便是妄，便非独矣，

故愈收敛是愈推致。然主宰亦非有一处停顿，即在此流行之中，故曰逝者如斯夫，不舍昼夜。

这种说法，虽仍未脱王学的窠臼，但不失为一种改革运动，可惜刘宗周死后，明祚已移，学风也改了方向，故这种运动实际上没有多大的影响。另外有一派却影响很大，这就是东林党的干政运动。

东林党的主持人物是顾宪成、高攀龙。他们都是神宗朝的大臣，因为时政紊乱，退归林下，遂讲学于东林书院。他们的讲学的宗旨是：

> 官辇毂念头不在君父上，官封疆念头不在百姓上，至于水间林下三三两两，相与讲求性命，切磨德义，念头不在世道上，即有他美，君子不齿也。

他们的宗旨既然是要与世道发生关系，因此自不免臧否时政，而当道忌之也日甚。顾、高二人死后，东林的运动仍不停止，其时明熹宗专任魏忠贤，与君子为敌，凡与魏不合者，无论与东林有无干涉者，一概指为东林党人，因此东林的声势反倒日张起来。到明毅宗末年，又有继东林而起的复社、几社等运动。这一般人，在思想上直接并没有什么建树，思想的体系仍承之王学，但后来清初的经世致用思想却由此开其端，故讲思想史的，也不能忽略了他们的位置。

第十五章　理学的反动时期

程、朱、陆、王之学，虽然门户不同，但其为空谈心性不务实际则一。从宋到明，这六百年中的中国思想界可以说都在空谈玄妙的时代。我们还可以再扩大一步说，从魏、晋到明，这一千多年中，中国的思想界也都在空谈玄妙的时代。中国民族本是务实际的民族，为什么会忽然发生这种玄远的思想呢？可以说大部分是受了印度思想的影响。印度思想自从侵入中国以后，就征服了中国的思想界一直到一千年之久。但是务实的中国民族对于这种趋势是不会始终折服的，因此北宋初年就起了许多反对印度空虚思想的学派，就中江西派的功利主义最彻底，可惜未能光大。程、朱的理学原也是反抗印度思想的，不过自身的立足点不稳固，弄来弄去还是跳不出印度思想的圈套。到陆、王学派盛行以后，印度风就更加显著了。这样反复争持的结果，到明末清初，哗喇一声，才将印度思想根本推倒，重新建立起许多新的主张来。

为什么到了明末清初，才会将印度思想根本推倒，建设起新的主张呢？这就是时代的关系。印度思想自征服中国思想界以后，极盛莫如唐，到唐朝以后，佛教本身已成弩末，因此才有反动的理学成立。不过印度思想的潜势力还在，因此理学家跳来跳去终跳不出他的圈子。一直到了明朝末年，经过了理学家极盛的时代，人心对于印度思想已经领教过度了，到了应该厌倦的时期了，所以反动潮流才大盛特盛起来。以上所说还不算最主要的原因，反印度思想突然兴起的最主要的原因，乃是因为中国民族受了痛苦而得到深切教训的结果。中国民族自欢迎印度思想进来之后，简直没有过了一天光荣的日子。中间只有唐朝是比较光荣的时代，但是唐朝的光荣是由于野蛮民族同化和混血的结果，并不是由于印度思想的帮助，这是显而易见的。除此以外，我们只看见信仰佛教的君主如后秦主姚兴、梁武帝、北魏胡太后之类，都一个个弄得由强至弱，由弱至亡。唐朝末叶的君主也是如此。这其间佛教至少也应负一部分的责任。因为印度思想是出世的,是个人主义的,对于齐家治国平天下之术是丝毫不管的。这种思想输入以后,将许多聪明才智的人物都引入个人主义、出世主义的路上去,结果国家大事让许多浑蛋去包办,弄得国事一天比一天败坏,民族也日渐衰弱起来。宋朝以后,反佛教的空气已经很盛,不料代之而起的理学依然逃不出印度思想的范围,还是依旧的个人主义,依旧的入世其名出世其实的空虚主义。学者们天天在那里谈心说性,外患却一天一天的紧逼而来,结果一辱于辽,二辱于金,三辱于元,终于酿成蒙古人的征服了全中国。明兴以后,还是不鉴前辙,高谈心性之风越发利害了,又弄出一个更富有印度色彩的阳明之学来。尽管王守仁个人怎样的能文能武,不失为实际的人物,但这是他个人的天才所致,他的学说却只能造出许多高谈心性的空洞儒者来。因此张献忠、李自成等流寇之乱一起,滔滔天下的王学竟当不起这一试验。结果好人只好"愧无半策济时难,惟有一死报君恩",坏人却就转过脸来迎降大清的仁义之师了。这种结果确是令人极痛心的,尤其是身受其难的智识阶级们,他们不能不由此发生出极大的觉悟,使他们对于印度思想根本起了反对的感情,他们不能不努力地由这种一千年中织成的哲学的心性之网中挣扎出来,另外找寻他们的新路,这就是清初新学派勃兴的真正主要原因。

明末清初的新学派约以以下几人为代表:

一、顾炎武。顾炎武是江苏昆山人,明亡以后,曾周游国内,所至结纳豪俊图恢复,但无所成。他是清代考据学开山的祖师,生平著书如《日知录》、《音学五书》之类,都是考据典制的著作,在后来发生的影响极大。但顾炎武并不是一个专门以考据为终身事业的学者,他是一个有志于事功的人。他生平很反对理学,曾说"古今安得别有所谓理学者,经学即理学也;自有舍经学以言理学者,而邪说以起"。"经学即理学"一语,实为清代考据学的根本主张。

二、黄宗羲。黄宗羲是浙江余姚人,少受学于刘宗周,治阳明学。中年以后,因为遭逢患难的结果,渐渐觉悟空谈心性之非,转来注意到史学方面。他是清代史学的开山祖师,清朝史学以浙东最盛,都是受他的影响。他的巨著《明儒学案》和未完成的《宋元学案》,是中国思想学术史的先河。他在思想界最大的贡献更在他的《明夷待访录》一书,这部书提倡民权思想,反对专制政体甚烈,在当时虽无甚影响,到了清朝末年发生的影响却极大。

三、王夫之。王夫之是湖南衡阳人,也是一个志图恢复的遗老,生平窜迹南荒,著书虽然很多,可惜不为当时人所知。直到清朝末年,湘军得势以后,才刻出许多来。他的名著如《俟解》《张子正蒙注》《老子衍》《庄子通》之类，都有很精深的思想。论清初思想史上的大家不能不推王氏为第一，可惜他的学说尚未经人发挥整理罢了。

四、颜元。颜元是直隶博野人，他生平以创立新宗派自任，故言论最为光明。他明目张胆地攻击宋、明理学家高谈心性之弊，提出以身体力行来代替诵说。他的这种主张本来很彻底，应该流行，可惜太为刻苦，不容易使人承受。加以他极力主张恢复古礼，未免太迂阔些，也是失败的一个大原因。

以上这四个人是明末清初反理学运动中的四大柱石，他们四人的思想主张各有不同，只有注意实际问题不复高谈心性的态度是相同的。就中黄宗羲因为与阳明学派旧有关系的缘故，对于理学的态度较为和缓，顾、王就激烈了，颜元最为彻底。他们的学派惟顾炎武最为昌大，后来清朝的经学都是跟着他的道路走的，可惜走的只是咬文嚼字的考据之路，对于他的经世的大学问竟无人领会，未免埋没他的真面目。黄宗羲在史学界的成就最大，浙东史学流传甚远，清末的民族运动还是受了他的影响。颜元有一个弟子李塨，局面比他先生阔大些，故颜、李学派得以流传南北，但不再传就中绝了。王夫之的遭际最不幸，故思想最为隐晦，至今不得解人。

以上四人不过是就其成就最大者而言，此外还有几个人虽然没有整个的系统思想，但也不失为有独立思想的学者。

一个是刘献廷。他是一个奇人，对于音韵和地理学都很有创获，可惜没有系统的著作传之于后。

一个是傅山。他和他的儿子傅眉都是平民生活的思想家。当时的学者多不注重艺术，惟傅山的艺术天才很高，他的诗、书、画都很卓绝。他自命是学庄、列的，可惜也没有什么系统的著作能够发挥他的思想。

以上这些人都是反对理学的，至少也是不肯依傍在理学门户下求生活的。但是理学的潜势力还是很大，不是一时所能打倒的，当明末清初的时候还出了几个大师替他谨守最后的残垒，最著名的有孙奇逢、李颙、刁包、张履祥、张尔岐、陆陇其、陆世仪诸人，都是坚苦笃行的儒者。就中孙奇逢最为博大，他所著的《理学宗传》一书，调和程朱、陆王两派而归纳于一个道统之下，可谓集数百年来理学家道统说之大成。此外诸人或宗王学，或宗朱学，宗旨虽然不同，其谨守理学范围则一。可惜太保守了，没有什么新发挥，因此不能光大理学的门户。不久理学被一班大官们弄去逢迎时主的嗜好，就不免名存而实亡了。

自顾炎武提倡名物训诂之学以后，不久就出来几个学者遵着他的道路向前进行。成就最大者有胡渭、阎若璩、毛奇龄诸人。胡渭著《易图明辨》，攻击宋儒信任的《易图》之非孔丘之说；阎若璩则著《古文尚书疏证》，辨明《古文尚书》系东晋人的伪造；毛奇龄也著书多种与宋儒为难。这三个人虽然都是考据家，但他们能用考据的方法从实证上揭破宋儒的谬误思想，其影响于思想界是非常之大的。

从此以后，考据学的门户既立，大家的精神才力都趋向此途，造成一种咬文嚼字的学风，思想界反不免消沉了。

第十六章　考据学全盛下的清代思想界

从顾炎武、胡渭、阎若璩开辟了考据学的一条新路以后，许多大学者都跟着他们的路往前发展，成就最大者有惠栋、戴震、段玉裁、王念孙、王引之诸人。他们的工作是修改注疏，考据典章，训诂音义，校勘文字。他们在这一方面的成绩很是高，但他们所治的只是一种思想的工具，而不是思想的本身。并且因为考据学是对于理学的一种反动潮流的结果，人们因厌弃理学而遂厌弃一切思想的学问，以为都是空疏不实，结果不免阻碍思想的发展，因此在考据学盛极一时的时代，竟没有什么大思想家出现。加以清朝因为压制汉族的缘故，屡兴思想之狱，学者自然多避忌而不肯蹈险，因此清初诸大师那种独立创造的精神竟都埋没不彰了。在这种环境之下，只能找出几个片段不完的思想家聊以作代表人物而已。

一、吕留良。吕留良是一个遗老，他生平抱种族思想最深，屡想运动恢复，到他死后他门生曾静手里实行他的主张，运动岳钟琪叛清，事发失败，遂兴大狱，吕氏也受戮尸的惨刑。清世宗且特著《大义觉迷录》一书来纠正他的思想，可见他的思想在实际上很发生影响了。

二、费密。费密和他父亲费经虞都是有独立思想的人物，他们很反对宋儒的道统之说，主张汉、宋平等待遇，且注意经世实用之学，可惜没有大行其志。

三、方苞、姚鼐。二人都是桐城人，当考据学炙手可热的时代，奋起与抗，创桐城派古文，在文学界势力很大。这一派的人主张考据、辞章、义理并重，虽然是只就文字而言，但因为他们常抱因文见道的见解，故恒与理学家相结合以反对考据学。他们同派有方东树者，曾著《汉学商兑》一书，颇能代表一部人的思想。

四、姚际恒。姚氏行谊无所表见，惟著《古今伪书考》一书，于古今伪书一一批驳，虽系考据之作，却于思想有关。

五、全祖望。全祖望是继黄宗羲、万斯同而起的浙东派史学家,生平著作颇搜罗明末故实,于种族思想之保存颇有关系。他又与黄宗羲之子百家先后续成《宋元学案》,于思想史方面功劳尤大。

六、章学诚。章学诚亦为浙东派史学家之一,但他在学界的成就不在著史而在提倡史学,所著《文史通义》一书,主张六经皆史之说,又言"集大成者乃周公而非孔子",皆于思想上有独立的主张者。

七、崔述。崔述也是一个史学家,他曾著《唐虞考信录》等书,勇于疑古,在当时虽不曾发生影响,但在今日却发生影响不少。

八、戴震。戴震是考据学的大师,但于思想方面确有所建树,所著《孟子字义疏证》、《原善》诸书,主张人欲应任其发展而极力反对宋儒遏欲之说。此书在当时亦未发生影响,至今日乃为人所推重。

九、袁枚。袁枚是清朝极盛时代的一个大诗家,但他的思想确有独到之处,他对于汉、宋儒都不肯赞成,也主张人欲应自然发展,并且以身作则。他又极力尊重女权,所收女弟子很多,因此颇受人的攻击。

十、彭绍升。彭绍升是清朝提倡佛学最著名的人,佛学自宋、元以后久已衰微,明末憨山、藕益以念佛提倡,虽一时稍盛但旋又就衰。彭绍升当佛学已衰之际,独提倡念佛,期于恢复宗风。当时虽影响不大,但到清末却发生影响。

十一、焦循。焦循也是一个考据学家,但对于思想也很有建树,他的《雕菰集》中很有许多精深的理想。

十二、徐润第。徐润第是个阳明学派的北方学者,他的思想在今日山西的政治上很有影响。

十三、李汝珍。李汝珍是著《镜花缘》小说的人,他在小说中讨论妇女问题,很有精采的议论。

十四、汪中。汪中是清朝中叶一个有独立思想的学者,他的《述学》中很有系统的思想,可惜当时人只了解他的文学,却不了解他的思想内容,因此他的思想就不免埋没了。

十五、俞正燮。俞正燮也是一个注意妇女问题的人,他在《癸巳类稿》中讨论妇女问题很是深切,可惜也没有什么反响。

就以上所举的许多人看起来,可见清朝并不是没有多少大思想家,并不是没有有价值可供研究的思想,不过当时正是考据学垄断一切的时候,大家都疲神致力于工具的学问,而对于内容方面反而轻视起来,这也是一时的风气,而于政治上的干涉也不无关系。因此虽然有许多天分很高的思想家，都不免受了这种环境的限制不能尽量的发展，这种情形和东汉时代正是相似。就思想史方面论，东汉和清中叶实在是黯淡无色的时代，虽然他们在别的方面的功绩是很大的。

第十七章　思想的解放与今文家的活动

清朝中叶思想界所以消沉的原故，一由于考据学的垄断一切，一由于政治上的有意压迫，前章已经都提过。到了仁宗、宣宗以后，政治上的威力已经减杀，考据学的气焰也渐低了，因此自然起了一种反动，向思想解放的路上去走。这种反动有两方面，一方面是理学对于考据学的反动，一方面是考据学中今文派对于古文派的反动，两者都给古文派考据学家以一种大打击。

先说理学派对于考据学派的反动。原来理学自经过宋、元、明三朝的极盛之后，虽经清初学者的极力攻击，势力迄未大杀。考据学鼎盛以后，尽管学者们怎样鄙薄宋儒的空疏，而朝廷的功令却仍然以宋儒为正统。天下学塾所读的经书仍然是以朱注为准，科举考试也一本宋儒之说，考据学对于当时势力最大的科举制度竟未能侵入，因此理学仍然在一般智识阶级社会中占极大的潜势力。到仁、宣以后，考据学的成绩既达到极高地位，再不易有什么新发展，那种咬文嚼字的工夫，做久了也令人厌倦。加以时代变迁日烈，内忧外患纷至沓来，考据学家应付不了那样的时局，转是高谈心性的理学中出了几个有魄力有血性的男子，如同曾国藩、罗泽南、江忠源、李续宾等一般湘军名将，都是受过理学陶冶的人。自湘军戡定了太平之乱以后，理学和考据学的优劣由此试验出来，人心遂不免又趋向学理。曾国藩以盖世的勋名来提倡理学与古文，因此桐城派古文家与宋、明理学的结合愈密，成为一种特别的学派。不过曾国藩死后没有什么得力的继承人物，理学终于没有十分恢复他们的固有势力，末流虽有吴汝纶等古文家竭力赞助新学，但没有多大建树。而林纾以非桐城嫡系的资格来替桐城派和理学对新思潮来辩护，终于失败而去，理学自然因此也更加不振。清末一部分人受了日本维新的影响，颇有提倡阳明学派的，但在思想上也没有什么成就。

对于思想界有很大影响的，还是考据学派中的新派今文家。原来今、古文之分起于西汉经师门户之见，最初西汉传经派别虽多，但大致皆用当时文字，至西汉末年始有古文经传出现，与旧有各家大不相同，当时两派已争论很烈。到东汉末年，古文派大昌，郑玄以古文家大师的资格遍注群经，自此以后古文家遂成为经学正统，千余年来未之或改，今文各家之学说大部分都已佚亡，更无人加以理会了。

到了清朝因为复古的关系，转而对于古代学术思想节节加以解放，最初对宋学怀疑而返于汉、唐，其次又对晋王肃文学怀疑而返于东汉。到中叶以后，郑玄的古文学既已垄断一切，此后再求进步就非对于他加以怀疑不可了。因此清朝中叶以后所起的考据学新运动就以郑玄和一切古文学派为攻击的目标了。

今文学派最初研究的中心是《春秋公羊传》，其次遍及诸经。启蒙的大师是武进庄存与，其同县后进刘逢禄继之著《春秋公羊经何氏释例》，始张大其说。到魏源和龚自珍出来，今文学始确然成家。其后今、古文派分道发展，而思想新的人大率趋向今文派。到廖平和康有为出来，今文学派的势力就影响到各方面了。

今文学派虽似乎与古文学派研究的目的相同，其实根本精神大不相同。古文学派在极盛时代，大家只是抱为学问而学问的态度，其所研究者都是名物训诂等具体事物，故于思想界无多大影响。今文家则不然，第一他们的研究注重微言大义，不屑屑于枝叶问题，因此颇有新奇的思想发现，如所谓"张三世"，"通三统"，"绌周王鲁"，"受命改制"等非常异义可怪之论，都是今文学家的创获。第二他们颇留心于经世之学，不似古文家的硁硁自守，故后来能于实际政治社会发生影响。第三他们颇能容纳异派，对于西学，对于佛学，都能采纳容受。这三点都是今文学派的长处，他们的短处是不免牵强附会，加以推尊西汉的结果，所有西汉儒者的荒唐悠谬之说都尽量采用，将儒学变成一种神秘的胡说，转不如古文家的硁硁自守为尚能免过了。

清朝仁、宣以还，国势日渐凌夷，故今文学家之趋向经世致用亦系时势所迫，不得不然。今文学的大师如魏源著《海国图志》，龚自珍著《西域置行省议》等，都是有关时事的文字。太平乱后，内忧外患愈亟，思想界自然更趋重时务，因此种种关于时务的著作逐渐出现。到南海康有为出来，著《新学伪经考》，以大胆的态度推翻古文家的壁垒，建设起今文学家的完全系统来，就今文学家而言，康有为实在可算是集大成者。不过时事愈变愈亟，西洋的学术思想逐渐输入，不但抱残守缺的古文学派无法应付，即今文学也不足范围人心。因

第十七章 思想的解放与今文家的活动

此康氏的思想也不能不随时势演进。他第二部名著《孔子改制考》完成的时候，已非复汉学所能范围，到第三部名著《大同书》成功后，他的思想更解放到极点了。康有为后来虽然思想再不能进步，并且日趋退化，成了落伍的人物，但论晚清思想界推清廓陷之功，不能不推他为第一。

康氏的学说在思想界没有什么大影响，但在实际政治上却发生影响不少。他和他的弟子梁启超从事变法维新运动虽然失败，但间接唤起一般人心，后来在国内造成一大派政治势力，至今不灭。

梁启超的影响于中国思想界，在他后来亡命的时代，早年宣传今文学派影响并不很大，故我们放到后章再讲。他的同志谭嗣同却可以代表当时的思想界。谭嗣同是湖南浏阳人，自幼亦接近今文学派，后又好王夫之之学，又治佛学，皆略有所得。他的思想最为勇决，所著《仁学》一书，于辛亥革命前二十年已提倡革命暗杀排满等说，真是思想界的先觉。他虽然身死于戊戌变法运动，但《仁学》在他死后仍发生很大的影响。

晚清的思想界虽然受今文派的影响很深，但其实学界的正统仍是古文派，因为古文派虽然过于拘谨，在思想上没有什么建树，但他们所用的方法乃是严格的科学方法，所得的成绩乃是正确可靠的成绩，无论谁也推不倒的。清朝末年的古文派考据学大师如陈澧、孙诒让、俞樾都是很出色的人物，就中如孙诒让著《墨子间诂》，陈澧著《东塾读书记》中评论汉、宋诸学，皆与思想界有关。但影响最大者还算章炳麟。章炳麟是俞樾的弟子，他的经学、文字学都造诣很深，所著的书如《国故论衡》《检论》等都很精绝。中年以后专提倡种族革命，影响于政治思想界更大。他虽然是古文学家，但后来研究佛学和西学的结果，使他的思想内容更加廓大，非复考据之学所能范围的了。

晚清时代还有一种潮流也是值得注意的，就是佛学。佛学自宋、明以后久已衰微，清朝中叶虽有彭绍升、罗有高等人提倡，但势力不大，影响甚微。到今文派兴起以后，因为他们都是勇于改革的思想家，故颇能采纳佛学之长。龚自珍受学于彭绍升，晚年受菩萨戒，颇提倡天台宗，魏源也受过菩萨戒，康有为则好华严宗，其《大同书》受华严宗的影响极大。梁启超也好华严宗。有杨文会者最精于佛学，深通各宗学说而专以净土教国人，晚年息影南京，以刻经弘法为事，所刻出的佛经很多，于思想界极有关系，梁启超和谭嗣同都受他的影响，谭氏的《仁学》即受佛学的影响而作者。梁氏晚年颇研究佛教的历史，也很有功于学界。此外章炳麟也研究法相宗，很有心得。到民国以后，梁漱溟著《东西文化及其哲学》一书，欲会同中、西、印三种的文化，也是佛学所发生的影响。杨文会死后，弟子欧阳竟无设支那内学院于南京，造就佛学人才，虽于思想界尚无大影响，但就校刻经典而论，已嘉惠学者不少了。

第十八章　欧洲思想与昔日之中国

中国与欧洲在古代关系很少，思想上的接触更是绝无仅有。唐朝极盛时代虽有景教徒东来传教，与阿剌伯人的伊斯兰教同受尊崇，但其结果毫无影响，尚不如伊斯兰教的势力，因此在思想史上可谓毫无位置。欧洲思想在中国发生影响，要算是元、明以后的事了。

元朝大帝国地跨欧亚，在中西交通上是很有关系的。蒙古人几次西征欧洲，将中国的三大发明品——罗盘针、火药、印刷术——送到欧洲，造成西方的近代文明，以及马可波罗的游记，唤起欧人的航海趣味，这些情形都是西方人所应感谢东方的，我们姑且不提。单就西方思想对于中国的影响而论，当时罗马教皇因慕蒙古的威名，曾遣使来华朝谒，并挟七术以俱来，这七术都是当时的科学，元世祖都加以容纳，虽然没有发生大的影响，要不能不算中欧思想交换史上的一重因缘。

自此以后，蒙古人帝国破裂，汉族的明朝帝国兴起，对外取闭关保守主义，欧洲也因文艺复兴、宗教改革等对内问题纷心，无暇东顾，两方面又暂时隔绝。直到十四世纪末年，即明朝中叶以后，哥仑布发现了新大陆，才重新引起欧洲人的向外侵略心。十四五六七这四个世纪欧洲各国纷纷向东方进取，最初是西班牙和葡萄牙，其次是荷兰，最后是英吉利和法兰西。他们侵略的范围从印度，至南洋群岛，以及菲利滨、中国台湾及中国沿海、日本等处。一五三五年葡萄牙人租了澳门，这是与中国直接发生关系之始。自此以后欧洲人以澳门为根据地，进行对中国的通商传教种种事业，中西的关系就日渐复杂了。

这时候在思想史上有关系的，要算是耶稣会派的传教事业。欧洲自宗教改革以后，旧教本已失败，其后有一部分旧教徒力图改革，另组耶稣会，以严格的纪律训练教徒，精神为之一新。耶稣会最注重远方的传教事业，并且以教育为传教的主要方法，因此成绩极大。美洲、印度、南非洲都有他们的足迹。最初来中国传教的是意大利人利玛窦，他很能揣摩中国人的心理，儒衣儒冠，到处与士大夫交游，因此传教事业就渐渐发达起来。以后续来的教士，都遵着他的方法进行，到了明朝末年势力就非常之大，连桂王的皇太后都信奉了。因为他们传教的方法是以学术为工具，因此西洋当时的许多科学如天文、历法、数学、几何、地理等自然科学都由这般外国教士之手传入中国。从明朝末年到清朝初年，这种科学事业逐渐进行，给后此清朝的学术开了一条新路。

第一个翻译西洋科学名著的人，是明末的徐光启，他和利玛窦合译《几何原本》，给后来几何学树下基础。他以明朝的大官来提倡翻译，实在有助于思想的革新不少。到了清朝，清圣祖也是极爱好科学的人，他编纂《数理精蕴》、《历象考成》等书，又命人测量全国，制成精审的地图，清代数理舆地等学的发达，很受他的影响。自此以后，数学在清代学术中成一大潮流，最著名的数学家有梅文鼎、梅锡阐、江永、戴震诸人。虽然多以中算为本，但采用西法也不少。

耶稣会的传教事业，自清世宗以后，因政治的压迫而一时中止。自此以后，中、欧又有百余年不复交通。到鸦片战役以后，定《南京条约》，准许欧洲人通商传教，彼此才又发生关系。英法联军战役以后，中国人创巨痛深，才发生研究西学的要求。在此以前，如魏源著《海国图志》，徐继畬著《瀛寰志略》，都是中国人研究外事的先导。湘淮军戡平太平天国，得外国人的帮助不少，事定之后，有识见的领袖都觉得非研究西学不可。曾国藩设制造局于上海，兼事译书，附以广方言馆，北京也设立同文馆，选拔学生研究外国语言文字。到一八七三年曾国藩、李鸿章又奏请选派学生出洋留学。这些政策都与近六十年的中国有很大关系，自不必说。当时的翻译家如李素兰、华蘅芳、赵仲涵诸人，都很有责任心，对于所译之书也很有兴趣，因此成绩很好。此外如太平天国的文人王韬，英国传教士李提摩太等，也都很有功于翻译事业。当时翻译的书籍约有三类，第一类是宗教的书；第二类是科学和应用科学的书，当时称为"格致"的书；第三类是历史、政治、法制的书。第一类较完备，第二、三类就很简单无统系了。但是这种翻译事业，在当时也不无多少影响。康有为、梁启超、谭嗣同等的革新思想，就是受了这种译籍之赐。

当同文馆设立之初，风气尚未开通，顽固党还极力加以反对，家庭稍好的学生也不肯入馆，因此成绩甚少。后来选派出洋的学生也都受社会的轻视，没有产出多少人才。当时虽有稍稍通达"洋务"的人如曾国藩、李鸿章、郭嵩焘、曾纪泽、薛福成、洪钧诸人为西方思想鼓吹，但每遭顽固党所嫉视，不能实行其主张。中国人对于西方情形的了解还是很浅薄的。直到中法、中日两次战役之后，中国人才被逼迫地去不得不欢迎西方的思想输入中国来。

这时代有一个对于介绍西洋思想有大功绩的人，就是严复。严复也是个西洋留学生出身，他原本学的海军，但归国之后，学非所用，因专门从事翻译的工作。他所翻译的如赫胥黎的《天演论》，穆勒的《群己权界论》《穆勒名学》，斯宾塞的《群学肄言》，斯密亚丹的《原富》，孟德斯鸠的《法意》等等，都是西方思想界的名著。他翻译的工作又很忠实，文章又很雅驯，因此能够深入中国的学者社会。自这几部译著出现以后，中国人才知道西方也有哲理，也有思想，对于西方人的观察就另换一种态度了。

庚子拳乱以后，清廷受了环境的压迫，才不得不采取变法维新的手段，派遣大批学生留学东西洋，尤以日本的中国留学生最多。当时因中、日两国国体相同，政治改造的过程又差不多，因此国人对于日本状况特别注意。从日文翻译出来的著作渐渐多起来，不过都是无条理，无主张，因此在思想界没有多大效果。

拳匪乱后，西方各国都乘机要求巨大的赔款，惟有美国对华表示好意，退还赔款，办了一个清华学校，专门预备留美的学生。因此留学美国的风气渐渐开了。此外基督教会在中国也办了许多学校，大半也是美国人主持，国内亲美空气之逐渐浓厚，与这些政策不无关系。

留学生归国的以日、美两国为最多，故日、美两国在中国思想界的影响也最大。到民国七八年以后，李石曾、吴稚晖等提倡勤工俭学，于是陡然添了一批法国留学生，这些学生归国以后，对于思想界也很有影响。还有俄国自革命以后，竭力向中国宣传共产主义，吸引青年，因此留学俄国的也渐多起来。日本式的军国主义，美国式的实利主义，法国式的国家主义，苏俄式的共产主义，近数十年来支配中国思想界原动力，可以说不出乎这四种方式之外了。

第十九章 政治思想与实际政治运动

思想并不是悬空的,他是要与实际社会政治发生交涉的。中国以往的思想运动影响于实际政治社会的,如晚周诸子的救时之弊,北宋新旧派之争,明末东林、复社的运动,都是以思想为原动力。但是求其旗帜鲜明,影响广大的,则莫如鸦片战争以后的中国了。

鸦片战争以前的中国,在极端专制的淫威之下,人民是没有丝毫自由的余地的。鸦片战争以后,跟着就来了太平天国之乱,和英法联军战役,从此以后政府已不是从前的政府,中国也不是从前的中国了。中国国民受了几次外力的刺激,渐渐觉悟干涉国事的需要。最初只是用以对外,如各地的教案,即此种性质的运动,后来屡经失败的结果,知道单纯的对外也不足以收效,因此对内改革的思想就渐渐复活了。

英法联军战役以后,国内起了一派政治运动,叫做清流党,大半都是当时的名士,他们多骛大言而不切实际,盲目主张排外,对于当时主张对外和缓的疆吏如曾国藩、李鸿章等多加以攻击。但他们自己却一点成绩也没有,如张佩纶马江之败,即其一例。此外通达洋务的人如郭嵩焘、李鸿章辈,其思想则多主革新,不过这两派思想虽然不同,但彼此都尚无鲜明的旗帜,界限也不分明,因此算不得正式的政治运动。

一八八四年中法战争以后,清廷昏聩糊涂的情形都尽情暴露出来,有志之士知非改革不足以图存,因是发起种种改革运动。康有为屡游京师,伏阙上书请实行变法,孙文也因上书李鸿章不报,转而运动革命。及中日战后,这两种运动遂均渐趋成熟。康有为联合应试举人为公车上书之举,又开保国会于北京,孙文也联合同志谋举事于广州,又在檀香山组织兴中会。政治运动遂渐成为具体的表现了。这时候在思想方面还是君主立宪派占优胜。康有为的弟子梁启超在上海创《时务报》,鼓吹变法思想甚烈,又在湖南主持时务学堂,造就人才很

第十九章　政治思想与实际政治运动

多。当时康、梁的思想已渐为国人注意。湖南的守旧派叶德辉著《翼教丛编》来痛驳康、梁的主张，张之洞也著《劝学篇》来调和新旧思想。《劝学篇》中所主张的"中学为体，西学为用"二语，成为后来多数调和派的口号。

康、梁这种运动渐渐为政府所注意，清德宗毅然采用他们的主张来实行变法，不意旧势力反动太大，终于失败，但是就他们在短期间所实行的废八股、兴学校等主张，已震动一时的人心不少了。

康、梁失败以后，都逃至国外，仍做他们的维新运动，但清廷的反动日烈，遂至酿成拳匪之乱，人心渐知满清政府的无望而趋向于革命运动。本来清朝因种族的关系久已受汉人的含恨，太平天国乱后此种思想潜伏于下层社会始终未灭。康、梁虽然主张和平变法，但其同志谭嗣同著《仁学》一书，已鼓吹排满革命之说。梁启梁早年也很赞成这种主张，只有康有为感恩知己，始终图为清室效力不变。拳匪之乱正盛时，康、梁的党人唐才常联络两湖会党起事于汉口失败，但因此革命思想深入于两湖青年之中。黄兴组织华兴会，就是以两湖会党为基础。此外江浙文人章炳麟、蔡元培、吴敬恒等因受明末遗老思想的感化，也组织光复会，鼓吹革命思想。四川人邹容著《革命军》一书，语意直捷痛快，风行一时，革命思想的普遍，这本书的影响最大。但邹容也卒因这本书受清政府之忌，以《苏报》案之牵累而下狱瘐死，章炳麟等逃至日本，仍聚徒讲学专鼓吹种族革命主义，以文献为宣传的工具。革命运动得了这一支思想上的生力军，就轰轰烈烈膨胀起来了。不久孙文因在海外运动华侨有效而来日本，黄兴和他的同志宋教仁等也来到日本，三派联合，共组中国革命同盟会，中国革命运动从此遂有了统一的组织了。

康、梁变法失败以后，俱逃出国外。康有为遍游各国，联络华侨，组织保皇会，梁启超则伏处日本横滨，办《新民丛报》及《新小说报》，鼓吹思想革新甚烈。梁启超的文章很有条理而能动人，国内同情者又多，因此他办的刊物就不胫而走，传遍了全国。最初的《新民丛报》多注意于学说思想的介绍，但是内容肤浅零乱，仅合于当时的需要而已。到《民报》出版以后，因为彼此论战的关系，才另外添了一种生气。

《民报》是同盟会鼓吹革命思想的有力刊物，执笔者为章炳麟、胡汉民、汪兆铭等人，都是有学问能做文章的人，因为他们的主张激烈，故青年同情者很多。梁启超早午本也同情于革命主义，后因受其师之劝告，加以当时一般革命人物的行动难免有不慊于人意的地方，因此引起反感，就极力倾向于君主立宪

97

主义方面，恰好与革命派的主张针锋相对。于是《民报》和《新民丛报》两方面便开起笔战来了。这一次的论战实在是中国政治思想史上极有光荣的论战，因为两派都是以学理为根据，堂堂正正旗鼓相当，在训练中国人的系统的政治思想上，影响是非常之好的。

当时立宪派的主张是根据于现状立论，别无什么根本主义，虽然比较的易于实现，但缺少刺激性，不易引起同情。革命派则主要的立足点在民族主义，专从满、汉的恶感方面鼓吹，尤其易于鼓动人。章炳麟一派对于此点尤发挥净致，他们用历史的方法，专搜罗明末亡国的故实，借以挑动汉人的亡国之痛，这种方法非常有效，不久革命思想便传遍了全国。

革命的三派领袖之中，孙文长于联络奔走，黄兴勇于实行，章炳麟有学问能文章，三派携手，相得益彰。在思想方面自以章炳麟的贡献为多，但孙文也有他的特别贡献，就是"三民主义"的主张。三民主义就是民族、民权、民生三种主张的联合名词，当时革命派的主要立足点本在民族主义，所以与立宪派相异者在此，所以鼓动人心者在此。对于民权主张，革命、立宪两派都不相反对，自然革命派更接近些，但是也没有什么具体的方案预先拟定，并且同盟会的同志中也不少怀抱帝王思想的，至于民生主义更无人闻问。孙文在这个时代能提出他的具体主张来，这是他的特识，不过在当时并没有发生多大影响罢了。

革命、立宪两派的主张在国内都有同情的人，留学生归国以后，在各省创办许多杂志报纸，大半是鼓吹立宪之说。清廷受了这种舆论的催迫，也不得不派遣大臣出洋，考察立宪，并宣布九年立宪之说，但是粉饰门面，毫无诚意。清德宗死后，中央的资政院，各省的谘议局相继成立，立宪派从此有了公开活动的凭借，但人心已倾向于革命了。

革命派在国内自然不容易立足，在思想方面鼓吹的，仅有章炳麟的弟子邓实等所办的《中国学报》《国粹学报》等，假借研究国学的名义来鼓吹种族思想，影响也不少。此外则多于实行方面努力，黄兴等的武装革命运动，徐锡麟等的暗杀运动，比文学宣传的效力自然更大得多。

昏聩糊涂的清朝，终于不能实行立宪派的主张，因此全国人心一步一步倾向到革命派方面，末了连立宪派所办的《国风报》也鼓吹起革命思想来了。于是武昌一动，全国都响应，中华民国遂正式出现。

民国成立以后，革命派得了地位，自然气焰日高，但立宪派也还不甘雌伏，仍旧变了名目来活动。于是政治上的国民、进步两大党对立的形势遂出现了。

但两派都不注重思想的宣传，故在思想史上都没有什么位置。

两派后来的分合变化不一，成功失败也不同，但在政治思想上对抗的形势仍然绵延不绝，就是一派主张比较急激，一派比较稳健，一派趋重理想些，一派趋重现实些，二者截然不同，不过面目却慢慢都变了。

第二十章　新文化运动的黎明时代

革命成功以后，大家的精神才力都注重到政治方面，对于思想文化无人注意。接着袁世凯的反动压迫时代又到了，全国国民慑伏在专制淫威之下，丝毫不能动转，真是黑暗的时代。但是沉郁极了，云雾不能不开，"五四"以后新文化运动的种子就埋伏在这个时代了。

培植这个新文化运动的种子的人是谁？陈独秀吗？不是。胡适吗？不是。那么究竟是谁呢？我的答案是章士钊。当民国四五年的时代，中国思想界的闭塞沉郁真是无以复加。梁启超办了一个《庸言报》，不久便停版，后来改办了《大中华》，更没有什么精采。此外只有江苏省教育会一派人在《教育杂志》等刊物上所鼓吹的实利主义稍有点生气，但是只偏于教育一部分，且彼时亦尚未成熟。此外便再无在思想界发生影响的刊物了。到章士钊在日本办的《甲寅》杂志出版以后，思想界才另有开了一条新路。

《甲寅》也是谈政治的刊物，但是他的谈政治和当时一般的刊物不同，他是有一贯的主张，而且是理想的主张，而且是用严格的理性态度去鼓吹的。这种态度确是当时的一副救时良药。在当时举国人心沉溺于现实问题的时候，举国人心悲观烦闷到无以复加的时候，忽然有人拿新的理想来号召国民，使人豁然憬悟现实之外尚复别有天地，这就是《甲寅》对于当时的贡献。

民四，民五，正是政治上极黑暗的时代，梁启超在《大中华》上已主张抛弃政治，专从社会改造入手，章士钊在《甲寅》上驳他的议论，仍主张应注意政治。后来的文化运动是跟着梁启超的主张走的，章士钊的主张似乎失败，但梁启超虽然主张从社会入手，他却并没有给后来的文化运动指出新路，章士钊虽然也并不知道新文化运动是甚么，但他无意间却替后来的运动预备下几个基础。他所预备的第一是理想的鼓吹，第二是逻辑式的文章，第三是注意文学小说，第四是正确的翻译，第五是通信式的讨论。这五点——除了第二点后来的新文化运动尚未能充分注意外——其余都是由《甲寅》引伸其绪而到《新青年》出版以后才发挥光大的，故我们认《甲寅》为新文化运动的鼻祖，并不算过甚之辞。

《甲寅》出版以后不久，中国的时局就变了，袁世凯被护国军气死，中华民国重新光复，气象为之一新。但是政治上的腐败还是依旧的，社会上的消沉也还是依旧的，言论界的无声无臭也还是依旧的。《甲寅》这时因为章士钊参加政治运动的缘故已停版了。章士钊的朋友陈独秀归国在上海办了一个杂志名叫《新青年》。最初出版也不过是做些勉励青年的普通文章，并没有什么特色，不过因为《新青年》做文章的人有一多半都是《甲寅》上做过文章的人，《甲寅》式的通信又早已引起青年自由讨论的兴趣，因此《新青年》出版未久就得了人的注意。那时候正是国会里为宪法中定孔教为国教的问题闹得厥声沸天的时候，陈独秀抓住了这个题目，在《新青年》上大肆攻击，根本反对孔、孟的学说，认为是专制的护符。孔学在维新以后本已失了旧日独尊的地位，不过像陈独秀这样明目张胆彻底加以攻击的，却是二千年来所仅见。他的主张虽然引起一时的反对，和他讨论这个问题的人也很多，但毕竟因为他的态度勇敢之故，在当时思想界上印下一个极深的印象。

单是反对孔教，《新青年》在思想史上还占不了像后来那样高的位置，因为孔教的权威早已丧失，诚心尊重孔学的人已经很少，孔教会派那种荒谬复古的举动，稍有常识者都不肯赞同的，因此陈独秀的反对孔教，只算是打死老虎，没有什么多大的新奇，到胡适的改革文学的主张发表以后，才算另外有了一种更大的新贡献。

胡适的《文学改良刍议》发表于民国六年一月，最初只是和平的讨论，但自陈独秀、钱玄同等参加了这个讨论以后，态度遂由和平而趋于急激，陈独秀发表了《文学革命论》，才明白举起文学革命的旗子，主张白话的写实文学。以后的文学运动跟着这条路走，发展得很快。

这时候思想改革的新机一动，就不是仅仅改良文学和反对孔教两件运动所能限制的了。因为反对孔教，故在消极的方面有彻底反对旧日礼教的运动；因为主张白话文学，故在积极的方面有接近平民的种种运动，新文化运动的机会遂渐渐成熟了。

到了民国七年以后，《新青年》的主张已经发生种种反响，青年界大多数同情于这些运动，北京大学学生组织一个新潮社，出版杂志名叫《新潮》，英文译名叫做 The Renaissance，就是文艺复兴的意思，可见那时参加运动的人已意对于自身的地位有了一种觉悟，已竟成为一种有意识的总合运动了。《新青年》七卷一号，发表一篇宣言，明白表示他们主张是拥德先生和赛先生，德先生是德谟克拉西 Democracy，就是民治主义，赛先生是赛因斯 Science，就是科学，这样将文化运动的方向和内容都规定得更清楚了。不过可惜《新青年》以后并没有切实向这个主张去发挥，新文化运动以后也没有切实往这个方向去走。

《新青年》所引起的反响是什么呢？《新青年》的主张与当时社会公认的信条正相反对，其引起守旧派的不满是当然的，不过我们却不可过信以为当时守旧派对于新思潮是如何明目张胆地来反攻，这种想法是错误的。《新青年》的影响仍然是在大多数青年之中，守旧派看到这个杂志的不过是极少数，看了有力量能够加以反对的更是少数中之极少数，因为大多数的守旧派都是无意识的守旧，他们只是知其然而不知其所以然，要他们说出一个反对的理由是非常之困难的。因此反对者虽多，而出来说话者只有一个林纾，所说的话又非常浅薄无聊，就可见守旧派伎俩之薄弱了，但是我们再反过来一看，自《新青年》出版以至今日，宣传新思想新文化已经十年，然而社会上依旧过的是旧礼教的社会，政治上也依旧是传统的孔教式政治，可见新思想的力量也并不十分雄厚了。

平心而论，当时的新文化运动——《新青年》时代的新文化运动——不过仅仅有一股新生蓬勃之气可爱罢了，讲到内容上是非常幼稚浅薄的，他们的论断态度大半毗于武断，反不如《甲寅》时代的处处严守论理，内中陈独秀、钱玄同二人的文字最犯武断的毛病，《新青年》之不能尽满人意在此。但是我们若从另外方面一想，若不是陈、钱诸人用宗教家的态度来武断地宣传新思想，则新思想能否一出就震惊世俗，引起绝大的反响尚未可知，可见物各有长短，贵用得其当罢了。

《新青年》时代，新文化运动只在酝酿，尚未成熟，故我们只能谓之为黎明时代。直到民国八年的五四运动起后，春雷一声，才将新文化运动从摇篮中扶养成熟起来。

第二十一章　新文化运动的成绩

新文化运动萌芽于《甲寅》时代，产出于《新青年》时代，而到"五四"以后才算成熟。"五四"以前，尽管《新青年》的论调怎样引人注意，究竟效力所及到的还是一小部分，大多数的国民对于他们的运动不识不知，并感不到什么压迫。"五四"以后就不然了，全国的罢课、罢教、罢工、罢市种种风潮层见迭出，全国的小刊物，用白话撰成的小刊物，风起云涌，普及于各地。各国的政治运动、社会运动、家族运动种种潮流日盛一日，直攻到睡眼蒙眬的太平社会的中心来了，新文化运动已经不是仅仅咬文嚼句的书生运动了，他成了一种潮流，一种猛厉无前的潮流，将旧社会的权威席卷而去。这是谁的功劳，是"五四"运动的功劳。

五四运动以"内除国贼，外保国权"为口号，实在是一种极壮烈的国民运动，它的发动受新文化运动的刺激影响不少，它的结果却也给新文化运动以一种绝大的帮助，这就是政治运动与文化运动互为因果的好例。

从民国八年五四运动以后，到民国十二年底，是新文化运动的极盛时代，过此以后，多数人的精神才力多转移到政治方面，文化运动虽然照常发展，但声势上就未免减色一点了。

这几年来的文化运动，虽然内容浅薄杂乱之处也难免很多，但大体上总是有成绩的，其成绩约分以下的几方面来叙述。

甲、哲学及思想方面

一、世界哲学思想的介绍。"五四"以后，新文化运动正盛之际，适会美国的实验主义派哲学家杜威博士被请来华讲演，所给予中国思想界的影响非常之大。他的平民主义政治思想和教育思想，他的实验主义的哲学思想，在后此数年内很有势力。杜威走后，又请英国哲学家罗素来华，他的数理哲学虽了解者很少，但他的社会改造学说却引起许多人的注意。此外尚有德国的杜里舒博士，美国的孟禄博士等相继来华，但在影响方面效力就较小了。除了请人讲演以外，翻译的哲学思想书也不少，就中以尚志学会丛书较为精审，共学社丛书种类甚多。

二、玄学与科学的论战。民国十二年春间，张嘉森在北京清华学校讲演，反对科学的人生观，丁文江在《努力周报》上著论为科学辩护，主张打倒玄学鬼，于是一场玄学与科学的战争就起来了。两方面参加的人有胡适之、梁启超、范寿康、唐钺、任鸿隽、林志钧、张东荪、王星拱、吴稚晖、陈独秀等人，为这个问题所作的文章约有三十万言之多，真是一场空前的大论战。

三、东西文化问题的讨论。东方文化与西方文化的争论，老早就成为问题，《新青年》上李大钊已有文字讨论这个问题，其后继续对这个问题发表意见的有傅斯年、罗家伦、常乃悳、梁漱溟、胡适诸人，不过都是零碎见于报章，并未成为针锋相对的讨论；就中梁漱溟著《东西文化及其哲学》一书，主张西洋化、中国化、印度化三种文化相继进行，在一时颇引起人的注意。

乙、国学方面

国学本来不成一个名词，此处只是循俗沿用而已，内容约包括历史学、文字言语学、考古学等项。约有以下几种发展。

一、考古学的发展。清代受了考据学的影响，考古方面颇有成绩。清德宗光绪二十八年河南汤阴发现商代甲骨文字，民国十三年河南孟津和新郑又发现许多古铜器，这些发现都给考古学者以许多好的资料。关于甲骨文学的研究以王国维最有心得。这些研究虽然于思想界没有直捷的关系，但使学者对于古代制度文物得有正确的观念，也是考古之功。

二、历史的整理和提倡。中国的历史本来发达，自文化运动普及以后，历史学的成就更多。梁启超著《中国历史研究法》及各种小史，于提倡历史研究的兴味上功绩最大。此外如陈垣专研究古代外国人同化于中国的历史，柳诒徵著《中国文化史》等，都有功于历史研究。

三、疑古的风气。新文化运动以后，一般人对于历史都持重新估定的态度，故新发明理论很多。于古代历史家则推重章学诚和崔述的疑古著作。在这一方面有成绩的，以顾颉刚用力最勤，他所著《古史辨》一书，在思想界颇有影响。此外胡适、钱玄同等也很有成绩。

四、小说、戏剧的考据整理。新文化运动以后，小说、戏剧的地位顿然增高，因此学者也就有用力于这一方面的。就中以胡适的成绩最高。他所著的《水浒考证》《红楼梦考证》等，都是很精审的著作。此外如顾颉刚、郑振铎等在这一方面也很有贡献。

五、文字音韵学的研究。清学本以文字音韵学为主干，民国的学者承继这种风气，精于此类学问的人也很多，如章炳麟、钱玄同等皆其著者，不过尚没有什么很大的成绩，对于思想界的影响更加微小。

丙、文学方面

新文化运动本以文学革命为主要旗号，故比较上文学方面的成绩也最大。其间可分以下数种：

一、小说。小说在近代中国之被认为有文学上的价值，是自林纾翻译《茶花女遗事》起，新文化运动以后更加被人重视。近年来翻译的小说很多，尤以俄、法两国的小说家最受欢迎，日本小说也颇流行。国外小说家翻译作品最多的是莫泊三、柴霍甫、武者小路实笃诸人。所译者多数系短篇，长篇则很少。国内最成功的小说家自然要推鲁迅，他的小说具有很有力的讽刺而又不失乡土的风味，确是一个成功作家。其余如叶圣陶、谢冰心、王鲁彦、郁达夫、张资平、黄庐隐等亦均各树一帜。他们的小说大半是诉出社会的不平，故于思想运动很有关系。

二、新诗。新诗即自由诗，是新文化运动以后的一种新发明，最初开创风气者为胡适的《尝试集》，但内容未为成功。初期的作家有名者为康白情之《草儿》，俞平伯之《冬夜》，谢冰心女士之《繁星》与《春水》。俞氏的作品艰涩不如康氏之自然明快，冰心的作品婉丽多姿代表女性的色彩，摹仿者颇多。其后这三家都不继续努力，继起者有郭沫若一派的犷悍，徐志摩、闻一多一派的雕琢，高长虹一派的神秘，结果都欠自然，就未免都堕入诗的魔道了。

三、戏剧。戏剧以翻译为多，郑振铎之译《俄国戏曲集》，洪深之改译王尔德等的作品，最为有名。郑氏的翻译不能供实际的演习，洪氏的改译颇合中国语调，不失为一种成功。此外努力于戏剧运动的有陈大悲、蒲伯英、余上沅、熊佛西、田汉诸人，但均无成功。要之中国的新剧尚未成熟，观众不能了解戏剧，戏剧家也不能了解观众，所以只得让梅兰芳、欧阳予倩一流的改良旧剧在舞台上大出风头了。

四、散文。白话的散文约分长短两种，长篇散文大致属于议论的为多，以胡适的文章最有条理。短篇的则属于讽刺或抒情之类居多，以鲁迅（周树人）、周作人兄弟最著名，他们的小品文字不但在文体上青年界模仿者极多，就在思想上也很有势力。

此外艺术如音乐、绘画、雕刻等都没有什么天才出现，无可述之价值。

丁、教育方面

中国人本来是素重教育的民族，近八十年来政治社会的改革，教育家的贡献最大，新文化运动以后，教育界受了影响，颇有生气，兹分几种叙述如下：

一、国外教育思想的介绍。杜威博士来华讲演他的平民主义的教育，自此以后平民主义在教育界占势力极大，后来美国的孟禄博士等相继来华，平民主义更盛极一时了。

二、职业教育的提倡。职业教育是与平民主义相伴而起的一种思潮，提倡者为黄炎培所领袖的江苏省教育会一派。黄于民国三年曾主张实利主义的教育，后来提倡职业教育仍是此意。

三、新教育制度的改革与创造。平民主义传布以后，教育制度遂有改革趋向美国式的组织。民国十年全国教育会联合会所议决的新教育系统案就是美国精神征服中国教育制度的表现。其后舒新城等提倡道尔顿制的教育，也是摹仿美国新创的制度。此外有常乃惪著《全民教育论发凡》一书，颇有新理想，惜未整理为统系著作，故不为教育界所注意。又胡适曾提倡书院式的学校，其言也很有价值，可惜尚未有人加以实验。

四、国音统一与小学校教白话文。教育上受新思想影响最大的事情就是小学校一律教授白话文，这是民国九年教育部的部令，这个部令确是很重要的一种改革。此外教育部又附设一个读音统一会，制定三十九个注音字母，于民国七年颁布全国，对于国语的普及也影响很大的。

五、国家主义教育的鼓吹。当美国式的平民主义教育正盛极一时的时候，教育界突然起了一支异军，这就是国家主义的教育，主倡者为李璜、余家菊、陈启天诸人，组有国家教育协会以谋发展。他们的主张如收回教育权，取缔教会学校，实行军事教育等，近数年都一一见诸实行。

六、党化教育的实行。国民党自十三年改组以后，遂鼓吹一种党化教育的政策，即以国民党的主义强制灌输于受教育的儿童，以及举行纪念周，读《总理遗嘱》等。北伐成功以后遂以之推行于全国。民国十七年大学院召集全国教育会议，因党化教育名词不佳，改为三民主义的教育。发挥党化教育理论的有王克仁的《党化教育概论》一书，颇能适合潮流。

戊、社会运动方面

受新思想潮流影响最大的，除了文字学以外，要算是社会运动了，其发展约分以下几种：

一、家庭与婚姻的改革运动。《新青年》出版以后，有易家钺、罗敦伟等组织研究家族问题的团体，并实行对家庭的奋斗。潮流一开，青年男女对旧家庭的反抗，就几乎遍了全国，主要的问题自然是在本身的婚姻问题。浙江的学生施存统曾著文主张非孝，颇引起旧社会的非难，但近年来父母对子女的权利究竟减缩多了。

二、两性交际及其他问题。中国男女分别的界限最严，近年来突然解放，大中小学多数均男女生同招，男女可以自由交际做朋友。章锡琛主编《妇女杂志》及《新女性》，主张妇女解放尤力。张竞生等《性史》等书，主张肉体的解放，更风行一时。

三、女子地位的增高。新文化运动以后，女子的地位顿然增高，在学校有与男子同受教育的权利。国民革命成功以后，女子参政的机会更普遍。依据国民党的党纲，女子更与男子有同等的财产承继权，如果真能实行，女子在社会上的地位更加稳固了。

四、社会主义的流行。欧战以后，受了世界潮流的影响，多数人都鼓吹社会主义起来。本来社会主义的思想在欧战以前就已传布于中国。民国元年江亢虎等组织社会党，后为袁世凯所解散，又前清末年吴敬恒、李石曾等在巴黎留居时，已宣传无政府主义。后来有刘师复者鼓吹无政府主义最有力。"五四"以后各派社会主义的学说都相继介绍入中国，研究信仰的人也渐渐多起来。除共产主义外，以徐六几、郭梦良等所提倡的基尔特社会主义在思想较有影响，但也未能为实际的发展。

五、劳工运动的发展。社会主义的运动以工人为主体，故社会主义流行以后，工人运动就因之继起。最初有铁路工会，其后逐渐发展各种工会。最初做劳工运动的人，并不专属于共产党人，如湖南被官厅杀戮的工运领袖黄爱、庞人铨即属于无政府派。其后中国共产党得第三国际之帮助，于是工人运动遂分共产、非共产两派,而共产派势力雄厚,卒将反对派一一铲除,统一工运。国民政府清党以后,虽表面上共产势力稍杀,但实际上犹在工人组织中伏有潜势力很大。

六、共产主义的蔓延。自苏俄革命以后,共产主义即间接输入中国。民国九年陈独秀等组织中国共产党,其后党势逐渐发展。民国十三年加入国民党以后,势力更巨,就将一切社会主义的异派都压倒了。

七、农民运动的发展。中国工人本占少数,故社会运动以工人为主体,势不可能。故共产党得势以后,即竭力发展农民运动。在广东各地组织农民协会和农民自卫军,专和乡间的地主及民团抗衡。共产党失败以后,犹赖农军的势力出没湘、粤、赣、鄂诸省,造成游击的局面。

……

以上所述都是这几年来新文化运动的成绩,其余如社会科学、自然科学方面,虽也有人努力,但成绩甚少,也就无足深述了。

中国文化史十五讲

序

关于这本《中国文化小史》,我有几句要表白的话:

这部书自然是很简陋的,不过就目前的出版界看起来,似乎还不无一看之价值。其中如中国上古文化之多元说,如商朝与在古代东方民族的关系,如封建制度与驻防制度之比较,如韩非子集上古学术之大成说,如阴阳家为海国民族思想,应特别注意研究之类,都是很值得注意的问题,将来想提出来单独研究的。

这部书最抱歉的是因为没有正确的中西对照年表在手边,不能将中国历史上的年代一一换算为西历纪元,在初学者读起来或者稍感困难一些。此外因为自己没有工夫作索引,又请不到帮忙的人,只好暂缺了。

我希望这本小书能给读者多少对于中国文化了解上的一点帮助,这是很荣幸不尽的。

中华民国十七年六月

著者于上海

第一章　甚么是中国文化？

文化的意义

中国民族是有文化的民族吗？我想任何人都可以不迟疑地答道："是的"；中国的文化究竟是些甚么东西？我想任何人都不能立刻就回答出来。文化本来是个涵有极复杂意义的名词，不是用简单的话所能包括尽的。我们通常的见解，以为文化史就是思想学术的历史，这个观念是错误的，思想学术不过是文化的一部分，还不能就代表了文化的全体。文化是从学术思想到饮食起居全部的生活状态的抽象名词。围绕着我们的一切，都是文化。而且文化还不仅仅是代表物质上的生活，他更代表着人类精神上的努力，一切的道德、理想、组织、制度都是文化的表现。因此文化是一个极广大的名词，不是三言五语所可包括得尽的。

研究中国文化问题之困难

文化虽是个内容极复杂的东西，但是近代经许多西洋社会学家、历史学家的努力，对于世界人类的文化状态已经研究到相当的精密程度，我们有志研究世界文化史的人，只要找几部相当有名的著作来翻读一下，就可得了个大概的观念。但是研究中国的文化问题就不能如此便利。我们的历史虽也丰富，但未经相当的整理；我们的社会调查丝毫未经着手；我们的考古学、人种学、地质学都未发达；我们不能在这些准备未完成以前，就希望有好的文化史出来。真正完备的文化史之出现尚须有待。

研究中国文化问题的几条歧路

自然，我们不能说在诸种准备未完成以前，就不许人作中国文化的研究，因此研究中国文化史的人还是很多。不过在现今研究中国文化的历史，最怕走入几条歧路。有一种人绝对相信古书，以为凡古书所载都是真的，结果虚伪者认为真实，矛盾者代为弥补，支离破碎，有百伪而无一真，这种文化史是无价值的。还有一种人偏好偏爱，对于文化的史迹任意以私见去取，结果所谓文化史者，只是一部分生活，或者制度，或者思想的历史，偏而不全，也是不配称作文化史的。还有一种人以为文化史的责任只在呆板板地叙述几种固定的事实便算完了责任，殊不知文化史的责任是在给后人指示出一个以往国民努力和进步的痕迹，对于动的方面的描写更要于静的方面的描写，尤其是纪录国民文化史的人，对于自己民族所受或所给与其他民族的影响是万不能忽略过去的。

正确的来源

我们现在做中国文化史的研究，第一步就要注重材料来源的正确与否，这件事虽似困难，但也有相当的凭藉。因为近三百年以来，中国学者对于考据真伪书籍的工作已很有成绩，我们根据这种成绩去做进一步的研究就比较容易些。我们在研究的时候，对于已判明系虚伪的材料，应该绝对摒弃，不可引用；对于虚伪成分较多之材料，也应审慎引用，并注明其怀疑之点；对于普通的材料，偶有疑问，也应提省；总之与其轻信，不如轻疑，这是治学的最要方法。不过中国一切考古学、地质学等都未发达，在研究古史的时候，倘若完全不信任书籍，则无从着手，故书籍之采用亦为不得已之举，不过须审慎引用罢了。

平均的叙述

文化史非政治史，也非思想史，其内容应该包括国民全体的精神和物质进展的状态在内，所以编制最难。稍一不慎，即有偏重之虞。理想的文化史，应该对于民族成绩的各方面加以公平的叙述才是。

活动的描写

要表现出国民的精神和物质的进展状态，有时便不能不抛弃板滞的记录而加重生动的描写。因为有时具体记录所表现不出的内在精神，非用抽象的理论加以解释不可。故理想的文化史必多少带有史论的性质，不过不可空论太多，影响事实的真相罢了。

我们这本小册子的主旨

本书是一种通俗的小册子，与专门著作不同，故所探事实俱皆一般承认之事实，务求以通俗之描写使读者知中国文化进行之概况，一切枝节问题多避而不谈。

中国文化之八时期

在分章叙述之先，对于中国文化的进展情形作一个大概的叙述，是很必要的。就一般研究起来中国民族的文化发展大约经过八个时期：第一个是自太古至西周的宗法社会时期；第二个是春秋战国时代的宗法社会破裂后文化自由发展的时期；第三个是秦汉两代统一安定向外发展的时期；第四个是魏晋六朝民族移徙印度新文化输入的时期；第五个是隋唐两代民族同化成功新文化出现的时期；第六个是晚唐五代宋朝民族能力萎缩保守思想成熟的时期；第七个是元明清三朝与西方文化接触逐渐蜕新的时期；第八个是晚清以至今日大革新的时期。

古代之文化

本来就民族进化情形看来，尧舜以前和尧舜以后的中国社会情形是绝对不同的。尧舜以前中国民族尚在野蛮时代，社会的组织是游牧组织，并不固定，到尧舜以后才逐渐有固定的农业生活和宗法组织出现。故事实上古代文化应分游牧文化与农国文化两期。不过游牧文化无书籍可考，现今考古学又未发达，故此时代的材料甚为缺少，只得附见于宗法社会期内了。

春秋战国时代

中国民族的精神和物质到这个时期都大有进步，进步的重要原因是从前许多异民族到此都同化了，同化之后自然发生出绝大的光芒来。这可算得我们民族最光荣的时代。

统一帝国之出现

经过了春秋战国的民族融合和思想竞争，便自然产出秦汉的统一大帝国来。所有统一帝国的好处如和平、进步、发展，坏处如专制、腐败、愚暗，都在此时期尽量发挥出来。

怀疑的时代

汉朝大帝国到了东汉，便已因腐败而呈了种种不安的现象了。到了西晋，思想上的怀疑和民族上的移徙同时并起，造成了历史上的黑暗时代。但是恰好印度文化结晶的佛教挟民族移徙之势以侵入，救济了思想上的饥渴，而对于团结异民族使之同化也有功效。

新建设的成功

到了齐梁以后新文化的建设已逐渐成功，而民族的同化也成熟了，于是产出了隋唐两代的新帝国，在这新帝国中虽然也时有变乱发生，但无处不表现民族和个人的伟大魄力来。

保守的时期

隋唐大帝国之所以成功，根本原因由于民族的混合，不幸这个工作尚未成熟，便启了安禄山之叛乱，帝国又复分裂。一直二百多年的内乱将中国民族的精神萎缩殆尽，到了五代宋初，外交上的屈辱现象，政治的苟安空气，学术上的保守思想，都纷纷出现了。宋朝一代我们不能说他没有文化，但只是暮气民族的文化。

新时代之曙光

因为这种暮气的文化，中国遂召了契丹、女真、蒙古、满洲四次的征服。也幸而因为这种征服，才开了历史上第二次与西方文化接触之端。从元明到清初都代表了这个新时代开幕前之状况。

新时代之出现

到鸦片战争一役，揭开了这个新时代的幕，底下跟着的是民族的屈辱和觉醒，西方文化之输入，目前正在激烈变化之中，前途所届如何？虽不可知，但其为酝酿一种新国民的新光明文化之出现，则为一定的事实。

我们的努力

因此，我们现代的青年，对于祖国文化的中兴是负有重大的责任的。文化的复兴可以救济民族的屈辱，文化的衰退就是民族精神萎缩的征兆。中国青年的责任再没有像现在一样重大的。

第二章　有史以前的中国人民

中国历史的托始期

中国是个富于实际性的民族，故历史之起源颇早，不过仔细考察起来，究竟真正可靠的历史起于何时？也很难说的。《尚书》以《尧典》为首篇，相传系夏史官所纪；《史记》则较《尚书》为早，《五帝本纪》托始于黄帝，但自周召共和以后才有真正的年龄可考；其后晋皇甫谧补《三皇本纪》则于五帝以前又提出三皇；宋罗泌著《路史》更溯及开辟之神话。以今日的眼光看来，盘古，三皇固系完全神话，即黄帝的事迹亦尚在可信可疑之间，比较上可靠的还要算《尧典》所纪尧舜之事，虽然现今亦有人对于尧舜禹等时代的史实都加怀疑，但在未经确实证明以前，我们姑且相信自尧舜以后为有史时期，尧舜以前或许已有文字，而尚无书契，只可认为系史前时代了。

最古的人类

因为考古学和地质学在中国都未发达，所以古代东亚大陆上的实在情形尚未能明了。据河南仰韶村所发现的新石器时代的古物，及长城附近发掘之人骨而观，则至少二万年以前中国已有人迹。惟此种人属于何种族？其生活状况如何？概因无详细之研究，不能确知。

汉族西来说之考察

最近八十年来，在欧洲和日本都有一种对于中国民族系从西方迁徙来之学说。其迁徙之时代大约在黄帝时代，从亚洲西部侵入中国，此种侵入之民族大约与古巴比仑民族有关，在未侵入以前，中国本地或有一种土著民族，为外来之民族战胜后始逐渐向西南山地退避，即成为今日之苗族，其新来种族战胜后即占据黄河流域，为今日汉族之始祖。以上这种说法虽不无一部分之理由，然因其根据材料，多不坚固，故尚未能完全成立。但无论汉族西来说之成立与否，总之中国本地在上古必有人类栖息，则为至确不疑之事实。

上古人类分布之状况

普通历史所载上古事迹，多与黄河流域有关。因之人多以为上古人类只居住于黄河中下流，即今山东河南二省一带。其实不然。黄河流域不过是后来文化较发展的地方，其他地方也非无人类的痕迹。如巴蜀，如荆蛮，如獯鬻，如肃慎，其民族必与黄河流域之人类同时或稍后发生。不过后来因环境的关系遂有进化不进化之别罢了。

上古的文化中枢

普通的意见还有一种错误，就是以为上古中国的文化中枢只有一个，就是黄河流域。其实也不然。上古中国因地势和交通的关系，各地方的民族彼此不相往来，容易各自产生独立的文化，乃事理之当然。就我们今日所知，黄河流域以外，尚有几个文化中枢。如山东半岛和江苏北部为东夷族之文化中枢，四川中部为巴蜀族之文化中枢，长江中流为苗族之文化中枢，这都是可信的事实，其他如狒狁，如闽粤诸族虽未开化，然低级的文化亦并非没有的。

黄河流域特别发展的原因

古代民族既系各自发生，何以后来黄河流域的文化独占优势呢？由今推之，大约有几种原因：第一当时长江流域尚在沮泽时代，人类不易栖息，黄河流域土旷地高，较便居住；第二黄河流域土地肥沃，气候温暖便于农耕；第三黄河流域因系平原，与四围诸族容易接触，故进步较速。这三个原因大约都是很主要的。

最初之生活

人类的进化都是从渔猎生活经过畜牧生活而到农业生活，古代中国人的进化当亦不外于此。中国古史虽不可靠，但其一般传说颇能表示社会进化的次第，如谓古帝王有燧人氏、有巢氏、庖牺氏、神农氏等，显然表示一种进化的层次。我们若把这些古帝王完全认为实有，固然不是，然若概认为无稽之谈，不加理会，也非研究初民思想之道。

山居与水居

就古史及一般文字的记载研究起来，中国史前人民的生活大约有山居、水居两种。山居者，中国古代称人民为"丘民"，称群众为"林蒸"，都可证明人类系属山居；水居者，中国的古代货币名都从"贝"字，可证明系水旁民族的生活。不过这些文字之证尚未足为强有力之证据，真正证据须待考古学发达以后耳。

最初的饮食

人类最初曾经过生食的时代，是普遍相信的，中国古史也说人类最初系茹毛饮血，至燧人氏出始教民钻木取火，始有火食。燧人氏自然并无其人，不过代表一个时代，这个时代究竟距今若干年，尚不可知。总之自取火之法发明，人类始有熟食，是可断言的。而火之发明，不但饮食有了变迁，即一切生活亦均受其影响而发生进步。故火之出现，可视为文化之起点。

居住的进化

高等动物之营巢、觅穴之本能已发达，故不必待有人类，已有居住问题。石器时代的人多居于洞穴，惜中国尚无此项古代人类的洞穴发现，故不能就以研究原人的生活。至于巢居生活，大约甚普遍，故有有巢氏教民架木为巢之传说。

无衣时代

衣服的出现大约很迟，据史当在黄帝以后。以前的人亦并非完全裸体，不过仅在身上系一块兽皮而已。

用具的进化

古代人类社会由石器进而至铜器、铁器时代，此为普通之次第。中国之古石器近来发掘渐多，其时代似乎很近，大约至黄帝以后才逐渐入于铜器时代。至于舟车箭弓矢等制造，更在黄帝以后了。

社会的组织

古代中国人的社会组织如何？至今亦无确实可靠之证据，大约不外系多数依血统结合的小部落，每部落中有酋长为之统率。古史所谓九皇，六十四民，即此类部落酋长而已。

婚姻的进化

古代人类多属掠夺婚制，其后乃进而为购买婚制，史称庖牺氏始教民以二俪皮制嫁娶之礼，此为购买婚姻初起之时。

财产与货币观念

最古的人类都是实行一种部落的共产制，即一群之中有公共的财产而无私人的财产，私有财产的起原大约承牧畜事业已经发达之后。神农氏教民日中为市，是不但财产私有而且有交易行为了。货币的使用大约亦始于此时。从字形"财""货"等字之从"贝"旁，可想见最古货币之使用必起于东方海滨居民，或者古代山东半岛一带文化较高于黄河中流也未可知。

最初之宗教

中国最初之宗教如何？我们现在尚不能知，大约不外最低级之拜物教而已。观于尧舜以后多神教尚普遍于中国，可见古代也不会更高的。其所崇拜者大约多系动植物或无生物，后来才渐渐以英雄伟人当作崇拜的对象，这种人神杂糅的现象一直经过了好多年代。

文字的起原

古代人类以结绳代文字，真正文字的起原，未确定在何时。史虽有仓颉造字之说，然文字系逐渐演化而来，绝非一人所能造成。八卦或即为最初的文字或数码，其后乃有象形文字出现，大约已到黄帝时代了。

由行国到居国

在游猎和畜牧时代，人类都是迁徙往来无常处的，到了农业时代，人类生活才安定。中国的农业生活相传开始于神农，但此时也不过一部分人民进步到这程度而已。观黄帝时代尚以师兵为营卫，迁徙往来无常处，可见农业生活到那时还没有普及。

部落的合并

原始部落因战争、婚姻或其他关系，逐渐由小合并成大，渐渐有大的首领出现，这种情形大约自黄帝时代为始，黄帝和蚩尤都是当时的大首领，与从前的小部落情形就不同了。

由女性中心到男性中心

古代是否女子权力大于男子，尚不可知，但至少其部族的团结是从女系的。文字上"姓"字从"女"从"生"，表示"女所生也"之义，这就是代表古代姓的观念。其后血族的部落打破，有了超血族以上的政治联合，才以强有力的男性为中心。

政治组织之进化

最初部落系以血统为结合，故其组织很简单，仅有酋长一人为领袖，其后慢慢分化，一部落之中有专司宗教的巫史，有专司战争的武士，而后有统摄各部落的"皇"或"帝"出现。官制也逐渐复杂，据《左传》所载官制起于伏羲，但颛顼以后始以民纪官，大约颛顼以后才渐渐有职官之设备了。

战争之进化

战争是自古就有的，不过最初时代只有小规模的部落争斗而已，到部落渐大，战争也就渐大。黄帝时代与炎帝，与蚩尤皆有战争，虽其事未必可靠，但战争之进化大约起于此时。武器如弓矢等也在此时应用起来。

美术的起原

原人的美术观念发达颇早，石器时代的壁画已可表示其美术观念之一部分，惜中国尚无此项壁画发现。音乐之类则相传创造于黄帝，衣服与宫室也自黄帝时代才有规模。

第三章　宗法社会与封建制度之进化

洪水之袭来

中国的社会大约自黄帝以后才算有了文化的曙光，但黄帝以后曾经有过一个大洪水的时代，所以洪水以前的事迹就都不能深考。就地质学的研究，第三纪的后半期本有一个大洪水的时代，但其时期至迟也距今两万五千年以前，与中国史上的年代似不相符。因此中国尧舜时代的洪水究竟是大洪水的余波呢？还是另外一次变动呢？尚不可知。

有史时代的开始

总之，自洪水以后中国人民才算入于有史时代，第一部古史《尚书》的第一篇就托始于此时。其年代大约在公历纪元前。

所谓黄金时代

洪水以后，有史时期的开始，即尧与舜统治的时代，旧史所目为中国的极盛时代。其所称述的虽不尽可信，要之自尧舜以后中国才有了相当成熟的文化，是可以这样说的。

贵族政治的成立

尧舜时代最显著的表现，即贵族政治已完全成立。尧舜的禅让并非君主私人的授受，而实为贵族间公共决定的行为。当尧的时代，一切命官，行政都须咨询四岳和百僚的意思，而尧本身的得立也系由贵族推选而来，可见其时贵族势力之大。

官制之进化

尧命舜综百揆以后，官制有了大的进步。《尧典》所载命官，有羲和、司空、司徒、士、后稷、秩宗、典乐、纳言、虞、共工等职，甚为完备。

洪水之治平

禹治洪水，为中国古史上一大事迹。虽其详不能深知，然当时对于洪水之祸必有一番抵御的工夫，是可以想见的。自从洪水平以后，才又有平原出现，而稳固的农业社会遂成立了。

天文历象的进步

古代科学之最发达者为天文学，盖因其与农业有关也。《尧典》命官，第一就是羲和，可见其时对于天文极为注重。历代沿用的太阴历，大约也创始于此时，观《尧典》所载自明。

伦理观念的发达

伦理观念也到尧舜时才发达，舜命契为司徒，敬敷五教，又有"允执厥中"等十六字之薪传，开此后几千年中国伦理观念之先河。

君王权力的扩大

尧以前君王权力极小的,到舜、禹二代,大有为的君主相继执政,中央政治修明,君王的权力遂逐渐增大。尧之初四岳举鲧治水,尧虽不愿而不得不姑命其往试之,到舜摄政后就敢将鲧治罪,其他共工、灌兜、三苗等也都分别治罪,禹即位后更有戮防风氏之事,禹死不传他人而传子启,这都可证明中央政府的权力已非昔比了。

农业社会的确定

中国的农业生产发达当较早,不过经过洪水的破坏已有的农业基础难免不受动摇,故到尧舜时代几有从头做起之事。舜命弃为后稷,益为虞,随着禹到处平治水土,开辟山林,教民耕稼。经过这一番努力之后,才渐渐走上农业的轨道。到了夏朝就变为纯粹农业国了。后世所传《夏小正》,虽未必即夏朝的官书,然其与夏朝不无多少关系,是可以断定的。

夏的文化

夏朝一代虽然相传有四百年之久,但是记载非常缺乏,孔子已经说过"杞不足征"的话,何况在今日呢?所以我们对于有夏一朝的文化竟是很茫昧的。大致推想起来,当时已到相当的农业发展时期,人民的生活朴质而有秩序,其政治根据地在山西西南部。不过当时尚系部落割据时代,中央政府权力虽较前扩大,然终久有限,各地侯国仍然保独立的权力罢了。

《洪范》的伦理观念之研究

有一件事情值得人注意的,就是到了周初有一位商朝的遗老箕子述了《洪范》一篇含有哲理性的文字,据说是根据夏禹的思想。《洪范》中以五行支配宇宙及人生一切的事理，演成一种系统的哲学观念，后来对于中国思想界影响甚大。假如夏时真正有了这种系统的思想，则我们不能不认为很值得注意的。不过我们在夏时遗下的文献中，似乎还找不出这种痕迹。《甘誓》中虽有"威侮五行"之语，但很简单，并无《洪范》那样的繁复。依我们看来，《洪范》的哲理不但非夏时代的人所能及，抑恐非箕子所演。大约系西周中叶的人所作，不过托古人之名以发挥其理想罢了。

商朝的崛起

夏朝的相传是继续了四百余年，至末代君主桀为今河南东部一国名商者所灭。从此遂入于商朝时代。商朝的事迹自从清末的甲骨文字发现以后，似乎比较夏朝考证的材料多些，不过因此头绪越是复杂。即如商朝的年限普通说是六百余年，比夏为长，而据甲骨文字考来似乎比夏朝还短，此外如君制的名字，代数，以及其他等等，都尚未得正确的答案。

商朝民族的研究

现在一般史家对于商朝民族的来源，似乎尚未注意研究，不过就历史的记载考察起来，商朝与夏朝似乎绝对不是一个民族。夏朝的社会早已入于农业时代，文化早已脱离游牧国的性质，但到商朝兴起以后，反而有复返于游牧社会的状态。商朝的君主都好打猎，又好迁都，商朝人民很尚武，又迷信鬼神。这些都和夏朝不同。夏朝对于农业非常注意，而商人则不闻如此。这些都是值得研究的问题。

商人与古代东方民族之关系

依我们看来，商人一定和夏人不是一种民族，夏人是古代开化最早之民族，即所谓"诸夏"族者，而商人则为沿淮水流域一带居住之开化较迟之东方民族，古代叫做东夷。这种民族直到夏末还未脱游牧社会武健之风，故能取夏而灭之。其证据约有数种：一商人灭夏，迁桀于南巢，南巢在今安徽，大约即商人的根据地，故迁夏后于此以监视之；二东夷民族最迷信鬼神，而商人亦如此，可证其宗教相同；三商亡之后武庚作乱，尚得东夷之助，可见商与东方民族必有密切关系；四商代霸国相传有大彭、豕韦，大彭在今江苏北部，豕韦在安徽或湖北，其后周朝中叶又有徐国，亦文化甚高。像这些似乎都不能不说与商人直接间接有关，否则何以这些地方到春秋反成了蛮夷之区呢？以上不过略举证据证明商人与古代东方民族之关系，其详俟另考。

商朝文化之特色

商人因为民族不同，故其文化颇多特色，不与中国的伦理思想相合。今略举之如下：一商人迷信鬼神至烈，每一举动必请命于神或祖先，观甲骨文字之来源可知；二商人好游猎，从甲骨文字上也可看得出来；三商人轻于迁都，犹未脱游牧社会风气；四商人传位兄弟，不似夏或周之传子；五商起名字都用甲乙等干支作号，此风似起于夏末；六商人尚质，重意气，敢于牺牲，故末代君主纣卒自焚死。这些都是商朝文化的特色。

周朝的兴起

商朝灭夏之后，一面发挥自己民族的特质，一面继承古代中国的文化，到其末年，文化已经分布的区域很广了。山西西南部是尧舜禹的旧根据地，自不必说，河南全省是商朝的政治中心，山东西部，安徽北部是与商朝同民族的势力范围，其文化也都必甚发达。到了末年，汉水流域也慢慢开化了。于是陕西中部的西方民族，乘初开化的结果，侵入中原，灭商而代兴，遂建立周朝。周人与商人虽同自称为黄帝子孙，其实依我们看起来，商人是东方民族，周人是西方民族，都不是原始的诸夏人种。

东西民族之冲突

因此商周的递嬗不但是朝代的递嬗，实在还是民族的递嬗。商朝自失败以后，东方民族不甘屈服，遂于周武王死后，乘成王幼小，周公摄政之际，拥商纣之子武庚起而作乱，武庚的叛乱不止是复国的运动，实在还含有种族的意味。到武庚平后，淮夷、徐戎还为患多年。一直到周穆王时代，还有徐偃王的霸业出现，可见东方民族的强硬了。

周朝对付东方民族的策略

周朝对付东方民族的策略有两种，一种是用兵力去屠灭他们，如《诗经·鲁颂》中所载鲁公伯禽平淮夷的功绩至再至三，可想见为当时一大事，周公营东都于雒邑，也就为的是镇压东方民族。不过当时东方民族的抵抗力也很大，所以终久不能纯用武力去对付，因之一面不得不采用怀柔的政策，除了封微子于宋以奉殷祀外，对于殷商的宗族和贤人如箕子、比干、商容等也都生荣死哀地崇拜起来，这样才渐渐辑了东人反侧之心。不过周人对付东方民族的最大策略，还在他的封建制度。

封建制度之创造

上古时代虽是列国割据的时代，但不能叫做封建时代，因为封建制度是由天子授土地于功臣，在上古各国都是独立的部落，他们的土地系传之于祖宗而并非受之于天子，因此不得谓之封建制度，因此也就对于中央没有什么必然的义务和权利。夏商两代大约都是如此，所以孟子说"武丁朝诸侯而有天下"，那时诸侯对于天子只以朝觐与否表示服从不服从的。《史记》说"商道五兴五衰"也是这个意思。到了周朝，才有更进一步的封建制度成立。

封建之情形

封建制度是否纯为周人所自创，抑或自商朝已有萌芽，我们不知道，不过封建制度到周朝才算大成，乃是事实。周初封建的意思也许因为商朝的潜势力太大了，所以不得不分封自己的部落功臣去镇压各地。因为周朝本是个小部落，而东方民族则部落很大的。故封建制度本意即是和后来清朝的驻防政策一样。观其封周公，太公于齐鲁，可见其对东方民族防御之深。其余宗室也都多半分封在河南境内，根本是来统制异民族的。对于自己的根据地陕西，便不需要这些制度。

周初之文化

周人在武力上虽然战胜商人，但在文事上却不得不采取商人的文化，因为周人本是个很野蛮的小部落，而商人这时则已发达了很高的文化了。夏商周这三朝在种族上虽然各不相同，在文化上却不能说不互受影响。商人采取了夏的文化，而加以自己的新分子，周人又采取了商的文化，而加以自己的新分子。故古代文化到了周朝，已经发展成熟，凡事都有了具体的规模了。

宗法社会之成熟

周代文化最可引人注意的事，便是已发达了极完备宗法社会组织了。这种宗法社会的组织就表现在"礼"上，我们今日所据研究古代宗法社会情形的几部书，如《仪礼》，"大小戴记"之类，虽未必全系记载周代的文化，然必谓周朝毫无关系，也很难说。这种宗法社会的根本原则是亲亲的观念。本来是尧舜以来这种观念便已成为中国伦理的基础，不过到周朝才发展成极有系统的圆满组织。这种组织的说明，不是这本小书所能够的，要自己拿礼当作专门学问去研究才可懂得。

《周礼》之传注

讲到礼，还有一部值得注意的书，便是《周礼》。

这部书从前多相信是周公所作，内容博大繁复，的确可以算得一本好书。不过事实上绝非周初所能行的，大约是战国末年或者汉初的人所理想造出来的罢。

井田制度之传疑

井田制度也是古代史上一大疑案。自孟子首倡井田之说，后来的汉儒纷纷附会，歧说甚多。据后儒解释孟子的意思，夏时是每人分田五十亩，谓之贡。商以后将田书成井字形，每一井分九格。每格七十亩，八家共耕一井，以其中心的百亩为公田，谓之助。周代和商制全同。不过每一格是百亩，谓之彻。总之，古代人民耕地是受之公家，并非私有的。后世对于这个说法，或信或疑，说法不一。大约古代行授田之制，总是事实，然必谓将土地一一画成豆腐干形的方块，则又不然。论古者不可过于拘泥的。

研究古史的今古文之争

三代的记载本来就少，经过秦始皇时代有意的摧残，文献就更残缺不全了。汉儒出来整理，遗书稍稍出现，但因此又引起今古文学派之争。大致西汉初年发现的学派是今文派，到汉武帝以后，孔安国在孔子故宅中找出古文书籍，遂成立古文派。两派对于古代的史迹，说法绝对不同。如古代的兵制、刑制，以及其他政治社会制度，都各执一说。依我们看来，这些说法的根据都很薄弱，所以我们一概不取。

第四章　从上古文化到中古文化的特变期
——春秋时代

封建社会之破裂

　　古代封建式的社会到了周朝中叶，可算发达到了顶点，以后就渐渐往崩坏走了。周夷王以后，政治上的现象一天坏一天，古代淳朴的农业社会至此也渐渐崩裂而商人渐渐得势起来，外面的诸侯也都逐渐跋扈不听中央命令了。这种情形在《诗经·小雅》里表现得最真切。社会到了这种情形，势非改造不可，故经外患一逼迫，立刻便从西周的宗法社会转变成东周的宗法社会与自由竞争的过渡期了。

春秋以前中国境内民族分布之情形

　　从战国以后，中国古代的文化忽然会光华灿烂起来，其最大的原因便在许多异民族的调和。当尧舜时代所谓真正中华民族之根据地不过山西西南部一带，此外四周之地仍然都是异民族的势力。到夏末商初，商人以东方民族代夏而兴，于是河南全省始开化。到周灭商之后，分封宗亲于山东、河南二省，尤以山东之齐鲁两国，影响最大，故到春秋初叶，山东全省除了半岛一部分外，可算完全开化了。但其他各地仍然是异民族的势力。直隶和山西的中部，有一种民族叫做狄的，分建了许多国；陕西的北部，则有一种民族叫做戎，也分建了许多国；长江流域则有楚国及其他蛮夷小国；淮水流域也仍是东夷族的势力范围；直隶的北部一直到辽东，则为东胡族的势力范围，当时谓之山戎。江苏和浙江的吴越两国，那时尚未通中国，此外珠江流域及四川、蒙、藏、新疆等区域更

· 132 ·

是与中国绝无关系了。春秋二百多年的最大成绩便在将这许多异民族逐一吸收进来，给后来造成一个统一中国的基础。

北方民族之同化

对于北方民族之同化，要算晋国的功劳最大。晋是周朝的本家，起初本不算强国。到晋献公时代东西征讨，吞并许多小国，国势骤然强盛起来。他的儿子晋文公战胜了当时最强的敌人楚国，取得了霸主的地位。从此以后晋国继续做中原的霸主凡二百年。晋国因为处在北方，所以与狄人接触甚多。狄人本是古代最强悍的民族，黄帝时代的獯鬻，西周时代的狁，大约都是同种。到春秋初年分为白狄、赤狄两种。白狄分布在直隶中部，赤狄分布在山西东南部。春秋初年白狄的势力最强，灭卫，侵邢，势力侵及河南和山东。幸有大政治家管仲出来帮助齐桓公打败了狄人，救了诸小国的危机。从此便创立了霸主的制度。所以需要霸主的缘故，也就是因为异民族的势力过强，中国列邦分散，非有统一的领袖出来，不能联合抵抗的。齐国虽然一时战败了狄人，但因他本身实力有限，所以管仲一死，齐国便衰了。幸而接着就有晋国代兴。晋国的实力比齐国充足，又继续做霸主二百年，和狄人死命地争持。晋文公的孙子晋景公用阴谋灭了赤狄的大国潞，山西中部南部从此完全开化。后来晋国的势力一天扩张一天，直隶南部的狄人也都被他剪除净尽，最后到战国初年，只剩下一个白狄的大国名叫中山的，苟延残喘了。中山后为赵国所灭，北狄从此完全同化于中国了。

西方民族之同化

西方民族总名叫做戎，也分成许多小国家。

周朝起自西方，大约也和这些种人相距不远。周初国势尚强，故戎人不敢发动，到西周末叶，政治腐败，戎人遂渐渐强盛起来。最后有一个最强的部落犬戎，攻破了周的都城镐，杀了西周最后的君主幽王，幽王的儿子平王东迁洛邑，陕西周朝旧地遂尽为戎人所占，幸而当时有个小国名叫秦的，屡代周力战

· 133 ·

戎人，逐渐扩张领土，成了一个大国。到秦穆公出来，灭了戎人的二十国，称霸于西戎。从此陕西中部逐渐开化。但到战国中叶，戎人还有几个强国，如义渠之戎之类，最后也是被灭于秦的。

南方民族之同化

这里所谓南方民族，是单指长江中流一带的民族的，本来据《诗经》《召南》上考察起来，当商朝末年，汉水流域之一部，即今河南西南部已经开化了。周朝初年将他的本家分建了许多小国于河南南部，也是借以钳制南方异民族的意思。不料这一般姬姓小国里，没有一个争气的，结果竟让南方民族中一个国家名叫楚国的强盛起来。楚的强盛始于西周末叶，到春秋初年遂自称王，将汉水一带的姬姓小国吞灭殆尽，当时与狄人同为中国之大患。幸管仲出来，实行尊周攘夷政策，将楚国北上之势挡住。晋国创霸以后，屡次领袖中原诸侯与楚争衡，虽然互有胜败，然楚国毕竟不能再向北扩张势力了。到春秋中叶以后，楚国因为与中原诸侯接触频繁的缘故，也就渐渐同化于中国，不复有异族的意识了。到了战国，湖北一省便完全成了中国的一部分，而有很高的文化表现出来了。

东南民族之开化

东南民族即在今安徽、江苏、浙江三省之地，其中种族颇为复杂。大约安徽及江苏北部的淮水流域为一种人，此种人与商朝有关系，经西周屡次的剿除，势力大杀，故到春秋初年，这种人竟无显著的国家，也无高尚的文化。楚国强盛之后，全服于楚。后来吴越两国也曾都征服过这些地方，但终久还是属楚的时候多。江苏南部及浙江北部，太湖流域在春秋末年兴起一个国家，名叫吴国。他们自称是周朝的本家泰伯之后，恐不足信。这种人开化最快，强得也最快，对于牵制楚国的势力上很有大影响。但亡得也很快，不久便为他的南邻越国所灭。越国是占据浙江钱塘江东的一个小国，吴强时曾服属于吴，不久即灭吴而称霸于中国。但衰得也很快。战国中叶为楚所灭，其遗民族分布于浙东及福建，都自称越后。

东北民族之同化

东北民族在春秋时代与中国接触较少,只有春秋初年曾有一种山戎侵入燕国,燕国是今京兆附近的一个小国,当时求救于齐,齐桓公出兵打败了山戎,将所得的地方尽送与燕国,到战国时代,燕才强盛起来,列于七雄之一,以后屡次与当时东北最大的异民族东胡争持,扩地至辽河以西,对于开化辽河流域影响颇大。

异民族同化以后之影响

这种民族的同化大约有两种方法,一种是中国人用武力去征服他们,一种是他们慕中国文化之高而自行归化。春秋时代这两种方法都采用的。所以在春秋初年,中国民族的势力还不过河南、山东二省,及山西之一部,到春秋末年,湖北、安徽、江苏、陕西、山西、直隶就完全都开化了。这种开化对于文化上自然不能说没有影响。尤以南方及东南民族之归化影响最大,因为南方及东方民族在古代本有相当的文化,一经与中国文化混合,遂产出战国时期道家阴阳家的哲学,和齐楚诸国的文学来。

封建制度之破裂

封建制度本不是个长治久安的制度,无论在何时,封建制度之下总是不能彼此相安无事的。

不过夏商两代中央政府软弱的时候,虽然诸侯事实上也不免互相侵伐,不过一则史籍无征,二则彼时封建制度尚未到终局破裂的时候,故无关重要。惟春秋的二百多年中则为封建制度之根本破裂的时代,故较堪注意。春秋二百五十二年之中,始则诸侯背叛天子,继则世卿叛国君,终则陪臣背叛其主人,以下犯上之事层见迭出,封建制度之不能维持权威,可以想见。到韩赵魏三家篡晋以后,进入了战国时代,封建制度便完全消灭了。

贵族政治之失势

春秋时代仍是贵族政治鼎盛时代，列国的执政者，如晋之六卿，齐之高国，鲁之三桓，郑之七穆，都是贵族。这些贵族有的是与国君同姓，有的是与国君异姓，他们的参预政治都带有世袭的权力，后来渐渐比国君的权柄都大了。不过到了春秋末年，这些世卿的权力也渐渐被他们的家臣夺去了。结果政权逐渐的下移，逐渐的分裂，便给平民以抬头的机会。加以孔丘等一辈人出来，提倡自由讲学的风气，平民的智识渐渐增高，便开了战国时代布衣卿相之端了。

宗法社会之崩坏

三代以来，到周朝初年造成的一种宗法的社会组织，到此也渐渐崩坏了。春秋时代宗法社会的权威还存在，大家对于"礼"也很讲究，列国君主及卿大夫之酬酢交际，尤重视礼的遵守与否。不过同时弑君，弑父，及一切与宗法社会相反对的事体，也层出不穷，可见事实上宗法社会已行不通了。到了春秋末年，便几乎完全崩坏，虽有大哲学家如孔丘等想出来挽回这个趋势，也无能为力了。

农业经济的破坏

三代的主要生产是农业，这是我们所知的。春秋时代仍然以农业为主要生产，不过因战争及交通等关系，旧日的井田制度当然维持不下去，土地渐渐成了私人所有，自由农业和自由商业制都盛行起来。处于中原的周郑两国，其商业最为发达。不过就大体上言之，还没有战国时代的茂盛。

文化之转变期

总而言之，春秋时代可以视为上古社会到中古社会的一个大转变期。春秋初年的社会和春秋末年的社会，截然不同。我们幸而对于这一部分的历史，尚有《春秋》三传及《史记》等书可根据，故对于这种转变的情形比较知道的多些，就此研究起来，是非常有趣味的。

第五章　古代文化的成熟期
——战国时代

从春秋到战国

现在我们用春秋战国的两国名词来代表时代，是根据记载当时史实的两部书——《春秋》和《战国策》——而来的。两时代中间还隔有一百三十年。这一百三十年也是极重要的文化转变时代，可惜我们已无史实可考了。不过大体上还可以看得出来这种继承春秋末年混乱时期，而走向战国的趋势而已。

新国家的出现

经过春秋时代二百多年努力的结果，黄河流域的大部，长江流域的一部分，所有的异民族，都已同化为中国人了，所有的小国家，都已逐渐合并为几个大国了。到了战国，遂成为燕、赵、韩、魏、齐、楚、秦七个大国并立的世界。这七国之中，韩、赵、魏是将旧日晋国分割而成的，齐国是另换了一姓，都算新国。燕、楚、秦虽是旧国，但燕在春秋时代尚未开化，楚也本来是蛮夷，秦则在战国初年尚被东方诸国看作是化外，故这三国就本质讲起来也是新国。这些新成立的大国，富有异民族的新血，又人口众多，取精用宏，故战国的文化得以极度发展，实在是有缘故的。

大都市的兴起

因为这种大国家的出现，于是政治中心所在的地方，人口集中，而大都市遂出现了。如齐之临淄，赵之邯郸，楚之郢，都是当时最著名的大都会。这种大都市出现以后，使人才都荟萃于一处，对于文化之提高及普及，都有关系。

商业化的倾向

中国本是农国，春秋时代虽有商人，但也还未占据什么重要的地位。到战国时代，商人的势力渐渐大起来，家资千万的巨贾也渐多起来了。虽然大部分人民仍然以务农为业，虽然有些国家如秦国之类，仍然极力的扶农抑商，不过山东诸国，商人的势力却一天一天增长起来，对于文化也极有帮助。

社会风气之变更

这时候，社会的风气也与从前大不同了。从前社会上的拘谨守礼的风气，至此完全没有了，人民的生活豪奢，任侠好气的风气也大行。有些贵族们如孟尝君之流，且专门提倡这种风气，所以影响于社会很大。

学问的解放

在古代求学问是很困难的，因为学问只是贵族的专有品，不许普通人参预。专司保管图书的人谓之"史"，"史"在上古与"祝"并称，本是一种事神的官，有宗教僧侣的性质。上古学术握于宗教家手里，这是中外一致的。到后来由神权政治变成了贵族的政治以后，"史"也就跟着成为替贵族保守学问的专门职业家了。因此一般平民想求学问是很困难的。到了春秋末年，贵族制度渐渐崩坏，有许多贵族渐渐因种种关系变成了平民，他们与平民接近，以自己的智识教授平民，这才开了自由讲学的风气。历史上第一个自由讲学的是孔丘——虽然以前也许有他人实行过，但已无可考了。孔丘是个贵族后裔的新平民，他平生周游列国，遍观各国藏书，所以学问很博。他又召集了许多弟子，授以相当的学识。游学和讲学之风，都开于此时，对于战国文化影响极大。

布衣卿相之局

因为这种自由讲学之风一开，有学问的人的声名就容易传布，从党众多，对于政治社会影响都很大。当时列国君主对于这些学者自然要另眼相看的。加以列国并立之后，各国君主都想延揽人才，所以有学问的人容易取得政治地位，而贵族势力就差不多完全失坠了。

游说的风气

因为学问的解放，和当时有势力者对于人才之提倡，遂养成一种自由讲学和论政的空气，而产出一种以周游列国为目的的游士来。这种游士有两类。第一类是以学问为目的的，或者自己学问未成，周游各地去求师访友，或者是自己学问已成，到处去传布学说，广收弟子。第二类是以政治为目的的，他们周游列国，遍访列国的国君及卿相，以蕲获得政治上地位。这两种风气都开于春秋末年。孔丘就是其代表。

各派思想之成熟

因为学问自由解放和政治社会都发生大变迁的结果，于是有各派不同的学术出现，古代中国的思想至此始成熟而大放光明。战国的学派后人讲法不同，《汉书·艺文志》的九流十家之说也觉不甚适当。依我们看来，当时最占势力而确有独立思想系统的学派，约可分为五家。即儒家、墨家、道家、法家、阴阳家是也。

儒家

儒家是最先出的学派，他的创始者是孔丘。当春秋末年封建社会已到最后崩裂期，孔丘生在这个时候，最初想努力于实际政治以挽回这个趋势，但结果不幸败了，于是遂专意于学术之传布。他生的时代学术的空气还未养成，故他算是个学术的启蒙时代的人物。他的思想很实际，多注重于伦理道德。他死以后，学说大兴，遂造成儒家一派。儒家后来的主要思想是维持宗法社会的旧道德，讲"礼"，讲"孝"，想拿稳健渐进的方法去改良政治和社会。末流有孟轲者主张颇激烈，有荀卿者思想近于法家，但都只能算儒家的别派。

墨家

墨家的创始者是墨翟，时代略后于孔丘，他平生的行径颇和孔丘相类，也是以政治运动而兼思想运动的。他死后信徒也很多，与儒家对抗为古代思想界两大潮流。墨家的重实际精神和儒家一样，但比儒家更趋极端。他们主张兼爱、非攻之说，反抗当时好战的风气。他们的学派后来组织成宗教的形式，以天为其崇拜之对象，有钜子为其宗教之首领。他们的末流，任气好勇，流为游侠。

道家

道家相传始于老聃，似较孔丘尚早，其实老聃不过古代一贤人，与道家思想毫无关系，今所传《道德经》一书，实在是战国时道家所伪作。其余《列子》、《文子》更是伪书。只有《庄子》比较真些。这一派思想的正式成立大约在战国中叶，他们都是个人思想家，不似孔墨之热心于政治和讲学，故无弟子，其传不广。他们是极端的自然主义者，凡事以放任为主，因此也就没有与他派竞争的野心。不过他们的思想很高，著的书也都有精采之处，所以以后仍然留传下来，而且对后世影响很大。

法家

法家是最后起的，也没有主要的首领。大约自战国末年各派学说已经都发达成熟，彼此比较切磋，自然有最进步的学说出现，法家就是这最后出的最进步的学说。法家学说之最精密者,莫过于韩非子。韩非是荀卿的弟子,荀卿虽是儒家,但其说法后王,重礼治,主张人性恶,都已开法家的端,到韩非出来遂演成法家的理论。韩非对于道家也很有研究,对于墨家虽不崇拜,然实践的精神颇相同,故韩非可谓为上古学术之集大成者。法家的学说根据社会进化的理论,主张以法治国,其说最进步,而且确有实效。可惜后人都将他们认为是惨刻寡恩一流,未免厚诬古人了。

阴阳家

自来讲学者对于阴阳家的思想多不注意,以为是荒诞无稽的迷信。殊不知阴阳家的思想虽未成熟,然在中国确独成一派,比较他派之思想特异点较多。阴阳家最盛于燕、齐两地,齐国的都城是他们的中心,当极盛时谈天雕龙之士至三千人。以邹衍为最著名,可惜他们的学说都不传了。不过就今日留传的一二点看来,大约他们多注重于智识的探讨,有爱美的精神,与希腊思想极相似,大约因同为海国的缘故。中国的学派像这样抛弃实践伦理的立场而注重纯理的探讨的海国思想实在很少,故此派思想极值得我们的注意。可惜这派思想因与重实际的中国国民性不合,不能大成。末流变为方士,开东汉以后道教之端。

综论各派思想

战国时思想虽极为复杂,但最主要的不出乎上列的五家思想。就五家比较起来,似乎有点代表地方民族性的色彩,如儒家代表北方民族实际思想,道家代表南方民族虚无思想,法家代表西方民族刻核思想,阴阳家代表东方民族浪漫思想之类。不过以地方来分派思想,容易牵强,不如以时代之次序分之较好。大约最先起的思想为儒家,其后有较激烈的墨家出现,又其后有更激烈的道家出现,最后则有最进步之法家思想出现。至于阴阳家则系一部分海国民族的思想,在中国传统的实践伦理思想之外别树一帜,或者倒与古代东方民族的鬼神思想不无渊源哩。

南方新文学之出现

当中国思想界正发生灿烂光明的时候，中国的文艺界也突然起了一种新光彩。原来中国的民族性本是老实农民本色，对于文学素不留心。故上古竟无可以流传的文学。到春秋末年，才有《诗》三百篇的结集出现。《诗经》中除去了《大雅》和《颂》两部无甚精采外，其余"二南"、《国风》和《小雅》大约都是从周初到春秋中叶的民间的歌谣。这些歌谣的形式很简单，所表现的思想也很素朴，算不得成熟的文学。但是到春秋末年，长江流域的楚、吴、越诸新民族开化以后，文学上便添了一支生力军，色彩便有些不同了。到了战国，新民族的楚此时已吸收中国文化完全成功，经过这种文化上的调和以后，文学上便成功了屈原、宋玉等楚辞一派。这一派在文体上固然是一大创新，在内容上也将江淮间幽窈思想尽量插入，都与《诗经》不同。后来这一派更加入燕、齐一带的阴阳家思想，便成了汉朝的赋体。

第六章　大帝国的出现

从分裂到统一

从有史以来，中国的政治状况是一天一天从分裂往统一走的，春秋初年的五十余国，到末年已变成十几个大国，到战国时代，更只剩下七雄了。这种大国的出现，一面提高文化程度，使社会得以发展，一面融合种族界限，使民族完全统一，故战国时代，国家虽然有七国，而民族早已一致，所以秦始皇一出来，就容易奏统一之功。

郡县制之成立

秦朝统一中国以后，第一件重要的事就是废封建设郡县。本来封建制度到了战国已经完全瓦解了，秦统一之后，本无再行封建制之必要，所以封建之废不足为奇。郡县之制也不始于秦，春秋时代已有县名，战国七雄所置的县更多。秦始皇不过迎着这个趋势加以普遍的变更而已。不过废封建设郡县之举，于后世影响极大，究竟不能不说是秦之功。

秦始皇对于后世的影响

时代到了秦，已经不能不从上古社会转入中古社会了，秦始皇在这个时期，所以便占了历史上的重要位置。论始皇的本人实在一无可取，不过他在位时所作的一切事件，都是代表当时的潮流，所以关系很大。除了废封建设郡县之外，如对匈奴和南方的领土扩张，如文字思想之统一，如君主专制政体之确立，都是与后来有莫大关系的。不过这些事件，其发端都在战国时代，其收成都在汉朝，秦始皇不过做了过渡时代的一个代表人物罢了。

贵族势力之反动

贵族社会经过春秋时代的自相残杀以后，到战国时代已经差不多快消灭了，虽然有些贵族如孟尝、平原之流尚负声望，但已是个人的势力，并非凭借贵族的权势。不过大体说起来，东方诸国，贵族政治尚未能完全取消。惟有秦国自孝公用商鞅以来，即以裁抑贵族势力，以法治国为手段，以后的秦国历代君主也都本这个政策，专用客卿，国家以之日强。到统一天下之后，封建制度既然废止，又将六国的豪族都徙之咸阳，以防止其反动。但是当时各国的贵族潜势力还在，受了这种压迫，自然要起来反抗，所以秦始皇一死，各处的乱事便纷纷起了。

贵族革命与平民革命

当秦始皇统一天下之后，贯彻君主专制的政策，贵族阶级已完全废除，都属于平民了。

但事实上平民出身的人和贵族出身的人究竟还是不同。不过在秦朝的暴虐政治之下，却是同受压迫者。因此在秦末起兵反抗者贵族平民都有。秦亡之后，刘项争雄，虽然是个人的竞争，但隐隐中代表贵族与平民之斗争。项羽以封六国而亡，刘邦以销六国封印而兴，时势的潮流既如此，贵族势力就不得不瓦解了。

封建势力之反动

刘邦虽是平民出身，究竟当时去封建社会未远，人民蔽于旧习，总还未能全忘情于旧制度，因此他统一中国以后，也不能不照例封建功臣。但是他生性猜忌，所以被封异姓功臣结果多数都被铲除，而代以同姓侯王。为恐怕这种侯国势力过大起见，又中间设立许多郡县以互相牵制。这种郡国杂立的制度实在是很显著的表示出封建政治与君主专制政治过渡时期的情势来。到了汉景帝时代遂起了吴楚七国之乱，这次乱事可视为封建势力对于君主专制的一种反动。到这次乱事平后，汉朝更竭力将诸侯王的权柄削小，君主专制遂成功了。

汉与匈奴的竞争

当中国到了秦汉之际，统一的大帝国出现之后，北方蒙古的地方，也恰好有一个统一的大国的出现，东亚的政治舞台上同时成立了这两大国，于是竞争的热剧遂开始了。匈奴本是战国时代北方的一个小部落，到战国末年他的势力已渐强了。当时秦、赵、燕三国的北境都与匈奴为邻。因为惧怕他，所以三国各筑长城。到秦始皇统一以后，将匈奴打败，修筑起长城以为北界。秦亡后中国大乱，匈奴又乘机复兴，他的单于冒顿，很有才干，东灭了东胡，西灭了大月氏，南下侵略中国。围汉高帝于平城，汉朝不得已许以和亲。自此以后，历惠帝、吕后、文帝、景帝数朝，对于匈奴都竭力恭顺，不敢惹他。直到汉武帝出来，才有积极进取的心思，于是东灭朝鲜，西通西域，以断匈奴的左右臂，而后以大兵攻取匈奴。武帝这种运动，不但于匈奴和汉朝两民族的命运及东亚的大局有关系，即对中国与西方的交通也很有影响，是我们值得注意的。

汉与西域之交通

当时中国的西方，即今新疆及中央亚细亚之地，大小国家甚多，对于汉朝向无关系，但是匈奴因为是游牧民族的缘故，所以他的势力可以达到西方。西方的国家都知有匈奴而不知有汉。汉武帝想同西方诸国联络以夹攻匈奴，才命张骞去出使西域。张骞到了西域，政治上的使命未成功，却带回了许多新的物件。以后张骞几次出使西方，对于政治和文化都有莫大的影响。

希腊文化之输入中国

当纪元前三三〇年顷，马其顿王亚历山大（Alexander）侵入西域，灭了波斯，而征服其地。亚历山大死后，亚洲为其部将塞留哥（Seleucus）所据，建叙利亚（Syria）王国。到纪元前二五〇年顷，又分为大夏国（Bactoria）。到纪元前二一〇年顷，大月氏为匈奴冒顿单于所灭，重建大月氏国。武帝派张骞出使，也是利用他和匈奴的宿仇，想连结他以共攻匈奴的。大月氏虽是黄种，但大夏却是希腊人，所以希腊文明就从此间接输入中国。有许多果物如葡萄之类，都是希腊的产品。到了东汉初年，班超做西域都护的时候，更想派人去致聘于欧洲，可惜未能成功。东汉桓帝延熹九年史载有大秦王安敦自日南遣使来致聘。当时汉人叫希腊民族为塞种，叫罗马帝国为大秦。中欧之交通此时已有端倪。中国的物品也间接由亚洲西部的大国安息，输入欧洲。

印度文化之输入中国

希腊文化的输入中国虽较早，但影响不大。汉朝和西域交通后所生最大的影响是印度佛教文化之输入。原来大月氏到了西汉末年，他的势力渐渐侵入北印度，遂吸收了佛教文明，而间接传入中国。西汉哀帝时大月氏的使者来朝，汉朝使博士弟子秦景宪向之学习佛法，这是佛教输入中国之始。到东汉明帝时更派人去大月氏求佛经，带回僧侣二人。到东汉末年，民间渐渐信奉起来。不过汉朝的佛教尚在萌芽，对于社会生活和学术思想都没有大影响。他的影响要到六朝才扩大。

东北、东南、西南之相继开化

汉武帝时代是汉朝极盛的时代，除了北伐匈奴，西通西域以外，他东北又灭了朝鲜，将汉朝领土扩张到朝鲜半岛，朝鲜之正式受中国文化，实起于此时。后来间接又影响到日本。东南方面，原来有瓯越、闽越、南粤三国，瓯越、闽越都是越种，南粤的君主虽是汉人，但他的民族也是土著民族，这三个到汉武帝时都被灭了。汉武帝并将瓯越的人民迁移到江淮之间，因此民族便渐渐调和了。

汉朝灭了南粤之后，势力一直扩张到安南，安南之受中国文化也可算起于此时。至于西南云南、四川一带，在汉朝谓之西南夷，分成许多野蛮的部落，也被武帝所征服。总之自汉武帝以后，中国的国境才有了大略的定局，不像从前那样狭小了。

汉初学派之争

汉朝兴复，被秦始皇所摧残的各种学派就都纷纷复起。就中墨家任侠一派，在民间社会很流行，但不为君主所喜，故不能得政治的掩护。其余各派都很得宫廷间的信任。道家在汉初很流行，汉文帝、窦太后和曹参等，都很信仰。儒家在景帝时和道家竞争甚烈，景帝、武帝和许多大臣也都信任他，阴阳家则变为方士，专以神仙之说惑人，信者更多。法家也很有人才，在政治上也很有潜势力。这几派在汉初竞争很激烈，尤以儒、道两派为最甚。到汉武帝时因为自身好儒，所以采纳儒者董仲舒之言，罢黜百家，专崇孔子，从此儒教成为国教，但是其他学派在社会上仍有相当的势力。

经学之成立

五经都是古代的史料，不过到战国时代，经儒家特别提倡，所以与儒家的关系较深些。秦始皇时摧残儒家，所以这些经书都散佚了。汉朝文景以后诸帝都提倡学问，所以这些经书渐渐都又出现了。到汉武帝时又设立许多博士，专研究这些经义，于是经学遂成为专门学问了。

今古文经学之争

汉朝初年经学的传授都是靠许多儒者的口授，这些儒者都有相当的师承。因为古代书籍很少，所以都是口授。当秦始皇时代这些儒者受了压迫不敢出头，秦亡之后就渐渐出来。他们的弟子到了汉时就都本着师说，写定许多经典，最初都属于今文家。后来汉武帝时，有孔子的后人孔安国献了用周时文字写的《尚书》，据说是从孔子的故宅墙内找出来的，这就是古文家之始。不过当时今文家立于学官，占着正统的位置，所以古文之学不能发达。西汉一代都算今文之学。到了西汉末年，刘歆很提倡古文家学，有许多遗书出现，古文家才渐渐盛起来。到了东汉，古文家便代替今文家而成为学术界的正统了。

汉初的重农抑商政策

中国上古本是农国，到了战国时代商人的势力渐起，一时很是煊赫。商业兴盛的结果容易使风俗浇薄，民种衰敝，所以商鞅治秦便极力抑制商人，提倡农业。后来秦国得了大效。不过商人的势力究未能打倒。汉朝初年因为社会平和的结果，商业遂又发达起来，一般商人的生活都是很奢华的。所以当时政治上很注意提倡农业抑制商人，对于商人制定许多苛例，如不许穿绸缎，不许乘车，又有服兵义务之类。不过虽然如此，商人的势力仍不减杀。

社会之不平均现象

汉朝因是采取重农政策，故对于农人极力保护。屡减租税，文帝一朝竟有十余年全免天下的租税的。照这种情形，农人应该深受其利了。不料当时土地的分配很不均匀，富者田连阡陌，贫者无立锥之地，因此租税的减免只与富者有益，贫者得不到多少好处。这个现象到了西汉末年更利害了，当时的儒者多有主张限田之说的。汉武帝时董仲舒首创此说，到西汉末年就有孔光、师丹等儒者更出来提倡。他们都主限制每人有田地至多不得过若干亩。不过当时田多者都是势家豪族，因此他们的主张受了阻挠，不能实行。

王莽的社会革命

王莽是汉朝的外戚，也是一个儒者，很赞成孔光等的主张。到他执政以后，用权谋篡了汉朝的帝位，改国号为新，遂实行他的社会改革的主张。他的政策比孔光等激烈，他将天下的田都下令改为公田，汉朝养奴婢的风很盛，他也下令将奴婢全解放，改为公有。他又设六筦之制，将盐铁等公用之物收归国有，由国家公卖给人民。他的主张可算得介乎社会政策与社会革命之间的，颇有研究的价值。

社会革命的反动

王莽的人格如何，至今尚是问题，不过他的性情太迂阔，改革得又太急，因此弄得民不聊生，遂生起反动来。他自己看到人民的反对，晓得事情不妙，因此将许多改革的命令又都收回。但是机会已晚了，各地盗贼纷纷起来，都借着恢复汉室为名。王莽最后兵败为当时大家公推的首领汉朝后裔更始将军的兵杀了。以后又乱了些时，到东汉光武帝平灭群雄，定都洛阳，才算又归统一。

东汉初之平定匈奴

匈奴自汉武帝一代屡次北伐的结果，已经大衰了，到了宣帝时代，汉朝又和西域的乌孙国缔结婚姻，联合出兵，将匈奴打得落花流水。元帝时代匈奴内部分裂，五单于争立，最后呼韩邪单于投降了汉朝，得了汉朝的帮助，统一诸部，遂变为汉朝的附属国，一直到西汉末年，都很恭顺。王莽即位后，有意变更匈奴的名号，匈奴不服，因此又叛乱起来。东汉初年，光武帝也不能制服他，只好取闭关政策，不去理他。直到和帝时西域已经打通，才命窦宪北征。那时匈奴已分为南北二国，南匈奴一向服属汉朝，北匈奴则倔强不服。至此北匈奴被窦宪打败，远遁西方，后来就侵入欧洲，成为今日的匈加利人。南匈奴仍为汉属国，到东汉末曹操将他们迁入山西境内，分为五部，遂伏下五胡乱华的祸根。

东汉初之平定西域

西域诸小国都在今新疆省天山南路，自张骞和他们交通以后，和汉朝就发生了关系。天山北路有个比较大点的国家叫做乌孙，汉宣帝时代和汉朝结了亲，屡次帮汉朝出兵打匈奴，结果将匈奴打得大败。自此以后西域诸国都服属于汉，汉朝设西域都护和戊己校尉等官以镇压他们。一直到王莽末年，西域才又和中国断绝，东汉初年也无法干涉他们。到汉章帝时，有一个武官叫班超，很有才干，以少数人的力量收服西域诸国，才重新树起汉朝的势力。

羌患之起

东汉时代虽然平了匈奴和西域，但是外患还是不绝，最大的要算北方的鲜卑和西方的羌人。鲜卑的事等下章再讲。羌人的根据地在今青海及甘肃之西南部，在东汉中叶以后就起来作乱，汉朝屡次派兵去平灭他，但是讨平之后，不久就又起来。到东汉末年这些羌人越发的利害了，汉朝倾了全国的兵力，费了数十年的光阴，花了七千万缗的军费，才算勉强又讨平了。但是结果弄得汉朝民穷财尽，盗贼四起，终久将汉朝弄亡了。

宦官与外戚之争

从西汉元帝以后，朝廷上便起了外戚与宦官之争，这个风气到东汉更盛起来，两方面的势力总是互相起伏，互有胜败。直到最后外戚勾引外兵将宦官都杀尽而外戚自身也跟着失败了。这种争斗固然是君主专制政治下的腐败现象，但是也可以看作是君主专制势力与残余的贵族势力争斗。因为自汉景帝削平七国之乱以后，地方上的封建势力已经完全铲除了，但是中央还有一部分拥有特殊身份的贵族常和君主暗斗。他们因为族大势众，所以常常将君主压倒。最利害的如王莽竟至将汉朝灭掉。君主处在这个独立无助的境地，要想和外戚抵抗，只有利用最亲近的仆役之一法，这是宦官之所以得势的原因。两者的争斗，实在就是君主专制势力与残余的贵族势力之争斗。

儒教中心之东汉

自汉武帝以后,儒家已取得学问上正统的位置而变为国教了。到了东汉,因为皇帝都很信儒,所以儒教更发达。东汉的儒教有几个特色,第一是纯粹变成训诂和传注之学,儒者只晓得抱定遗经加以研究,不能另有创作。第二是东汉解经之学,都是古文学派,到末年马融、郑玄出来,更为一代的大师。第三是东汉的儒者设帐授徒之风很盛,往往一个有名的学者帐下弟子至数千人,不似西汉初年之但凭口授了。第四是自西汉末年,谶纬之学大盛,将孔子的学说附会许多神话,东汉还是如此。第五是东汉之学者很讲气节,末年以太学为根据地,议论时政,与宦官的恶势力相争斗,很出了许多慷慨死义的名士。

第七章　怀疑与黑暗时代

大帝国之破裂

东汉一朝就政治上说起来实在是个腐败黑暗的时代，到了晚年，外戚和宦官的争斗既然愈趋愈烈，而政治设施也越腐败，加以和羌人连年的战争，弄得人民民不聊生，遂有黄巾贼起来作乱。政府因为想平灭盗贼的缘故，遂加重地方官的权限，结果酿成藩镇之祸。从东汉末年经过三国，一直到西晋，在政治史上算是黑暗时代，在思想史上也算是怀疑时代。

儒学之反动与怀疑

东汉儒学统一的结果，虽造出许多忠臣义士，但其末流支离破碎，专以经学为门面，毫无补于实际，因此不禁生出反动来。东汉末年如孔融、祢衡诸人已有反对儒教思想之言论，到了三国魏时，何晏、王弼诸人更提倡老庄，反对礼法。西晋时的竹林七贤则更放荡形骸之外，以清谈名理为风气，和东汉的守礼情形，大不同了。

道家思想之复活

因为反对儒家的结果，想找一条新路，于是道家的思想乘时复活。道家的思想本是注重无为放任的，正合乎当时的急求，所以研究老庄之学一时顿盛。不过这时的道家思想偏重于放任快乐一路，甚至如伪造的《列子·杨朱篇》，专提倡享乐主义，这与原始的道家思想就微有不同了。

道教之出现

道教与道家思想是无关的，他是汉朝的方士之变相。因为汉朝的谶纬之说很盛，所以末流就产出以神仙和符箓为迷惑平民的下等宗教。东汉末年，这种下等宗教大约很多，到晋时因为老庄之学很盛的缘故，就都附会到老庄身上，而成为道教。不过道教的组织和教理之完全发达，还在佛教已经大行以后，窃取佛教的形式才成功的。

新文学之成功

汉朝的纪事说理之文都很发达，但是纯粹文学却只有从楚辞蜕化成功的赋体一种。赋是一种史诗的性质，严格讲起来也不能算做纯文学。汉朝的赋手除了司马相如、枚皋几个作家外，其余都拾掇些奇怪的字面以堆砌成文而已，文学的意趣是很少的。大约汉朝是个重实际尚功利的时代，所以事业上成就很多而文学上成就很少。古诗十九首等虽说是起于西汉，其实完全靠不住。大约古诗的体裁起于东汉末年，这种体裁对于旧日的赋体要算是一种新革命。到曹氏父子和建安七子出来，这种新文体的建设才算成功。以后的诗人便都用这种新诗体发表自己的艺术。许多有名的好诗如古诗十九首、《孔雀东南飞》之类，至早也在东汉末年才能出现。同时在文体上也有了新变更，六朝骈俪之文也是自汉末发端的。

封建势力之反动

地方封建的势力自西汉武帝以后便已摧残净尽了，东汉一代只有宦官和外戚的争权，而不听见有诸侯的反抗中央，因为当时诸侯王的权力已经很微的缘故。三国时代更不足道。到了西晋初年，晋武帝鉴于魏以孤立而致速亡，乃又大行封建政策，结果引起八王之乱。这算封建势力的一个小小的反动。以后南北朝时代，封建王侯的叛乱也很多，不过比之秦汉以前的封建势力，则差的远得多了。

异民族之侵入中国

正是在这种的政治上腐败到极点,思想上也萎靡到极点的时候,忽然有一种新的生力侵入,给将就腐亡的中国民族以一种新的刺激,在政治上、社会上、思想信仰上,乃至种族血统上,都起了一种新的大变化,这真是中国历史上第一件值得记忆的事。这件事是什么呢?就是五胡民族的侵入中国。

五胡之分析

五胡是什么种族呢?照旧史所说,是匈奴、羯、鲜卑、氐、羌五种胡人。其实按其实际,只有三种,匈奴是北方民族,羯种人数最少,本不占重要地位,也算是附属于北方民族的。鲜卑是东北民族。氐与羌都是西北民族,所以实际上只有三种。再详考起来,鲜卑的民族都是匈奴的后人,也可算得北方民族了。

匈奴民族的盛衰

从汉元帝以后,匈奴已经变成汉朝的属国了。东汉初北匈奴西遁,南匈奴仍归属中国,住在边外。东汉末年曹操怕他们作乱,将他们分为五部,徙居于山西中部。这种人经过东汉三国几百年的陶冶,已经吸收中国文化不少了。到西晋末年,中国大乱,匈奴遗部遂乘机起来作乱,他们的首领刘渊,颇有文武才,能够利用汉人的心理,尊重中国文化,故统一黄河流域,建设大国。不过他的子孙不能了解这种政策,仍然怀着种族之见,对于汉人颇为压迫,因此终久失败。羯种也是这样,他们对汉人比匈奴的态度更坏,最后引起汉人的复仇,将羯种完全杀死。匈奴结果也完全同化于汉人,历史上堂堂的大民族到此遂完了。

氐羌之同化

东汉一代最大的敌人不是匈奴,也不是鲜卑,而是青海、甘肃方面崛起的羌人，这种羌人即是古代史上的西戎，本是一种最强悍的民族。陕西南部和四川北部的氐人，也是与羌人种类相近的一个小部族。当三国以后，羌人归化中国者甚众，多散居于陕西省内，到西晋末中国一乱，遂乘机起来。也建设了几个大国。这两种人后来也完全采用中国文化，变成了中国人。在西域交通复兴和佛教的输入上，这两种人关系最大。

鲜卑的统制中国

鲜卑据说是东胡的后裔，当西汉初年东胡民族为匈奴所击灭的时候，余下了乌桓、鲜卑两个部落。乌桓到西汉中以后渐渐强盛起来，他的根据地在今热河一带，东汉时颇为边患，直到东汉末年被曹操击败，部落才瓦解，遗族也吸收到鲜卑族里面。鲜卑本也是一个小部落，自从东汉初年北匈奴失败西逃，南匈奴又归降汉朝，南迁塞旁，于是外蒙古的地方空虚了，鲜卑遂乘机侵入占据了这些地方，匈奴的遗民十余万部落都改号为鲜卑，从此鲜卑遂一跃而成为大民族，到三国时吸收了乌桓的余众，部落更大了。所以五胡之中，鲜卑的势力最大，部落最多，年代也最长，正因为他是承继匈奴的正统的缘故。我们要知道西晋时代的匈奴，不过是匈奴民族的一小部分，真正的匈奴民族都已变成了鲜卑人，所以从五胡乱华一直到北魏建国，可算是仍是继续自秦汉以来北方民族和中国民族斗争的大形势，直到北魏孝文帝采用汉化以后，北方民族才算是完全同化于中国民族，才因而产了隋唐的新文化。

鲜卑的汉化

鲜卑人从西晋末年就建设了许多国，就中如前燕等文化颇高。最后拓跋氏出来，乘机统一了中国北部，建设了北魏大帝国，五胡乱华的形势至此遂告一段落，而造成鲜卑民族与汉民族南北对抗的新形势。到了北魏孝文帝出来，极力采用汉化政策，迁都城，易服色，改姓名，改言语，结果使鲜卑人完全同化于汉人。这个政策对于中国历史的影响极大。因为从此以后中国民族的内容扩大了，陡然增入许多有力的新分子，将旧民族旧文化从衰老的状态中挽救出来。

以后隋唐大帝国的新气象，都是从这个民族的大调和上孕育出来的。

印度思想的输入

印度的佛教思想虽然早已输入中国，但是未能盛行，直到五胡乱华以后，挟着异民族迁徙之力，才大规模的正式输入。因为这些异民族多是与中亚有关系的，中央亚细亚当这个时代本是佛教的中心，那些异民族从这里直接间接学到了佛教的信仰，侵入中国以后，就拿这种教义征服中国人。就中如后赵石勒之崇信佛图澄，后秦姚兴之崇信鸠摩罗什，于中国佛教的发展，都有非常的影响。

东西交通之复开

从东汉中年以来，中国同西域的交通就从新断绝了，到了这时候，因为异民族的侵入而中西陆路交通复开。而且当时因南部中国之开化，而海路也开辟起来。陆路是从陕西、甘肃走新疆——当时尚系西域诸国——而达中央亚细亚，海路则由广州出发，航行南洋群岛，最西曾抵印度。

南部中国之开化

自汉以前，中国的文化中心都在黄河流域，东汉末年长江流域建设起吴、蜀两国，将长江上下流逐渐开辟，吴国的讨平山越，蜀汉的征服南蛮，都是中国民族在南方经营异民族的一种步骤。不过当时长江流域甫经开辟，尚未臻发达，所以合吴、蜀两国之力不能敌一魏国。到西晋末年，北方陷于夷狄，晋室南渡，北方的世家大族以及平民都纷纷南迁，因此长江流域骤然开化。虽然北方的历史上凭借很远，元气不久即恢复，但从此南北文化地位平等，直到宋朝以后，南方就驾于北方之上了。

第八章　新文化成熟时代

黑暗与光明

从纪元后三世纪到四世纪末，即三国和东、西晋的时代，在中国历史上是一个黑暗的时代。但这种黑暗是有代价的，他的代价是民族的大调和，和印度新思想的输入，到了五世纪初年，这个准备工夫已经成熟，于是新文化的光明遂显示出来。就中国历史言，这种新光明时代之开始期当自南齐即北魏孝文帝时代以后起。

异民族之完全同化

北方自鲜卑的北魏平灭诸部，建设起大帝国来以后，各种侵入中国的异民族已冶为一炉了。

到北魏孝文帝以后，力倡汉化政策，从此鲜卑就都知道羡慕华风，虽然一时不能说全部同化，然而大体上已经降服于中国文化了。到了北魏分裂为周、齐两国，北齐的汉化较浅，北周则最深了，北周灭了齐之后，鲜卑人便完全同化于中国了。

佛教之流行及发展

自从赵石勒极力提倡佛教以后，佛教的信仰便渐渐流行于中国，当时无论南北在一种思想上的烦闷时代，得了这一支生力军，岂有不积极追求之理？所以欢迎胡僧东来和华僧西渡求法的事便大大盛行起来。对于佛教在中国传布最有大影响的，要算鸠摩罗什之东来，和法显之西渡。鸠摩罗什本是龟兹国人，受后秦王姚兴的优礼，住在长安，翻译经典，从此中国人对佛教才有了正确的观念。法显则自海路航行印度，寻求经典，著《佛国记》一书，为旅行记中之古典。这两人可以代表当时中国人欢迎佛教的两大方式，四世纪以后，东来传教和西渡求法的和尚络绎不绝，给中国思想信仰界一种极大的帮助。

佛教之发展于民间

佛教不单是哲理的宗教，而也是平民化的宗教，自异民族侵入中国以后，他们的民间的信仰佛教的风俗，传染到中国社会。四世纪以后，佛教正式成为民间的信仰。上自宫廷，下至编氓，都被佛教的信仰所支配。北魏的历代君后无论矣，即南朝的汉族诸君主，如梁武帝、陈武帝等，都几度舍身于佛寺，可见当时佛教势力之大了。

中国自创之佛教

佛教在印度最发达的派别本是小乘，但到中国来的却都是大乘。起初中国人对佛教教理尚未全部了解，故所望只在尽量的翻译介绍。到鸠摩罗什以后，介绍的工作已告相当的段落，于是中国人自创的佛教遂纷纷出现，最初北魏时代昙鸾创净土宗，其后陈、隋之间，智𫖮创天台宗，唐初杜顺创华严宗，玄奘创法相宗，慧能创禅宗，这些宗派之中除了法相宗系印度本有但经玄奘发扬光大之外，其余各派都是中国人自创的，不过托言源出印度罢了。

由分裂而统一

从西晋以后，中国分裂了百余年，北魏建国后，北方统一，造成南北对抗的局面，这样又过了百多年，北魏分裂为周、齐两国，但是不久齐为周灭，周又为隋灭，隋又灭了南方的陈，从此中国遂复归于统一。隋朝虽然传世不久就亡国，但是后来唐朝统一帝国的种种规模都是从隋朝起的。

艺术上所受西方文化之影响

从东西交通恢复，印度文化输入以后，不但中国的思想信仰界受了影响，即艺术上也生了极大的变化。中国自汉以前，艺术观念本很薄弱，这时候受了西方文化的影响，几乎全部被外来的艺术征服。绘画、音乐、建筑、雕刻，乃至文学、戏剧无不如此。

绘画之发展

汉朝的绘画传下来的只有武梁石祠画像，是很素朴的，到六朝时代，佛教输入，绘画界受了影响，遂大发展起来，张僧繇、顾恺之、陆探微诸人，都以画佛像、画龙、画狮子等著名，这都是受了佛教作风的影响。

音乐之进步

中国的古音乐是琴瑟之类，也是很单纯的，到六朝以后，西域交通恢复，才有许多新乐器，如笙、笛、琵琶之类输入，音乐及戏剧界，都生了绝大的变化。唐朝玄宗以后，音乐的成熟达于极点，造成了一种优美文雅的生活，这是历朝所没有的。

建筑雕刻之进步

中国的建筑在秦时已经发达，但形式大都是方整的，没有变化。六朝以后，佛教输入，于是印度风的建筑如亭幢塔庙之类，就发达起来，给中国人的居室以一种新形式。南北朝的建筑特别发达，其中穷侈极丽，夐出意表，可说大半受西方的影响。至于雕刻一事，中国向不发达，唐朝有个杨惠之，算是塑像名手，当然也是受佛教的影响啦。

诗歌之新体制

我们在前面已看到当东汉末年，已经有一种革命的新诗体流行起来代替了旧日骚赋的地位。这种新诗体逐渐分化为两种形式，在文人学士社会中流行的庄雅端重的体裁则为古诗，在民间社会中流行的自然轻丽的作品则为乐府。无论古诗和乐府，因为他的语句的构造和篇幅的节制很合乎语言的自然韵律，故在此后千余年中终成为中国诗歌之正统，而不能摇动。不过到了南北朝末年，受印度音韵学的影响而有四声之区别发生，将此四声应用到诗里，造成一种更工整谐和的新诗体，便是律诗。在以后千余年中，律诗与古诗占同等重要的位置，也可算受外来文化之影响了。

小说之流行

诗歌而外，小说之流行亦为受西方文化的影响之一。笔记体裁的神怪小说，起于六朝，显系受了佛经的影响。到唐朝则发达成为结构描写俱佳的短篇小说，在中国文学史上可算一大进步。

戏剧之出现

中国古代无正式的戏剧，到六朝时代从西域输入许多新的乐器，才造成一种简单形式的歌舞剧。至唐时戏剧逐渐发达，虽未若宋、元以后的完全成功，然比较上古已经不可谓不进化了。

南北文化之分野

自汉以前只有北方文化，南方尚在未开化时代，自西晋末北方受了异民族的蹂躏，而南方则因汉族之迁移而纷纷开化，自此以后南北文化遂成对抗之局。大体上南方文弱，而北方刚健，在文学及艺术上表现这种色彩尤其显著。

社会阶级的分化

北方因为异民族的侵入，固有的汉族为保持自己族姓的清白起见，常常拒绝与异种通婚姻。南方新迁入的汉族对于土著的平民亦然。因此南北都形成一种社会上特殊阶级。北方的崔氏、卢氏、郑氏，南方的王氏、谢氏，都是社会上最有荣誉的大族，帝王都无法与他通婚姻。

均田制之实行

均田之议自汉儒极力鼓吹，渐成为一种学者间的公论。到西晋武帝平吴后遂作户调之法，将土地收归公有，分配于人民。但不久西晋亡，其制遂废。后魏孝文帝又作均田之制，其法分世业田及授田两种，自此以后北周、隋、唐都因其制，到唐天宝乱后始废。

第九章　隋唐帝国的黄金时代

由分裂趋统一

自西晋末年，五胡祸起，中国趋于分裂。虽然表面上看起来形势很混乱，不容易得一个头绪，其实详细分析起来，形势也很分明。当时中国的大势始终是一个南北对立的局面，而北方又始终是一个东西对立的局面。前者是很容易看得出来的，后者则最初有前燕、前秦之对立，而燕为秦灭，稍后则有魏与夏之对立，而夏为魏灭，再后则有东西及魏、北齐、北周之对立，而周卒统一北方。可见当时北方虽然混乱，其实统一的机会也很多，大体上国民的趋向是往统一方面走的。至于南北朝虽然对立了好多年，但中间也很有统一的机会，如桓温，如刘裕，其北伐事业都几乎成功。中国民族性的趋向统一，是分裂所以终久不能继续的最大原因。

北周的工作

当时中国分裂惟一的危机在种族的不易调和，但幸而魏孝文帝起来完成了这一部工作，他努力使异族吸收中国的文化，化除了种族的界限，在中国统一事业上，他真是一个大恩人。次于魏孝文帝而在当时统一事业上有大功绩的便是北周的始祖宇文泰。他的努力于政治的改革给后来统一帝国留下许多好的先例，到他儿子武帝手里便灭了北齐，而统一北方。

隋代大帝国的成立

从北周的很稳固的政治基础上，遂促成了隋朝大帝国的出现。从此中国便从新入于统一平和之途。隋朝传祚虽然很短，但后来唐朝的一切文物制度都是承接隋朝而来的，所以他的关系也很重要。

运河之开凿

隋朝给与后世最大的影响要算是运河的开凿了。在运河未开之先，中国南北的文化风俗上显然有不同的趋向，这种趋向是有害于国民性的统一的，推其原因是由于南北交通之不便。自隋炀帝因游幸江都而特开运河，自河入汴，自汴入淮，南北的交通从此便利许多，虽然他的动机是为一己的私欲，虽然当时人民受了很大的骚扰，但对于后世却不能不说是一种很有利益的工作。

科举制之兴起

隋朝的第二个大工作是废汉魏以来辟举之制而代以科举考试制。我们前面已经晓得六朝时代社会上阶级的区别很严，为这个阶级制度作保障的还有一个制度，就是汉魏以来的辟举之法。汉朝的拔取人才都是由于辟举，即由各地长官采访人才保荐上去，再加以考试录用。到魏晋以后这种采访人才的责任便专归到一种名为九品中正的官上去。结果这种九品中正专仰给当地势家的鼻息，平民中虽有奇才异能之士，不经他推举，永远不能自达于朝廷，这是人才沉滞的最大原因。到隋炀帝时，便毅然废了此制，特开进士科，令读书人自由报名应考。从此平民参政之途复开，社会阶级遂不攻而自破了。

与日本的交通

隋朝时代中国统一，国威远播，北服突厥，南通南洋，西开西域，都和后来几百年的东亚大局有关，不过在文化上最有关系的要算与日本的交通。自日本于隋炀帝时代遣使来交通后，到了唐朝，两国的交通更甚，日本的学者僧侣纷纷留学于中国，回去之后，尽力地灌输中国文化，就将一个野蛮的岛国开化了。

唐太宗的治绩

隋文帝是个恭俭勤劳的令主，假使继起者能稍稍追随他的治绩，隋朝的统一事业定可继续下去。不幸他的儿子隋炀帝荒唐到了万分，生生将个已经安定了的社会，搅扰到鸡犬不宁，迫不得已，人民才起来自卫自救，遂促成了唐朝的代起。唐朝的第二代君主太宗，是个非常的英杰，他亲手用武力扫平了群雄，又用文治将中国引导入了和平的轨道，开此后三百年统一帝国之局，真是历史上可以纪念的一个大人物。

突厥之破灭

从鲜卑入据中国以后，蒙古的土地为鲜卑同种的柔然人所据，很为北魏之边患。南北朝末年，柔然势衰，有一个新民族名突厥者代起。当时中国分裂，疲于内争，故突厥很跋扈，其势力直达中业，为亚洲第一强国。到隋文帝统一中国之后，用离间之计，使突厥自行分裂，因以降服之。隋亡后突厥一时又强。到了唐太宗时候，始以武力征服蒙古及新疆，东突厥归降中国，西突厥远遁西方，遂为后来土耳其人之始祖。

极盛时代之唐朝

唐朝的极盛时代要算太宗、高宗两朝，当时帝国统治的势力东达朝鲜，西达波斯，北达西伯利亚，南及南洋群岛，此外日本及印度也都仰望风采。在全世界上除了阿剌伯人的伊斯兰教人帝国外，再无能与抗衡者了。

唐代的东西交通

唐朝的国威既然如此远播,因此与西方的交通自然也就频繁起来。当时东西交通有海陆两道,陆路从长安西行经甘肃、新疆,越葱岭,经中央亚细亚,西达波斯,南抵印度。海路则从广州出发,航行南洋群岛间,西抵印度锡兰岛,最西或入波斯湾与阿剌伯帝国交通。海陆两路,贸易都很繁盛。

诸宗教之输入

唐太宗对于宗教取宽容自由的态度,因此国内各种宗教都很发达,除早经输入之佛教及中国人自创的道教之外,由亚剌伯传入之伊斯兰教,由波斯传入之祆教、摩尼教、景教,都在中国建寺收徒,传布甚广。

玄奘之西行求法

唐朝因为姓李的关系,遵道教始祖老聃为玄元后帝,定道教为国教,故道教之传布很盛,不过以教理之深,势力之广论,仍不如佛教。当太宗时有名僧玄奘西行赴印度求法,凡旅行十九年,在印度学得最高智识,战胜一切异端,归国之后,备受国人欢迎,终身翻译经典,给中国的宗教界及翻译界都开辟一条极大的光明路径。

唐帝国之黄金时代

从唐朝开国以后,太宗、高宗两朝都是向外发展时代,国威很盛。高宗以后,虽然有武韦之乱,但都是宫廷间的争夺,当时帝国全部仍然坚固,国力仍然不断地向外发扬,到玄宗出来,政治复入轨道,遂造成开元、天宝间三十余年的唐朝历史上的黄金时代。

由盛而衰

唐朝的国势到了开元、天宝之间正是如日中天的时候，突然遇了安禄山的叛乱，黄河流域都卷入战涡。乱平之后，河北藩镇纷纷割据，河南的军人也常有争夺发生，中央政府威信日隳。内里又为宦官凭借禁军之力，把持政权。唐朝政治像这样一天一天衰颓下去。不过虽然如此，究竟开国时所遗留的凭借很厚，一时尚不至就全形瓦解，就帝国的全部情势看，大部分尚在与中央发生连属关系的平和状态之中，这种平和状态以后还继续了几乎二百年，在这二百年中，社会上各种事业仍然继续往前发展，大体上看起来仍然是黄金时代。

唐帝国之经济力

维持唐帝国使不至于即行衰颓的重要原动力是在当时的经济状态。当隋、唐以后，南方的经济力已经超胜于北方了。当时南方的经济中心，约有三个：一是四川，距唐都长安最近，号称天府之国。一是江淮，当安史之乱时，赖张巡、许远保守睢阳，使江淮之间不受蹂躏。乱平后中央政府的经济就大半仰仗这地方的财赋。当时监利复兴，因运河的关系，扬州成为最繁盛的都会。还有一个是广州，当时因与西方诸国交通的关系，故广州成为海外贸易之中心，唐朝特设市舶使以征取财赋，亦为国用之大宗。当时中央政府既有此三个重要经济中心在手里，当然境象尚好。社会经济也因之照常发达。直到黄巢作乱，将广州及江淮尽行蹂躏后，才使帝国真正瓦解。至于北方虽经军阀割据，但大体上也是和平时代为多，故直隶、山东一带，社会经济力也很发达。

诗歌之极盛

唐朝文化的最高表现是在文学和艺术，尤其是诗歌方面有极高的成绩。唐朝因为以诗赋取士，所以诗的研究极精。初年有初唐四杰，及沈佺期、宋之问等，其时体制尚未完成。到了开元、天宝之间，诗人辈出，大体上可分四派，王维、孟浩然等一派，专以自然为宗，后来继之者有韦应物、柳宗元等，可以说诗家的正统。高适、岑参一派，描写塞外境物，悲壮淋漓，系从北朝乐府化出，开后来张籍、李益等乐府之风。李白天才横逸，迥绝百代，后无继者，却可为集古诗之大成者。杜甫诗境包罗万象，开辟新境，号称诗圣。自杜甫以后，诗的领土突然加了许多新意境，新方法，可以算是诗界革命家。以后的诗人，几乎十分之八九都是杜甫一派，其他各家便相形见绌了。

散文的革新

自魏晋以来，文体上采用了骈俪之体，散文几乎废止，隋、唐以后渐有厌恶这种文体而想加以革新者，但实际上影响尚少，直到韩愈、柳宗元等出来，力倡恢复古文，于是散文才又复活，这是一派。此外民间流行的小说故事等，亦多系文人捉笔，虽然骈散间行，但叙事缠绵婉转，成就甚佳，也是一派。又有些和尚及儒者等，用白话来作语录，开宋人之风，也不失为一派。这三派虽然方面不同，内容也异，但都是对于旧文学的一种革新。

绘画之进步

除文学而外，唐朝艺术的成就也很高。绘画自唐初已有阎立本等以画人物佛像著名，开元中吴道子集此派之大成，结古派之局。同时李思训与王维俱善画山水，李为北派，以工笔见长，王为南派，以意境见长。王维的一派，后来流行于文人学士之间，成为中国画的特色。书法是中国的一种特有美术，发始于魏晋，到唐朝也很出了许多名家。

音乐之发达

唐朝的音乐更是发达，当时政府有国乐，有宫廷之乐，有官妓专为人弹奏音乐，私家蓄声伎的也非常之多。文人学士无不精通音乐。当时的诗歌绝句都可谱入乐器。后来遂有诗余一体出现，开宋词之先。唐玄宗时代提倡歌舞最盛，音乐的大发达当起于此时。

唐代人的生活

唐代是个文学艺术空气最浓的时代，故生活极为优美，饮食衣服居室都有进步。虽武人也知尊重艺术。社会上礼教也很疏阔，女子为女道士、女妓者甚多，男女交际似乎也不很严。对于思想、宗教等概取自由信仰态度，压迫很少。

第十章　文化的收敛与民族的屈辱

唐帝国之病征

唐朝帝国经过三百年的和平丰乐，破绽便逐渐显出了。一般人因为生活太舒服，流于享乐主义，毫无气节和抵抗了。军阀又只晓得剥削人民，弄得社会经济一天比一天枯窘。宫廷之间也奢侈过度，不顾民生疾苦，结果引起黄巢流寇之祸，帝国经不住打击，便瓦解了。

黑暗之五代

从黄巢起兵始，一直经过了多年的争夺屠杀，造成了五代的局面。这六七十年中可算是中国文化史上的黑暗时代，除了南唐和后蜀的词的作品以外，简直没有一些成绩可言。这当然由于环境不良的关系。

外患之日深

从唐朝中叶以后，北方的回纥，西方的吐蕃，南方的南诏，东北的契丹，已经纷纷来侵略了。不过这些尚都非腹心之疾，直到后晋石敬瑭将燕云十六州割让给契丹，从此东北藩篱俱失，开此后三百年中国民族屈辱之局。真是历史上应该注意的一件大事。

第十章 文化的收敛与民族的屈辱

统一之复现

经过五代短期的分裂，到宋太祖时代，中国便又归于统一。宋朝的政策是取保守主义，对外一度竞争失败，遂事事取退让态度。对内政治尚好，但也只是苟安敷衍，并无远大计画。不过因此中国人民又得了一百多年的休养苏息，一切文化得以自行发展，也未始非政治安定之功。

苟安的思想

在北宋一代最有力的思想是苟安平和，上自君主，下至士大夫平民，都怀抱着同一的见解。对外务求屈服忍辱，每年拿许多金币送给辽以求和平，甚至西北小小的西夏，也要每年送许多钱给他。对内则诸事取敷衍态度，养兵甚多而不能用，设官甚多而无所事事。稍有作为的人便受排斥，这是暮气民族的表现。

文学的复兴

在这种平和的境地之下，文学自然容易发育。唐朝虽然有韩愈等提倡古文，但士大夫社会间流行的文体仍然是骈体，五代和宋初仍然如此，到北宋中叶欧阳修出来，始提倡恢复古文，以矫当时的风气。自后有曾巩、王安石、苏洵、苏轼、苏辙等古文名家辈出。古文遂代骈文而为文学正统了。不过宋朝的四六文也还盛行于社会，别有一种风格。

诗的发展

自唐杜甫以后，替诗界开了一个新领土，后来作者都不能出其范围。中唐以后如韩愈的奇崛，白居易的平易，李义山的穠丽，都是从杜脱化而自成一家者。晚唐五代及宋初，大家都学李义山体，到欧阳修出来，才打破这种空气，另创新派。以后有梅圣俞、苏舜钦、苏轼、王安石、黄庭坚等。而苏轼天才最高，成就最大。南宋有陆游，金有元好问也都是大家。黄庭坚一派到南宋盛行，号为江西派。宋诗的长处就在更近于言语的自然，短处在议论多而神韵少，所以不及唐朝。

词的发展

词是一种新创的诗体，较诗的形式稍为复杂，故能表现诗中所不能表现的意境。这种体裁大约始创于唐末，到五代时后唐、南唐、后蜀的君主和宰相都喜欢作词，故风气大开。其中尤以南唐后主李煜所作最为超绝，是中国历史上第一个大词人。到了北宋，作者更多。晏殊、欧阳修、柳永、苏轼、秦观、黄庭坚都很有名。大约柳永、秦观等以字面茜丽见长，虽非一派，大体上相近。这一派是词的正宗，后来无能继者。苏轼一派以意境豪放见长，到南宋有辛弃疾更加痛快，末流简直像说白话，发议论，没有诗的意义了。北宋末年有周美成者因深通音乐，故所作词皆切合音韵，以此为人所重，到南宋姜夔、吴文英等出来，更加向此方面发展，其末流专顾音韵及字面，不顾内容和神理，竟至不通。大约宋词因能谱入音乐，故其流行更普遍，平民社会也很盛行。

艺术的发展

宋朝的艺术如音乐、绘画等都很发展，音乐虽无杰出的人才，但在宋代很是普遍，并且与当时的新文学——词——结合，到金、元时便变为戏曲。绘画到五代时已有荆浩、关仝等名家，到北宋更加名手辈出。北宋末年宋徽宗创设画院，集许多名手于其中，其成绩在中国绘画史上要算空前绝后。可惜到南宋以后，王维一派的山水画流行，文人学士图其省便，大家只管意境，不管结构和描写，宋画院派那种伟大庄严的气象遂丧失了。

变法革新的失败

北宋的内政尽管平和,但是弊端一天一天地加多,外交界更是不堪言了,因此当时有志的人都想加以改革。其中欧阳修、李觏一派的江西人,主张功利主义,最能救治当时的弊病。到王安石出来,得了神宗的专任,遂一意变法维新,以富国强兵为目的。不幸在宋朝那种苟安的空气之下,保守派的势力很大,王氏终于失败。自此以后,新旧两党互争,弄得为小人所假借,失去本来的意义,而宋朝也终于亡了。

黄河流域的再陷

宋朝一代与外患相终始。起初东北有辽人是宋的劲敌。不过辽之兴起是始于五代,到宋初已经有些暮气,故不能有作为。到北宋末年,辽的属部有女真一族突然兴起,先灭辽,又侵略宋朝,宋朝不能抵抗,徽、钦二宗被掳,高宗南渡,迁都于杭州,黄河流域从此失陷于异族。这种异族不像五胡的乱华尚有西方文明可以输入,他们的成绩只是蹂躏地方,又过了一百年金人也被蒙古所灭,黄河流域二度被蹂躏。黄河流域经过这几次游牧民族的侵袭,元气大伤,至今不能恢复。

蒙古人之崛起

金与南宋对立了一百年,两方面在文化上都仍然承袭北宋的苟安主义,所以毫无气色。到了末年北方兴起了一个新民族,名叫蒙古,他们的首领特穆津统一了蒙古诸部,西灭了花剌子模,南灭了金,他的子孙继续着扫平欧亚许多国家,灭了南宋,建设了一个大帝国,四个大汗国,在政治史上和文化史上,蒙古人都是一颗大彗星。

蒙古人对于世界文化的影响

蒙古人当时所处的地位是很好的，国土既然这么大，威力又这样普遍，世界上的几个文化中心如中国、波斯、阿剌伯、印度、欧洲都直接在他的势力之下，蒙古人如少有智识，则至少融合世界文化的责任是可以作的。可惜蒙古人是一种最固执的游牧民族，他们不但不了解文化的需要，并且也无意去了解他，他们的破坏力最大。阿剌伯帝国的文化全由蒙古人将他毁完，波斯与中国也受蹂躏不少。不过到这种民族一旦定居一地，由行国变为居国的时候，中国的文化便立刻征服了元朝，而波斯与阿剌伯的伊斯兰教文化也终于同化了伊儿汗国。

东西交通的开辟

蒙古人因为领土广阔，所以很注意修路，又创驿站之制，对于交通事业颇有建设。故当时世界交通顿然较前便利，海陆两路都很发达。中国人之开发南洋也始于此时。意大利人马可波罗（Marco Palo）来游中国，归后著游记，风行欧洲，遂引起欧人侵略东方的心思。

理学的盛行

蒙古人虽然征服了世界，但对于文化上并无贡献，中国的文化仍循旧有的老轨道走，一些也不变更。当北宋中叶，有陈抟一派道家思想与儒家结合，遂产生了新儒家的思想，后来又吸收了佛教的理论，当时称为理学或道学。北宋的有名道学家有周敦颐、张载、程颐、程颢等，到南宋朱熹出来始集其大成。与朱熹同时的有陆九渊和他反对，又有吕祖谦、陈亮等倡功利主义，但都胜不过朱熹。南宋末年朱氏一派道学空气笼罩长江以南，到元朝更普遍了。朱氏学说主张主敬存诚，其为说本来近乎经验派，末流之弊过于拘谨，重视个人私德，轻视公众事业，遂成为一种束缚人心才智的工具了。

喇嘛教之流行

佛教到了唐朝已经极盛，后来惟禅宗最为流行，其为教派不立文字，故便于作伪。又有真言宗者专以密咒为主，不盛于中国，惟自唐初即流入西藏，当时西藏吐蕃国初强，吸收中国及印度文化，最欢迎这一派的佛教。结果自唐末经过宋朝一代，僧侣的权一天大一天，就挟制国王，干涉政治了。蒙古人灭了吐蕃以后，将这种教输入中国。蒙古、满洲人都信奉他。在中国虽未流行，但与民间道教的神秘思想结合，产生许多秘密的宗教。其中势力最大者为白莲教，元之亡即亡于白莲教人之首先倡乱。

戏曲的发达

元人在文化史上惟一的光荣是他们的剧本。原来戏剧到宋朝已很有规模了。金时杂剧盛行，已有文学家从事制作剧本。到元朝更作者辈出，马致远、关汉卿等最为杰出。不过以结构论元曲尚极简单，不及明代传奇的完备了。此外有散曲一种，系单独填写没有脚色宾白的，与词差不多，这就是一种新诗体了。

第十一章　东西交通之初启与民族精神之复兴

宋末的民族思想

宋朝自开国以来就很尊重智识阶级，所以宋朝的智识阶级也很有权威，他们的势力常能影响国政。因此宋朝也很得到他们许多帮助。譬如北宋末年，蔡京、童贯等小人执政，就有太学生陈东等伏阙上书，请除奸救国。南宋初年这种士气因外患的结果，一变而为民族的义愤，社会上的舆论都主张对金人取强硬态度，主和的秦桧所以被后人骂得狗血淋头的缘故，就因为他违背了这种人民公意。到南宋末年，更有文天祥、陆秀夫一班书生出来替宋朝作最后的挣扎。宋亡以后，遗民如谢翱羽、郑所南辈更大鼓吹民族思想，当时虽未见效，但元之速亡未始不受这种鼓吹的影响。

明太祖之平民革命

中国历史上虽然每隔二百多年必有一次改姓易代的革命行为，但就每次革命的性质统计下来，大都是以地方反抗中央的行为，其因虐政压迫而激起之人民自发的革命，仅有秦末、隋末、元末三个时代。秦末汉高帝以平民革命而成功，但同时起兵的却多是六国的后代，高帝最初也依赖楚怀王的声势，所以大体上还是贵族革命的性质。隋末群雄大多起自民间，但成功的却是贵族出身凭借地方势力的唐高祖，所以也不是纯粹平民的革命。独有元朝末年，最初举兵的韩林儿、刘福通辈是白莲教的头目，以后各地举兵的也都是平民，明太祖更是道地的无产阶级，这个倒确是以前所没有的。所以至此的原因，大约由于元朝压迫汉族过甚，所以汉人没有得到重要的政治地位的缘故。

明太祖之专制手腕

平民出身的明太祖，一到得了帝位之后，比以前的历朝君主更会取压迫专制的手腕。他的杀戮功臣有似汉高帝，而干涉思想，迫害文人，比汉高帝还利害。他因为要大权独揽的缘故，连宰相也都废去。并且定出廷杖朝臣之例，摧残士气无所不至，真是一个专制的恶魔王。

八股文之成立

自隋炀帝创科举考试制以来，历代雄才大略之主都以此为牢笼人才的工具，唐太宗至有"天下英才入吾彀中"之傲语。唐朝考试主要科目有进士、明经两科，进士科专考诗赋，很受社会的尊敬，所以唐朝士人多虚华无实。到了宋朝王安石想矫正这种弊病，就创以经义取士之法，结果反造成许多迂阔无用的腐儒。明太祖是个不懂学问的人，他一心只想禁锢思想，消灭反动，于是更创出八股制义的体裁，简直是一种文学上的游戏，此制一出，历明、清五百余年，愚蔽学者的头脑，以致国弱民愚，结果非常之坏。

道学之统一思想

南宋的道学，到了元朝就成了社会上唯一的权威，无人敢加以反对，不过还没有得到政治上的正式保护。及至明太祖即位，因为想借道学压制当时的人心，并且自己与朱熹同姓朱的缘故，就钦定考试制义必须以朱熹的学说为根据，不许有人反对批评。这样一来，朱学被专制帝王所利用，就成了禁锢思想的利器了。

航海事业之发展

明初即十五世纪之时，正欧洲航海事业刚发展的时候，中国的航海事业也同时发展。当元朝征服后印度半岛及南洋群岛的时候，中国人对于航海已渐注意。到明成祖时代，派遣宦官郑和出使南洋，前后数次，其行踪东至菲利滨群岛，西至非洲东海岸，所至征服土著诸小国，替中国民族开了一条发展的新路。自此以后，国人往南洋贸易谋生者渐多，南洋浸成为我族人之殖民地。

欧人之东来

在郑和出使南洋之后约十年，即一四九八年（明宪宗弘治十一年），葡萄牙人华士哥德噶马（Vasco da Cama）发现了南非洲的航路，从此欧亚交通开了一条新路径。葡萄牙人首先东来，略得了印度的卧亚，及南洋的马剌加，拿这两个地方作东方侵略的根据，从此进而与中国谋交通。最初由广东上岸，寄居在上川、电白、澳门三地。到一五三五年（明世宗嘉靖十四年），向中国政府租得澳门岛，以后欧人来华便有了确定的居留地了。

阳明学派之兴起

到了十六世纪初年，正是世界的大势开了一个新幕的时候，中国的思想学术界也起了一番新运动。朱熹的理学虽然经朝廷提倡，但行之日久，作伪百出，社会上已经生厌了。到明武宗的时候，有一位大豪杰名叫王守仁的，在政治界立了许多功业之后，就转回头来提倡哲学。他的学说以致良知为纲领，明白直捷，颇能纠正当时朱学的流弊，故信从者甚多。虽贩夫走卒也都有受其教者。同时或稍前对朱学作改革运动的，尚有陈献章、湛若水诸人，不过都没有王守仁的成就大。王氏的学说实在就是佛教禅宗的变相，其末流之弊也和禅宗一样，造出许多狂荡自欺的人来。不过在初起的时候，于洗刷人心的陷溺，唤起伟大的精神，很有裨益。

明代之传奇

明朝虽然有不少讲理学的人，但是一般社会却和唐朝一样，依然是文采风流。加以当时明太祖封的诸王，席丰履厚，无事可为，颇多提倡风雅者，因此文学颇为发达，尤以戏剧为盛。金元的杂剧在当时已盛极一时，到元末明初这种短篇的杂剧便渐渐进化成一种较长较有组织的形式，号为传奇。在音乐方面，也渐渐从粗豪暴厉的北方音乐，进化到缠绵宛转的南方音乐，于是所谓昆剧者便出现了。明朝的昆剧传奇作家，非常之多，最大的天才要算作玉茗堂四梦的汤若士。

长篇小说的发达

唐朝的短篇小说，到宋朝反而退化成民间故事的形式，元朝也没有进步，不过因戏剧之普及，给小说添了许多新材料，新描写手段。到了明朝便有几部好的长篇小说出现。最著名的如《水浒传》，是明朝中年人所结集的，《西游记》是吴承恩作的，《金瓶梅》是王世贞作的，此外如《三国演义》大约也是明朝人的手笔。

文学批评的发达

明朝的诗词方面，都没有什么大成就，开国时代的高启，就气力薄弱，不配称大家，中叶以后，前后七子力倡复古，更无精神了。但是诗文乃至小说戏曲的批评方面，却有很大的成就。诗文批评是起于宋朝，当时有许多诗话、文话之类，但无大成就。到了明朝就出了许多大批评家，如王世贞的批评诗文，梁伯龙的批评戏剧，李卓吾的批评思想，金圣叹的批评小说，都是有很大成就的。

浪漫派之流行

明朝的一般社会，浪漫的空气非常发达，尤以文人社会为最甚。当时的大文豪，如康海、唐寅、祝允明、徐渭，以及末年的钱谦益、侯方域等，几乎无人不有很浪漫的新奇的生涯可述。这种浪漫活动，大多是以男女的恋爱为主，因此明朝的传奇也十有九以男女故事为材料。不过也有不以男女恋爱目的的恋爱运动，如徐霞客之周游全国，也算是浪漫生活之一种。当时的理学大师王守仁及其门徒，也很有浪漫的倾向。

罗马旧教之输入

当元世祖的时代，罗马教皇已有派遣教士来华传教的拟议，不过当时因教会本身已趋腐败，故未得成功。到新教改革以后，旧教发愤自强，组织耶稣会，注重教育及慈善事业，并向海外传道。印度、南非洲，都有他们的足迹。葡萄牙人租了澳门之后，罗马旧教便逐渐向中国谋发展。到明神宗的时候，意大利人利玛窦（Matteo Ricci）来中国，历游南北两京，所至交结士大夫，凡居中国三十年之久，就替罗马教在中国树下一个规模。以后教士纷纷来华，中国的缙绅们信奉极多。甚至明朝最后的偏安君主桂王由榔的母亲也都信教，曾有求救于罗马教皇的表文。

教会对于中国学术界的贡献

耶稣会派的传教是以教育及慈善事业作引诱的工具，并且当时所派来的教士多是有学问的，因此给中国学术界以一种新的贡献。最大的成就是在历法，欧洲传来的历法较之中国旧法及回族的法都有奇验，因此就得了时人的信任。此外如机械学，如炮术，如地理学，如医药学，都有很多的成绩。而明末徐光启之翻译《几何原本》，给中国数学界开一条新路，尤为很大的成绩。

中国人之南洋殖民

自元朝以来，中国人赴南洋谋生的逐渐多了。郑和使南洋后，征服许多土著的小国，中国人留居者更多。有许多小国都被中国人自立为王以统治之。但是这时候正是欧人航海热的时候，最初东来的有葡萄牙人，其后为西班牙人及荷兰人，这些人一到南洋，便不免与中国人发生冲突。如同李马奔之与西班牙人争夺菲利滨群岛，郑成功之与荷兰人争台湾，都是历史上表表的事实。可惜中国政府不知殖民的重要，不但对于海外的同胞不知保护，凡一概认为是奸民任外国人去摧残，因此中国人在海外的殖民地终久失败。不过虽然如此，究竟中国人民自动的能力强，在南洋群岛以及全世界的华侨，不但土人无法竞争，即欧人亦百计摧残终不能加以禁绝的。

第十二章　民族思想之成熟与考证学之兴

厌世浪漫复归实际

明朝是一个浪漫派鼎盛的时代，文学也浪漫，哲学也浪漫，实际社会的风尚也趋于浪漫。到了末年这种浪漫的弊病便显出了。一般阳明弟子，日日空谈心性，鄙实际为浅薄，其甚者则贪财好色，不顾小节，引起社会的厌恶。至于文人学士，更是天天征酒看花，国家的兴败，社会的荣衰，一些也不管，这样下去，自然久而久之，会起反动。何况当时内政的腐败，外患的迫切，都使一般学者不能不转回头来看看实际呢。

东林学派之兴起

毕竟是阳明的致良知之说有些提醒人的功效，因此最初的有关实际的运动还是起于阳明学派的枝流。当明神宗末年，信任宵小，不理政事，国事已败坏不堪，到了熹宗即位，宦官魏忠贤柄政，更是作恶多端。有退职尚书顾宪成、邹元标等聚徒讲学于江苏无锡的东林书院，批评时政，臧否人物，声名大起。为魏忠贤所嫉，凡是与他反对的人，都指为东林党徒，加以贬斥或诛戮，但是民间的运动还不少息。到魏忠贤失败后，东林的势力更加膨胀，有左右时局的力量。其后有张溥等组织复社，也是网罗一时豪杰，言论影响于时局不少。

实践哲学的发端

东林、复社两派的长处在敢说敢行，气节昭然，但是短处则欠条理，不了解实际的真相，结果徒尚意气，无补于实际。况到明朝末年，时事已经败坏到绝顶了，这般书生们是没有力量挽救这个残局的。于是在阳明学派中便发生了更进一步的实践哲学的刘宗周一派，不过他的学说在当时也未成熟，仍难免空谈心性忽略现实政治的毛病，因此仍无补于时局。不过就此可以证明阳明哲学派已到末流，本派中也起了改革运动了。

流寇之祸与社会的扰乱

明朝中年以后，好皇帝很少，除了明孝宗以外几乎每朝都是信任许多小人，恣意败坏政治。所以到世宗以后，社会已经有摇动的现象，盗贼已经纷起。加以倭寇的蹂躏东南沿海诸省，更弄得民穷财尽，幸而穆宗及神宗初年，有一个大政治家张居正出来，将政纲整饬了一下，元气稍稍恢复，然因此中朝臣及一般苟安派的士大夫之忌，死后竟遭追罪，神宗在位四十多年，昏聩糊涂，万事废弛。加以为朝鲜问题与日本的战争，以及后来满洲兴起以后在辽东的战争，花费无数金钱，社会基础就完全动摇。到了熹宗末年便流寇四起，毅宗一代更是个土匪纵横的时代。结果李自成打破北京，连明朝也亡了。流寇之中如张献忠竟专以杀人为事，在湖广、四川等处，屠人无数，真是一种无理性的时代。

种族之痛

社会上这样的扰乱现象，已经使有志气的读书不能安枕了，不料因为流寇之祸跟着又引起了外族的侵入，演成亡国的惨剧。满洲入关之后，对于汉人百般的压迫，结果激起了汉人的民族思想。自北京陷落以后，有许多怀抱种族思想的学者，奉了明室诸王，在东南和西南半壁，对于满洲人作最后的挣扎，一直还此起彼仆支持了十七八年。这都是民族思想复活之赐。

学者的觉悟

明朝的国家结果弄到这种地步,给一般学者以一种大的刺激,大家才感觉到以前的学问实在太空虚了,因此大家都不知不觉转移到实际运动去。表现这种精神最显著的莫如顾绛,他自从明亡以后,就出门周游全国,所到的地方交结奇异之士。他很会理财,到一个地方住上一年半载,就置下许多产业,但是他把产业置好后,交给别人,就立刻又他去了。他走路的时候都用马驮了许多书,每到一险要关塞的地方,就将书摊开,找当地的熟悉地形和兵事的人来共同讨论。这种精神,真是觉悟后的学者的精神。

实践学派的兴起

明亡以后,一般学者最初多有做政治运动图谋反抗满洲,恢复明室的,但是这企图结果都归失败,于是又纷纷都归到讲学这条路上去。这时候讲学的风气,便是都力矫从前王学末流虚浮无实之弊,而趋重于实际方面。譬如王学本是尚空谈的,到刘宗周出来便主张实际,宗周的弟子黄宗羲,便脱去王学的门户,专私史学,开浙东一派。他的《明夷待访录》鼓吹民主思想,比卢梭还早几十年。此外顾绛、李颙等虽学风不同,而主张实际则一。主张实际最彻底的要算颜元、李塨一派,可惜他们的学风太刻苦,不容易普及,所以不再传而绝。

民族思想与下层社会的宗教之关系

学者们和明朝遗老们的恢复计划,屡起屡仆,直到清圣祖即位以后,内治修明,国内实行统一,这种运动一时不易成功,于是有些志士们便注意到下层工作,准备将民众组织起来,以为将来恢复的预备。有许多秘密宗教会帮都是此时代所创立的。在中国一般民众中,这种组织的力量很大,后来清朝之亡与此也有关系。

清圣祖的内治

满洲初入关之时，政治很混乱，又极端对汉人取压迫手段，因此他在中国本部的地位并不十分稳固。幸而清圣祖出来，用他的适当的政治手腕，将这个难关渡过。他是一个博学多才而又实心做事的人，很了解民众和当时一班智识阶级的意思，因此对于民众极力的减轻租税，澄清吏治，使人民生活得以安定。对于学者则开博学宏词科，编辑各种巨部丛书，奖励学术和文化事业。他在位的六十年，除了开头二十年中尚有后三藩之乱及对外的战事等，以后真是个太平郅治的时代。

外蒙古之收服

蒙古人自元朝亡后，仍然退回蒙古故地，当明朝一代分为鞑靼及卫拉特两部，屡次侵犯明疆，但都未成功。到明末分为四部，在外蒙古的叫做喀尔喀蒙古，在内蒙古的叫做漠南蒙古，在东蒙古的叫做科尔沁蒙古，在新疆天山北路及青海的叫做厄鲁特蒙古。科尔沁蒙古在满洲初兴之时已经附和了满人。漠南蒙古在明末有插汉部（即今察哈尔特区）很强，其首领林丹汗与清太宗争衡，后为清兵所破，内蒙古就也归了清朝。惟喀尔喀和厄鲁特尚在独立。到清圣祖时，厄鲁特蒙古中有准噶尔部突兴，他的首领噶尔丹征服了天山南北路和青海、西藏，且进图喀尔喀，并窥伺中国的边境。清圣祖亲自出征将准噶尔打败，准噶尔遂降服于清。内、外蒙古从此归入中国领土了。

新疆、青海的开拓

厄鲁特蒙古在清初分为四部，准噶尔部占领天山北路最为强大，和硕特部在青海也很强。此外天山南路则为由中亚喀什噶尔国传来的伊斯兰教徒占据，号称回部。准噶尔部败后尚据有天山北路，传了三世，到高宗时因内乱被清兵所灭，又乘机灭了回部。青海则于世宗时已征服。从此西北也加入中国版图了。

西藏的喇嘛教

喇嘛教自元朝以后，得了中国政府的赞助，便有统治西藏的威权了。到明成祖时，有宗喀巴者起而改革旧教，自立一派，号黄衣喇嘛，以别于旧有之红衣喇嘛。宗喀巴有两个大弟子，后来分主前后藏，一号达赖，一号班禅。代代以轮回化身之说接替。后来外蒙古也迎了一个宗喀巴的弟子去，号称活佛。喇嘛教的势力可称极盛。西藏一向是独立国，到清高宗时才收归中国版图，派驻藏大臣以统治之，但是实际上仍然尊达赖喇嘛为政治首领。

中俄之势力

当十七世纪，满洲人兴起的时候，俄国也从欧洲伸展势力到亚洲，吞灭了中央亚细亚诸蒙古民族和伊斯兰教人所建的小国，又占据了西伯利亚，东南下窥黑龙江，遂与清政府发生了冲突。一六八九年两国定《尼布楚条约》，才划定东北的边界。一七二七年更定《恰克图条约》，将蒙古与西伯利亚的边界划清。从此中俄互通贸易，且俄国有留学生到北京留学。

清初的欧洲人

明朝末年欧洲人在华传教通商的事业已经很盛了，清圣祖是个博学兼通的英主，对于西洋的学问颇加欢迎，除了历法以外，如同全国的测绘地图，也是此时在华欧人的成绩。到世宗时代才取闭关主义，将欧人尽驱出境。以后一直到鸦片战争才开放。

日本与中国

日本自隋、唐间吸收中国文化，造成大化的维新。唐朝亡后，中日交通断绝。以后日本的政权归入武人之手，内乱不绝。元初蒙古人曾兴师东征，因为不习水战，结果败没。明朝中叶虽有倭寇侵略中国，但与日本政府无关。到明神宗时代，丰臣秀吉统一了日本，国势才渐强起来了。丰臣氏屡次出兵与明朝争朝鲜，声势很大。秀吉死后，德川家康代兴。恰好这时明朝也亡了，遗民朱舜水避到日本，极受德川氏的崇拜。他将阳明学派传到日本，鼓吹尊王思想，后来日本维新很受他的影响。德川氏采闭关政策，修明内治，以后二百多年，国内太平，文化很盛，学者也辈出。

考据学之勃兴

明末清初，厌空谈求实际的学风既然流行，当时的学者就不期然而然地走了以下的几条路。最初学者都是投身到实际政治运动，到政治运动失败后，有的从事下层社会的秘密组织，有的遁迹空门，有的远避海外，有的高隐家中，不问世事，这是一条路。内中如颜元、李塨一派，主张留心实际学问，从躬体力行做起，又是一条路。这两条路都没有什么成绩，结果遂开出考据学一条新路。考据学的始祖是顾绛，他著有《日知录》及《音学五书》等书，颇极精博。但他著书的意思本来是为的考究古代政治和社会制度的组织，以备将来政治的设施，并不是纯粹做考据的工夫。但到了他死以后，清朝的局面已经大定，汉人无法恢复，也就少有人想去做政治的运动了。于是为学问而学问的考据学才出现。有清二百年来的正统学问才成立。

考据学之鼎盛

顾绛以后，有两个最著名的考据学家，一个是阎若璩，他著有《古文尚书疏证》一书，证明《古文尚书》之伪。一个是胡渭，著《禹贡锥指》一书，证明《禹贡》之谬误，这两部书对于当时传统的宋朱熹之学颇有打击。到了高宗时代，考据学越发盛行了，就中有两大派，一吴派，以惠栋为领袖，皖派，以戴震为领袖。当时考据之风已经遍满学界，因为他们排斥宋明儒者的空谈，而尊重汉儒以为近古，因此普通叫他们做汉学。最奇怪的是汉学已经成为学术界公认的权威，而当时朝廷科举考试仍一以朱注为主，丝毫不曾改变。

史学的成绩

清朝史学以浙东一派最盛，最初黄宗羲自政治运动失败后即专门研究史学，他著的《明儒学案》是一部创作的学术史。他的弟子万斯同对于明史极有研究，现在的《明史》就是根据他的指导编成的。再后有全祖望，以研究明末史料著名。又后有章实斋著《文史通义》《校雠通义》等书，对于史学批评，确有见解。此外非浙东人的如大名崔述的《考信录》，将上古的伪史一一加以考证，也算奇书。

数学的成绩

自欧人来华以后，中国的数学界很受了些影响。徐光启译《几何原本》，开辟了几何学一条新路。到清圣祖时代，因为圣祖自身很喜欢数学，对此颇有研究，编辑了《数理精蕴》一书，给此后数学界开了无限法门。以后的第一个数学大师要算梅文鼎。此外清朝的数学界很多，详见阮元所著的《畴人传》。

清初的文字

清朝的文学也很有些人物，诗人在清初则有吴伟业、王士桢，到高宗时代有袁枚、蒋士铨、赵翼号三大家。但吴诗靡曼，王诗脆弱，袁、蒋、赵三家更是臭俗不堪，旧诗到此已至末流了。词则尚有好手，最好的要算纳兰容若的《饮水词》，他是一个满洲人，却是汉化很深。戏曲则有李渔和蒋士铨等，但也都没气魄，只有孔尚任的《桃花扇》是一部杰作，洪昇的《长生殿》虽然也很得人称赞，但已经有堆垛典故的毛病了。小说中以曹雪芹的《红楼梦》为中国第一部好小说，此外如吴敬梓的《儒林外史》，李汝珍的《镜花缘》，就都是第二流了。此外做散文的有安徽桐城的方苞、刘大櫆、姚鼐等自成一派号桐城派，末流又分出阳湖一派。这些古文家在学术上大都是提倡宋学，但并不能胜过当时的汉学。清朝的骈文也很流行，但大都摹古，并无特创。

清代的书画

清代名画家也很多，以王翠最著名，号石谷道人，他的山水画在清朝一代势力极大。与他同时的恽格，则以画花鸟著名。平心而论，清代的画家实在没有什么超胜前代的天才。书法在清朝也很流行，最大的名手要算仁宗朝的邓石如，他的字集众家之长而又能开创新派，气象最为伟大。

清代的戏剧

清代的音乐没有什么人成就，但昆剧却非常发达。当时的王公大臣，乃至平民中之稍有钱者，都喜欢提倡昆剧，家里养着戏班子，造出许多戏剧人才，比明朝还要盛行。

极盛时代的社会风俗

清朝自圣祖起经过世宗而至高宗，祖孙三代传世一百三十多年，是清朝极盛的时代。清圣祖时代政治修明，人民生计经过六十年的休养，已经非常充裕。再加以世宗在位十三年的励精图治，所以到高宗时代，社会景象非常之富丽，高宗是个豪侈成性的人，他六下江南，靡费无数。当时江苏扬州为盐商荟萃之地，产生许多大富豪，他们的穷侈极欲比皇帝还过几分。高宗又努力于对外的武力，结果军费也花得不少。末年宠信了一个权相和珅，招权纳贿，天下元气更被剥削得干干净净。加以自世宗以来励行压迫思想的手段，屡兴文字之狱，结果将士人都弄成阘茸卑污一流。因此高宗末年，湖南的苗乱刚平，川楚的白莲教匪就起来，到了仁宗以后，内忧外患，交逼而来，就不是以前那种升平时候了。

第十三章　海通以后的文化转变期

嘉、道以后的内忧外患

清朝的国势到高宗为极盛,但国事之败坏也全伏于这个时代。所以到仁宗即位,高宗尚未死,乱事便已发作了。仁宗朝则有川楚的白莲教匪之乱,有闽粤等海寇之乱,有北方的天理教之乱,宣宗朝初则有回部之乱,最后则有洪、杨等太平天国之乱。所有这些内乱都由于政治腐败,官吏剥削而成。幸而仁宗和宣宗都还是个谨慎节俭的君主,所以尚可保得几分元气。但是在这个内忧遍地的时候,不幸却又遇到了外交上空前的大变局,自鸦片战争以后,一败再败,无法抵御,则不能不令当时的人手忙脚乱呢!

五口通商

鸦片战争的结果便是缔结《南京条约》,开放上海等五个口岸让外国人来通商。这个事件影响极大。第一从此外人在华有了正式的贸易根据地,并得了传教的自由,从此经济侵略与文化侵略并进,中国就无以抵抗。第二通商口岸开后,所有欧洲的新思想新文化都从此地输入,为以后中国文化转变之策源地。且以后许多作政治改革运动的人也都以上海租界作逋逃薮,影响于政治也很大。第三从此中国交通及商业的中心,移于海上,而陆地便渐渐减色了。

太平军的革命运动

在这清朝内忧外患相逼而来的时候,突然起来一种新的改革运动,虽然结果终于失败,但终是历史上一件可记载的事,这便是太平天国军的革命运动。太平军起自广西,本不过是些土寇鼠窃之类,但因其中有一部分人受了明末遗老的影响,怀抱民族思想,想推倒满洲人的统治,又一部分人则受基督教和西洋人的影响,对于中国社会旧习想有所改革。因此自打到长江流域,定都南京以后,就有许多特殊的政策制定出来。如尊奉上帝,易服色,蓄发,改历之类。太平天国之所以失败也在于此。因为他们想拿政治革命、社会革命、种族革命和思想革命,混在一起来做,而自身又无充分的学识、一致的计画、牺牲团结的精神去维持他,当然非失败不可了。

湘军的成功

打倒太平军的并不是清朝政府,而是曾国藩、胡林翼一班湖南的书生,这是人所共知的。他们所以战胜太平军的原因,固然由于他们个人的学问人格较好的缘故,其实最大的原因还在他们的主张较合于当时国民的心理。他们并不是绝对维持旧习惯的,但他们是渐进的革新派,而不是激进的革新派,湘军之战胜太平军,便是当时的渐进派思想战胜了激进派思想。

宋学的复兴

过重考据的汉学,到了乾、嘉以后便露出许多的缺点,他们只晓得从字句上争论些琐细的问题,而不晓得政治和社会上有许多大问题还待解决。而且因为他们反对宋儒义理之学的缘故,结果有些人连人格气节都不讲,做出许多卑污苟且的事来。因此汉学在社会上渐渐失了原来的地位。到湘军曾、罗一派人出来,打着宋学的旗子,以人格气节相号召,结果做出许多惊天动地的大事业来,因此宋学在太平天国乱后,便陡然有复兴的样子。不过时代已经不是从前的时代,不但支离破碎的汉学不能救了这个时代,而且也非空疏迂腐的宋学所能救得了的。因此曾国藩中兴宋学的事业也只撑持得一时，结果只剩下几个桐城派的古文家去肩那具老招牌，于世道人心是一无所补的了。

今文派汉学之改革运动

在这时候，汉学自身也起了一番改革运动，这便是今文家的新汉学了。今文家最初不满意于古文家之崇拜东汉，因此就拿出西汉的更老招牌来打到他。但实际上却渐渐作了革新运动的臂助。他们将孔子的学说内容扩大，附会了许多神奇怪诞的胡说，却也加入了许多新奇有理的思想。就学问的见地看，今文家的主观见解太深，还不如古文家较为平实。但就革新运动看，却很有大影响。今文家自龚自珍、魏源以来，即以经世致用为目的。后来国事日非，他们的目标也越趋于实际。直到康有为出来，集了今文家汉学的大成，却也为革新运动做了一番大事业，这是今文家的成绩。

留学政策之起

无论汉学、宋学、今文、古文，都救不了当时的国家险状，这种情形自太平乱后，有识者便渐渐明白了。所以曾国藩在乱平之后，便采用了容闳的建议，派遣第一批的留学生到欧美留学，也设制造局于上海，聘请专家译出许多西文书籍来，影响于当时的思想实很大。

富国强兵的思想

当时中国人初与西方人接触，对于西方文明尚未能认识真相，一般只以为西洋人之强是由枪精炮利，不但思想和政法的精义未曾梦见，即对于发展物质文明之机械工业也未能认识。当时只有一个薛福成曾提倡机器之学，但不为社会所注意。一般腐儒和细民还在高唱排外制夷的思想哩。

教案与排外运动

因为几次与西洋人接触而失败的结果，引起了人民的排外的敌忾心，当时西人与中国人接触机会最多的要算传教士，基督教有许多习惯如不拜祖先之类本与中国旧习不同，因此更容易引起误会。于是社会上平空流行许多谣言，如谓西洋人宰杀小儿以配药之类，无知的人民一听此说，就容易引起暴动，所以清穆宗、德宗两朝教案迭出，都由于这种缘故。不过教案的结果总是中国人吃亏，其甚者如胶州湾及广州湾之租借，也是因为杀伤了德、法教士的缘故。

清流党之势力

当清朝末年，不但普通人民之中有一种不知利害盲目排外的潮流，即所谓士大夫社会之中，也一样的有这种大言欺世的现象，这般人在当时号为清流党人，他们根本不懂外交，却又常常要干预外交，对于当时办理外交较有经验的李鸿章等，常常盲目地加以攻击。结果误国之罪，不在贪官污吏之下。

中、日战后国民之觉醒

这种举国上下自大排外的心理，促成了中日战争的爆发。中、日战后，各国乘机要求租借口岸，划分势力范围，中国危亡，就在旦夕，于是有一部分明白大势的人才渐渐觉醒。看了日本区区岛国，竟能发愤自强，都是因为学习了欧美法制的缘故，变法维新的运动就渐渐兴起了。

戊戌变法之失败

这时候有康有为、梁启超一派，在上海办《时务报》，在长沙办时务学堂，极力鼓吹维新思想，他们都是讲今文学的人，所以也很得旧学家的信仰，于是有新科举人们的公车上书运动。后来在北京又组织保国会，各省也都组织起同样的团体，维新运动一天一天声势大起来。结果德宗也如此潮流所鼓动，就起用了康、梁一派的人，力行变法，废科举，改学校，澄清吏治，整饬军备。不幸改革过急，触了守旧派的忌，就拥出德宗的母亲慈禧太后来，将新党或捕杀，或囚禁，康、梁逃至国外，德宗也遭禁锢，维新事业就此失败了。

反动之失败与维新之再起

但是时势所迫，维新的思想已经深入有志青年的脑中，万不能用威力扑灭尽的。当戊戌变法失败之后，太后和朝臣因恨维新党人的缘故，就迁怒到外国人身上，遂煽动起民间排外的心理，组织一种含有迷信性质的秘密结社，名叫义和团，在山东、直隶、山西一带，到处焚烧教堂，杀掠教民，最后奉旨去围攻北京使馆，引起外人的联合干涉。八国联军打破了北京，清朝帝后逃至西安，缔结了最辱国丧权的《辛丑和约》，排外运动，到此才告一段落。到帝后回京以后，也就不得不顺从正当的民意，下诏变法维新，再走戊戌的旧路了。

辛丑以后政府的维新运动

自此以后，变法维新已成公认的潮流，无人敢反对了。清政府的维新政策最有效果的要算停科举，办学校一事，此外如放足、禁烟等事也切实进行，最后应人民之要求，派五大臣出洋考察宪政，下预备立宪之诏。又张之洞在湖北首创练新军，开办工厂，袁世凯在直隶也练了北洋新军，这些都是当时政府的变法成绩。

留学日本的潮流

不过当时维新的主动力还在民间，因为政府的变法是敷衍门面的，不彻底的，所以有志之士都想起来自行求得新智识，因此留学的风气便大兴起来。当时日本因为同文同种的关系，地方又比较近，生活又比较贱，加以国体相同，国情也相似，因此多数的青年就都往日本去留学。极盛的时代，东京有数万中国留学生，这数万留学生一聚到东京，就替中国造出许多惊天动地的风云来。

立宪派之运动

这时候政治的运动也分了派别了，康、梁自变法失败以后，康有为就去漫游欧美，联络华侨，梁启超则住到日本横滨，创办《新民丛报》，起初尚主张革命之说，后来康的思想愈趋于保守，加以东京激烈派渐渐得势起来，因此梁的议论也渐趋于稳健。他们一派主张保皇立宪，在各处组织保皇会，与国内立宪派相呼应，而与当时主张革命排满的一派相反对。论争很烈。

同盟会的排满革命

排满思想，本来起源很久，到后来便成为具体的革命运动。最初有孙文者在檀香山组织兴中会，与陆皓东等图谋在广州起事，失败后陆死孙逃，遂到处宣传革命思想。又有黄兴等一派湖南人，在湖南联络会党，组织华兴会。章炳麟一派的江浙文人也组织光复会。这三派先后受压迫都跑到日本，遂联合起来，组织同盟会，声势骤然浩大起来。他们办了一种《民报》，专门与梁启超的《新民丛报》宣战。立宪派终久失败，而革命思想渐渐传布起来。

民族思想之复活

革命派人所用的最有力的宣传工具是什么呢？就是基于满汉不平界限之民族心理。因此他们极力鼓吹明末遗老的民族思想，明末思想研究之工具忽然复活起来。到处假借研究国学之名来传布民族思想，加以实际运动之前仆后起，影响于人民之倾向革命心理不少。

翻译事业之发达

在国外这种革命、立宪两派人努力奋斗的时候，国内的一部分人也在那里努力地做他们的平和工作，这便是翻译和出版的事业了。如这种事业中最著名的有两个人，一个是严复，他翻译《天演论》等英国进化论派的名著，博得了无上的好誉。一个是林纾，他翻译了许多的欧美小说，给中国人了解西洋人的生活真相，对于思想改革都很有功绩。此外有些日本留学生也从日文中译出许多政治之书，又在各省发行许多日报杂志，对于文化介绍也很有帮助。

清朝终于亡了

国内的立宪派尚想作最后的努力，当德宗和慈禧太后都去世以后，立起一个三岁的小皇帝宣统来，他父亲醇亲王摄政，立宪派以为改革的机会到了，就起来以各省谘议局作基础，派遣代表联合请愿，缩短预备立宪年龄，提早开国会。不料当时清廷亲贵昏聩糊涂，不知容纳民众潮流，竟致拒绝，于是民心失望，虽立宪派也知非革命不可了。此时清朝练的新军已经很多，这新军将领多半是用日本的留学生，而日本留学生又是多数怀抱革命思想的，因此乘着四川为国有铁路请愿风潮的机会，霹雳一声，武昌起义，各省响应，不到百日，清朝就终于亡了。这就是文化运动与思想革命的真力量的表现。

第十四章　民国十七年来的中国文化运动鸟瞰

政治热之时代

辛亥革命成功，民国政府成立，大家的眼光心思都注重在政治问题上去了，一时论宪法，论政制，很有许多好著作。大家都希望民主政治能够真正建设成功，这是一个政治热绝顶的时代。不幸时局现象一天不如一天所期，因此从绝顶的政治热渐渐冷淡下去，造成了民国三四年的黑暗时代。

革命中对于社会之改革

辛亥的革命虽是单纯的政治革命，然对于社会习惯也有所改革。如剪辫，如废止太阴历改用太阳历，如废除不平等阶级等，都是显著的事实。此外如禁烟、放足、废止婢妾等，也曾注意过，但实际上未去积极进行罢了。

黑暗复古时代

民国三年袁世凯解散国会，改造临时约法之后，大权独揽，极力压迫反对党，造成了政治上的黑暗时代。同时思想上也到了复古的时期。袁氏起用一班老朽分子，定出许多仿古的礼仪来，颁布全国。这种复古运动的极端，便造成袁氏之帝制运动。

社会运动与政治运动两派之辩难

这时候有智识的人都感觉到不能安于现状，想别求一条出路，为这个问题，便生了两种意见，梁启超一派主张政治无望，应该从改良社会根本做起，他在《大中华杂志》上发挥这个意见很多。他的意见很得一班人的赞同，当时江苏省教育会一派人在江苏进行的改良教育运动，便是实行他的主张的。但是章士钊在东京办《甲寅》杂志，便反对他的主张，仍主张先解决政治问题。孙文在东京组织中华革命党，也算是与这种态度一致。后来陈独秀等办《新青年》杂志，原是属于章氏一派，竟不知不觉走到梁氏的路上，在文化运动上建设了许多的功绩。

《新青年》与新文化运动

民国六年，袁氏帝制运动既然失败，国会恢复，政治仍然闹得一团糟，于是人民越发厌倦政治，而专注意到思想精神的根本问题上。那时《甲寅》已经停刊，章士钊的朋友陈独秀就出来组织《新青年》杂志，鼓吹青年思想的复活。初时尚无大影响。

胡适与白话文运动

直到胡适出来主张白话文运动，才有了大影响。原来桐城派古文到清末已经为人厌倦了，有些学者如王闿运、严复、章炳麟之流，极力做些周秦以上的古文，虽然很像，但不能通俗。那时梁启超在日本办报，乃极力解放文体，搀用白话及日本名辞，一时极有魔力。到民国以后，章士钊一派的矜炼论理文颇流行于学者社会，但也不能通俗。于是胡适出来主张一概改用白话，反对文言。钱玄同更骂文言为桐城谬种，选学妖孽。他们的主张一时很引起古文家如林纾等的反对。但白话终久战胜了。

白话诗的成立

胡适不但主张白话文，连作诗也主张用白话，并且打破旧日的格律。原来诗自宋变为词，元变为散曲以后，已逐渐近于白话及语体的自然了，明、清以来的山歌村调更是天籁。胡氏的主张也不过顺这个趋势而已。胡氏自著有《尝试集》，是白话诗——当时又叫新诗——的第一部创作，但尚未成功。到康白情、俞平伯等出来，新诗就渐渐成熟了。

反孔运动

但是《新青年》的最大功效还不在鼓吹新文学，而在反对孔家学说。陈独秀在这一方面做的工作颇多，他将孔子的学说倾向专制不合于现代潮流之弊指出，一面主张用民主思想去代替他，对于当时思想界的影响也很大。

注音字母之颁布

当时更有一个利器帮助白话文的进行的，便是注音字母的造成。原来中国文字不适于记诵应用，已经是很显著的事实，所以清朝末年就有好几种简字运动出现，不过都未成功。到民国以后，遂由教育部设立读音统一研究会，制定三十九个注音字母，对于不识字的人很有帮助。后来又规定小学校国文改用语体，这个改革虽然是很和平的，但是影响比一度政治革命还大。

五四运动

《新青年》的主张，已经很得国人的注意了，恰好到民国八年五月四日又起来一次学生运动，这次运动是为争巴黎和会中对于山东问题的袒护日本事件而起。当时北京各校学生联合起来将亲日派外交家曹汝霖的住宅捣毁，跟着全城就罢课，跟着全国响应，学生罢课，商人罢市，到六月三日又有教职员请愿被殴的事发生。这两次运动影响极大，在外交上则巴黎和会中国代表因此拒绝签字，后来终久于华盛顿会议将山东权利收回。在思想上则五四运动以后，全国青年精神奋发，一年之内出版几百种的刊物，新文化运动经此一番刺激，就普遍全国了。

翻译的潮流

五四以后，全国青年渴望着思想上的救济，求知欲一时极高，因此翻译的潮流就极盛起来。张东荪翻译的法国哲学家柏格荪的《创化论》，出版之后，立即销完，可见青年求知欲之盛。以后各书店也投机大出版新文化的书籍，以共学社丛书为最多。但选择不精，翻译也潦草，因此渐失人的信仰。

整理国故的潮流

因为当时新文化运动的健将如胡适、梁启超等，都是长于国故的，因此后来整理国故之风很盛，清朝的考据学又有人注意起来。胡氏的《水浒传考证》《红楼梦考证》等，很博得人的赞许。此风后来变为疑古和攻击古代思想的一派，于思想运动也很有大影响。

科学与反科学之争

《新青年》极盛时代，曾标举科学与民治两大主张，不幸后来都没有贯彻。新文化运动中偏重文学，对科学似注意较少。到梁启超游历欧洲归来，发为科学文明破产的议论。又有人请著名反对科学的印度诗人泰哥尔来中国。北大讲师梁漱溟著《东西文化及其哲学》，又极力鼓吹东方思想，因此反科学的潮流很盛。但同时拥护科学的仍然很多，最后丁文江与张君劢起了科学与玄学的笔战，这个问题一时颇引人注意。但其实中国应该提倡科学和物质文明，虽在反科学的人也无法反对，因此这个问题，并不是什么切要争论的问题。

社会主义的运动

中国的社会主义运动自民国初年即略有根芽，民国元年江亢虎组织社会党，后为袁政府解散。民国五六年间有刘师复一派提倡无政府主义，但也未能大兴。五四运动以后适值欧战告终，欧美一部分学者方倡世界大同之说，又加以苏俄革命成功，因此社会主义的研究就盛行起来。以基尔特社会主义、无政府主义及布尔什维克三派最盛。后来布派因有苏俄政府为后援，渐渐扩大势力，于一九二一年组成中国共产党，从事工人运动，遂渐为社会所注意。

民治主义的潮流

中国近二十年来留美学生极多，故政治思想无形受美国之感化，多数趋向民治主义。欧战以后威尔逊之主张流行，故中国的民治运动潮流更盛。《新青年》以拥护德谟克拉西（民治主义）为标帜，五四以后又请美国哲学家杜威来华讲演民治主义的教育，故民国八九年间政治及教育上民治主义之色彩皆极浓厚。不过民治主义者多偏重于渐进改良，不能迎合青年急进的心理，因此渐渐失势。

政党运动的复活

民国初成立，国民竞模仿欧美政治，故一时政党极多，其后国会解散，政党也就匿迹。民六国会恢复后，一时曾有不党之说，但实际上仍然小党林立，比从前更多。不过这些政党都是以议员结合的，并无民众的后援，故国会二次解散后，政党就又瓦解了。到民国十二年前后，政治腐败更到极点，人心遂又注意于政治。旧日的国民党曾一度由孙文领袖，改组为中华革命党，恢复秘密结社的形式，全是又恢复国民党的名义，并于十三年改组，容纳共产党进去，改良组织，从事民众运动。又有国家主义青年团也于民国十二年在巴黎成立，以国家主义为号召。从此三民主义、共产主义、国家主义，成为国内政治运动的三大潮流。

农工运动

共产党以工人专政为目的，故自始即煽动工人与资本家冲突，屡演罢工恶剧。到加入国民党以后，操纵党权，以广东为地盘，遂又进行农民运动，在各地组织农民协会，编练农民自卫军，专与地主捣乱。孙文死后，国民党中反共一派遂脱离广州政府，另组一派，世称为西山会议派。但共产党势力仍大，到十六年宁汉清党以后，共产党已与国民党分离，然犹在广东海陆丰等县组织苏维埃政府。

人民自卫的组织

因为军阀官僚的剥削人民，因此激起人民的自卫运动。四川湖南等处民团组织，甚为完备，广东也有民团及商团，但势力较弱。河南山东一带则有红枪会，直隶有天门会，皖北有大刀会，陕西有硬肚会，这些都是迷信式的民众组织。最初原本全是为自卫而设，其后势力扩大，分子难免复杂，就有类似土匪的行径，但大体上仍是正当的运动。

国家观念之发达

中国向来是大一统之国，故人民多怀世界大同之思想，国家观念素不发达。及鸦片战争以后外患日深，才激起人民国家的观念，一时政治教育都向此方面走。及欧战以后，震于世界和平之潮流，于是大同思想又复活。及社会主义盛行以后，国际主义的思想也更流行起来。不过最近几年来，屡受外患的刺激，始有民国十四年的五卅英人在上海惨杀中国人的案子，继又有民国十七年的五月三日日本人在济南屠杀中国人的案子，两次大刺激，遂促成中国人的觉悟，又回到国家本位的路上去。十年五月南京召集全国教育会议，通过军事教育等重要议案，可见一时的趋向了。

第十五章　今后中国文化上之诸问题

研究文化史的目的

我们研究一切历史，目的不仅在记忆史事而已，最大的希望在鉴往以知来，从过去历史的痕迹上，归纳出一条现在及以后应遵循的轨道，我们现在研究中国文化史，自然也就是本这个目的，因此对于今后中国文化上的诸问题就不能不加以研究，以为读完已往中国文化演进情形后的一种参考。

政治理想的问题

第一个劈头应该提出来的问题，便是今后中国政治理想的问题。原来二千年来中国人习惯于君主专制政治，若以率由旧章而言，似乎君主专制较好，但事实上世变所趋，君主专制已不能成立，即君主立宪之主张也已成过去，自中华民国出现后，大家已公认民主政治为最圆满之理想。但最近数年中又有人认民主政治为资产阶级之政治，主张以无产阶级专政代替之者。究竟两种政治理想，孰好孰坏，是一个待决的问题。

集权乎分权乎

集权分权为政治上向来对抗之一种争论，但判断此说须以其国情为标准。中国地大民众，政权向来分散，地方政府之权力恒超过于中央，此为研究文化史者所已知。今后政治设施是否循此轨道，付与地方以大权，使联省以建国，抑力反此轨道，谋巩固中央政府权力，以武力谋统一。这也是一个待决的问题。

生产与分配

中国今日应先注重开发生产抑先注重平均分配，也为一待决的问题。因若注重生产则势不能不奖励资本家，结果易酿起阶级之不平均；若先注重分配问题，则中国尚无财产，以何物为分配。再资本极端分散之结果是否能抵抗外国资本集中之侵略，也是一问题。

国有与民有

于是有为调剂之说者，主张以国家资本代替私人资本，将大工业俱收归国有，如此对外既易竞争，对内又可免分配不均之祸，此法固然较好，但在数千年官僚政治下之中国人民，是否能实行国有而毫无弊端，也是一问题。反之资本不集于国家而仍分散于民间，则非为私人所吸收，即因极端平均分配之结果，资本过于分散，不能对外竞争。

农国与工国

二十世纪世界各国俱已进于工业制度之国家，中国也应向此方面进行，本无问题，但因近来有人以为中国是农业国，应该极力维持这种美德，免为工业制度所恶化，究竟此说是否，也是一问题。

中国民族的问题

民族为文化主要之原素，民族若衰老，文化即有日趋颓败之现象。中国民族在今日是否已经衰老，也是急待解决的问题。因为假使已经衰老，则将用何法补救，抑竟无法补救？如尚未衰老，则今日衰乱之原因安在，也不可不求得之而加以施治。

蒙、藏将脱离中国乎

蒙古及西藏在历史脱离中国而独立时为多，但因此中国所受政治经济文化上之损失实不可数计。今日是否仍蹈此覆辙仍许蒙、藏独立，抑设法将蒙、藏混合于中国领土之内。如采后策，则如何使蒙、藏人心服，不违背民族自决之原则而贻将来之患，若不采后策，则蒙、藏分离之后，如何能保其不为英、俄之傀儡以加害于中国。

腐化如何清理

为中国民族进取之大患者非他，即数千年专制政体下养成之官僚腐化习惯耳。此种习惯表面上似无大力，实在消极的腐化政治及社会之力极大，如何澄清这种微菌，也为一重大问题。

社会组织之变更

中国数千年来社会组织之基础建设于家族制度之上，故一切伦理教条都以此为根据；今日是否将此旧制度根本打破，是为一问题。打破之后将代以何种新制度？将为资本主义下之个人本位的制度，抑为社会主义及国家主义下之团体本位的制度，也是一切要的问题。

旧文化如何处置

中国有五千年之旧文化，此旧文化在今日应如何处置，也是一重大的问题。全部保存固已不可能，但是否局部的加以改良，抑或全部的加以毁弃？事实上能否全部毁弃固犹是问题。假如不能全部加以毁弃，则将如何留其优点而去其劣点，以免再发酵于未来新社会。

接受西洋文化之问题

今人动言应以西洋文化代替中国旧文化，此语在大体上固无问题，但所谓西洋文化者究竟何指？将指过去之希腊、罗马、希伯来之旧西洋文化乎，抑指现行之资本主义下之西洋文化乎？抑指尚在虚无缥缈间之社会主义或共产主义之西方文化乎？这也是目前不能不解决的问题。

中国国民的责任

以上诸种问题，负根本解决之责者即在我们中国国民，尤其是中国的青年，因青年就是未来新中国的主人故。在此时起，我们不可不将此问题搁在脑中想一想，而努力求解决之法。

中国未来之大希望

中国现今难题虽有许多，但一方面讲起来，倘若能将这些难题一一加以适当之解决，则未来之希望也非常之大。因中国人口占世界四分之一，土地占世界十六分之一，历史有五千年之久，而又物产富裕，天赋殊厚也。以此凭借，倘加以努力，前途之希望真是无穷哩。

中国政治制度史十三讲

第一章　历史上政治权力之变迁及其演进

凡一国政治必有其主权之所寄焉,如民主国家之主权在国民,君主专制之国主权在君,此其为例,或以明文定之,或以不明文定之,然考其政治组织之形式,与夫所以运用之精神,则其国家主权何在,可立知也。我国政治权力之寄托,从古至今有三变焉：上古时代为封建政治,其政治之权力在于少数之贵族,君主与平民皆无最后决定之权,此为一时期；自秦以降,君主专制之局形成,大权操于一人,群庶皆为奴役,历汉晋唐宋以迄于清,愈演愈进,盖二千年来皆在此时期中,然细分之,则隋以前中央集权之势犹未稳固,贵族之余迹犹存,自隋以后,乃真成君主一人专制之局面,是此一时期中,又自有前后期之不同也。及清末海禁既开,民权思想输入,君主专制政体遂无存在之余地,然民国以后,专制之形式虽覆,法治之精神尚未普及,独裁与武力统一之迷梦,犹盘据于大多数人之脑筋中,虽最后之胜利终在民众,不难预卜,然此时期固不能不承认犹在专制与民治之过渡时代也,此又为一时期。

统此三代,划分四期如下：

一曰贵族政治或封建政治时代（自上古至春秋末）

二曰贵族政治与君主专制政治之过渡时代（自先秦至隋）

三曰君主专制政治成熟时代（自唐至清）

四曰君主专制政治与民主政治之过渡时代（今日）

第一节　贵族政治或封建政治之盛衰

自古初开化之国,其政治权力,恒不在君不在民,而在少数贵族之手,逮社会进化之后,此种政治始渐衰微。我国自有史之初,即为贵族政治,唐虞之禅让，说者谓其时君主不过贵族之一首领，同族之中互相授受，乃其常例，非若后世敝屣天下之难能，故不足为怪。降至夏商，其政治之运用虽无明文，然观书籍之所载，凡出师用众迁国授官诸事，无不先询之于父老，托之于宗室，其贵族势力之未尝减削可断言也。周以亲亲立国，贵族势力更加稳固，兄弟甥舅分封于列邦为诸侯国君者无论矣，王朝之内，则周召二公，世为辅政，皆周之同姓，其余世卿若单刘虢诸氏，皆贵族之最著者，故厉王出奔，则周召二公共和为政，平王东迁，则晋郑二国是辅是依，皆贵族政治之证也。其余诸侯亦多效周制，或以同姓宗室为辅政，如鲁之三桓，郑之七穆，或以异姓世卿为辅政，如齐之高国，晋之六卿是也。盖其时贵族皆父子递传，世守其官，有一定之采地，有相当之属民，与君主地位相差不远；其时之社会组织实为一宝塔式，尖端为天子，其下为诸侯国君，其下为卿大夫，而卿大夫之家，又各有其私宰私属，此实封建制度之极精密的组织，亦贵族政治之极圆满的发展也。

此种制度至春秋时，因王权失坠，礼教不能束缚人心之结果，遂趋于破裂：以臣逐君，以下凌上之事，层见叠出，而政治失其秩序与重心，降至战国，人主务抑贵族，而用布衣，处士横议，世卿制打破，而此时代遂告终矣。

第二节　君主专制政治之初起

战国之时，为君主专治政治代贵族政治而兴之过渡时代，首先应此时势而卒收富强之效者为秦国。秦自孝公用商鞅以来，即专以裁抑豪强整齐风俗为务，故六国之时，惟秦专用客卿，虽由其公族势力自来微弱，亦秦君主不加信任之故也。及以此统一天下之后，其君臣更晓然于君主专制之远胜于贵族政治。更力为铲除贵族政治之设施，废封建，立郡县，收地方政军之权于中央，徙六国豪族于咸阳，以减杀其地方反抗之势，然其时贵族之潜势力犹甚大，压抑愈激，反抗力亦愈甚，项羽卒以楚国贵族之旧势力而亡秦。秦亡之后，六国纷纷自立，皆各国贵族为之主动也。然刘项争衡，贵族出身之项羽，卒败于平民出身之刘邦，项羽以封六国后而亡，汉高以销六国封印而成功，贵族政治之大势已去，盖可知矣。

自是以后，汉以一姓传国至四百年，君主一尊之基础遂稳固，惟贵族政治之余势，究未能完全消灭。汉初定鼎，即分封诸侯王，以为屏卫，至七国之变，而告一段落。西汉末叶，外戚势力代之而起，东汉一代因之不改，此种外戚政治，自隋唐以后，绝少其例，而独盛于西汉者，良以去古未远，贵族政治之积习犹存故也。东汉一代，外戚与宦官交构，殆可视为君主专制与贵族政治之争斗史，盖宦官之所依赖者，为君主个人之势力，而外戚则贵族之势力也。其结果何进袁绍以外戚世家之力，卒尽杀宦官而造成诸侯割据之局，则贵族政治之不易铲除，抑可知矣。西晋八王之乱，又其余势之更显著者也。

自五胡乱华，中原故族多受蹂躏，贵族势力为之一杀，然进入中国之异族，其本族之贵族势力，殆较诸夏为尤大，而华夏故族，则因家族之外，又重以民族之苦痛，于是更激而为反抗之势，益坚其壁垒以对外人，故六朝之际，贵族政治反似有复兴之势：北朝之望族曰范阳卢氏，荥阳郑氏，清河博陵二崔氏，南朝之望族曰琅琊王氏，陈国谢氏，皆峻其门阀，不与他姓通交际，其如北朝贵族，至不与帝室通婚姻，此风至唐未减，唐文宗至有"我家二百年天子反不若崔卢"之叹，（见《唐书·杜羔传》）可见其潜势力之大矣。惟自唐朝以后，贵族在社会上之地位虽依旧，而其政治上之地位则逐渐低降，至于全无，盖科举制度之创立与有关系。要之，自隋以前，盖可谓君主专制与贵族政治之争斗时期，而贵族政治，则日趋失败，此一大势所在，非一二人所能改变者也。

第三节　君主专制政治成熟时代

贵族政治自三代以后，即已日趋衰落，前节已言之矣。汉初裂土分封，不旋踵而皆被夷灭。外戚之专政不过假女后之私荫，方镇之割据，又皆属一时之变态，其与三代诸侯世守其国，贵族世柄其政者，固已殊矣。六朝之贵族虽盛，特社会上一种地位耳，其于政治实权盖微之至也。此种趋势皆足为贵族政治已不适于时代之征，及隋炀帝创科举之制，布衣卿相之局大成，而君主专制遂趋于成熟。唐人继之，其制最为便于君主。其封建也，仍有亲王，郡王，国公，郡县开国公，侯，伯，子男等九等之号，而无官土，其加实封者，则实其所封，分食诸邦，以租调给之。王侯不必亲临其国惟在京师衣食租税而已，于是贵族之势遂全杀矣。宋代鉴藩镇之敌，务削地方实权而集于中央，故有宋一代有外患，有盗贼，而无贵族诸王之乱，此专制政治之极轨也。金元以异族入主中国，其宗室诸王势力甚大，故帝位时有攘夺之事，然此属异族特有，与中国固有习惯固无影响也。明初亦有分封，且屡酿变乱，然以视汉七国，晋八王则微乎其微矣。清代亦以异族侵入，其初贵族势力亦颇强，雍正以后务除宗室，实行集权，专制政体遂臻大成。其制元功宗亲皆留京师，宗室自亲王以下，至奉恩将军列爵九等，皆予以直隶及关东之田，功臣自一等公以下至恩骑尉，列爵二十六等，皆予俸，无官受世职单俸，有官受双俸。故其贵族有禄而无权，不得与君主相抗焉。

自唐以后，不但贵族封建之势全杀，即宰相之权亦逐渐剥夺，寖假而一国之政治惟君主一人之喜怒是定，其详俟下章述之。要之君主专制之局始于秦汉，盛于唐，而大成于明清，明之宦寺，以檄竖而杖杀大臣无不如意，其所窃者，君主之威也。清之女后，以妇人而驾驭功臣无不帖服，其所凭者，君臣之义也。专制之局至此而极，专制之祸亦至此而甚矣。

第四节　民主共和政治之开始及其将来

君主专制政治既至明清而极盛，物极必反，理有固然，故至明清之交，而反动思想遂生，黄梨洲之《明夷待访录》其最著者也。至清末欧西文化输入，民主思想遂因而潜滋。台湾之割于日，台人举唐景崧为总统以抗敌，事虽不成，然可为中国民主之嚆矢焉。自后民主思想与种族思想相结合，产生以推翻清朝为目的之革命党，战胜稳健之君宪党，而中华民国遂告成立。此为民主共和对君主专制之第一次胜利。

民国成立后，反动思想犹不能遽尔扑灭，故有袁世凯之帝制运动，张勋之复辟运动，两次运动俱失败之后，共和政体始保稳固，至今日虽军阀专态，人民无力，然卒无有敢昌言恢复帝制者。且自民国十三年取消清室优待条件，驱逐溥仪出宫后，复辟之机，又为之一挫。自今已往，共和政体，其保之万年矣乎。

虽然共和政治，虽几于长久矣，然犹未得为果安也。夫共和政治之精髓在宪法，民国创立十五年，宪法至今尚未定出（曹氏宪法不为人民所信仰不足为据），甚至硕果仅存之《临时约法》亦庋之高阁。人民既无参政之机会，国安得谓之民国。至于权利自由之横被非法摧残者更无论矣。故民国之名虽在，而民国之实尚未完成，此不得不赖人民之努力也。

继自今已往，其足为民主共和政治之显患者，以吾观之，约有数种。一曰复辟遗老,二曰强横军阀,三曰迷信一阶级专政之共产党,四曰与共产党相反相成之棒喝团。其中自以二三两种刻最跋扈,第一种已成过去,第四种尚未发现。然全民政治究为最进化之政治理想,一切反动势力,终必自行消灭耳。

第二章 中枢政权之推移

政治运用之中枢在于内阁，此为各国所同然，吾国历史上"内阁"之名虽起于明初，然自三代以上已有"相"职，其权固等于后世之内阁也。惟历代因君主权力之消长，宰相一职各朝待遇颇不相同，或分之于数人，或总之于一部，或仅为君主之辅弼，或总揽政治之大权，析而言之，可分为七代。

一、公卿辅政时代（三代）

二、丞相独掌政权时代（秦及西汉）

三、三省迭掌政权时代（东汉至六朝）

四、三省合掌政权时代（隋至宋）

五、中书省独掌政权时代（元）

六、内阁合掌政权时代（明清）

七、责任内阁时代（民国）

第一节 三代以前之公卿辅政

宰相一职，虽为后世所设立，然古代亦未尝无类似之官，且上古为贵族政治时代天子之与群臣，相去不远。凡为天子者，外则有诸侯，内则有公卿大夫，为之辅弼，公卿大夫，即后世之宰相以及百官。所不同者，后世之百官，皆以各人之才力取得之，而三代之官职，则皆为贵族所世守。此种公卿大夫，其本身既皆为贵族，故与外诸侯之地位相同，所不同者，惟一在内一在外耳。诸侯之国亦各有卿大夫为之辅弼，而公卿大夫又各有封地采邑，有家宰代处理其私邑之事，其与封建诸侯所差固无几也。惟上古制度简略，虽有相职而无相名。黄帝相传有风后力牧常先大鸿等四相，盖后人附会之辞，尧之命舜，舜之命禹，皆以综百揆命之，其与后世相职固无以异，然未闻有特设之名也（综百揆非官名）。夏代不闻有相职，其为本无或史文关略，不得而知。商初有二相，以伊尹仲虺为之，相之名盖始此，然据历代职官表言"三代置相虽本左右辅相之义，非设有是官"可见其时仍未有相之专职，不过以伊尹在商之地位言之，盖可称为实际之相而无愧耳。周初周公召公夹辅成王，亦与相无异。降及春秋，王室以及各国均有世卿，其卿之有干才者恒执国之大权，如齐之管仲，晋之赵盾，郤克，楚之子文，孙叔敖，秦之蹇叔，百里奚，卫之孙林父，鲁之季孙氏均是。惟各国之名义不同，晋则有中军元帅，楚则有令尹，余国则皆以师为之。大抵晋之元帅兼理军政，楚之令尹则专理民事，故楚制实开后来相制之先焉。

第二节 秦汉之丞相制度

相之设职，实起于战国时代，苏秦佩六国相印，秦武王初置丞相，以樗理疾，甘茂为左右丞相，始皇尊立吕不韦为相国，可见相，丞相，相国，诸名皆自战国时起。通典谓相国丞相皆秦官，然秦初但有左右庶长而无相职，苏秦之相六国尚在秦前，可见之名非起于秦也。惟"丞相""相国"之名起于秦耳。自秦统一中国，于是相国及丞相遂成为"掌丞天子助理万几"之官，而相国较丞相尤尊。汉初或单称相国，或单称丞相，其职权皆相同。汉之丞相乃副贰天子，以天子共治天下，故其权最重，非天子之私人。故汉仪曰"天子为丞相起，天子为丞相舆"，相权尊严可见一斑。自汉武帝以后，天子渐忌宰相之权，谋加以削减，故丞相多得罪而去。成帝用何武之言，设立大司马，大司空，与丞相共为三公，同掌国政，丞相之权遂分而为三，至东汉以太尉，司徒，司空为三公，而丞相之名遂隐。西汉之丞相但为政务官，东汉则皆兼领事务之官，此又不同者也。

第三节 尚书，中书，门下之迭掌政务

汉初丞相必经二千石（郡国守相）中二千石（九卿）著有政声者历御史大夫（丞相之副）乃得为之，其位高，其望重，非天子所得指挥，故天子恒不便

之，于是恒利用已之左右使潜夺丞相之权，此尚书等职之所以重也。尚书本一微职，自汉武以宦者典其事，其权渐重。其末年以霍光领尚书事，以后遂成为要职。东汉光武亦信任尚书而不任三公。明帝以后三公录尚书者始得预闻国政，于是三公成为虚荣，而尚书乃成实际之宰相矣。东汉一代，相沿未改。魏文帝设中书令及中书监，皆以其亲信为之，于是中书之权乃渐驾尚书而上。六朝时代，门下省侍中掌诏令机密，则侍中又成重要政务官。汉之尚书，魏之中书，六朝之侍中皆以天子近臣，寝假而成政府重要职官，其变迁之故，皆由于天子之私心，此盖专制时代之常事也。

第四节　三省之同掌政权

后周宇文泰仿《周礼》以大冢宰为丞相之任，此为一时变相，于后来无甚关系。隋初以尚书门下内史（即中书）三省同行宰相之职，于是中枢政权遂由一省独掌，变为三省同掌。唐代因之，尚书省综理政务，统率百官，门下省出纳帝命，亲驳非违，中书省献纳制册，敷扬宣劳，一方共议国政，一方分掌职权。尚书省设尚书令及左右仆射，门下省设侍中，中书省设中书令。此三省长官位置既崇，不欲轻以授人，故实际上宰相皆以他官兼领，或曰"参议得失"，或曰"参知政事"以及"同中书门下三品""同平章事"之类，皆实行宰相之职权者也。宋代因唐之旧，仍以三省同掌国政，且其职权较为清晰，即中书取旨，门下覆议，尚书施行，然行之实际则手续繁重，办事动多迟滞，故多有建议改革者焉。

第五节　中书省之独掌政权

宋代虽三省并立然中书取旨与君主接触机会较多，故其权亦较大，至元乃撤废二省，以中书独掌政权，尚书左右两司曹属皆变为中书省官，此为制度上一大变革。其法盖承之于金惟金制系单设尚书省，元制则单设中书省耳。元之制度以中书治民，以枢密掌兵，以御史台掌纠弹。中书省设中书令一人，下设左右丞相，实际上则丞相处理国政，中书令形同虚设焉。

第六节　明清两代内阁之产生

明初沿元旧制，设中书省，置左右相国及平章政事等官，其后太祖为集权起见，废中书省，以六部分掌政务，于是宰相遂废。然君主一人独裁势不能久，故至永乐以后，内阁大学士遂渐进而与天子参议机密，承宰相之乏，仁宣二朝，三杨以元老领阁事，阁权之重，非六部所能比，自此以后，六部凡事必秉承阁老之意，而内阁大学士成为实际之宰相矣。惟此时内阁人数甚多，非如古代宰相之但属于一人或二人，故其权较分，此亦专制政体之又一进步也。清代因明之制，设满汉大学士各二人，协办大学士满汉各一人，同掌政务。雍正时因西北军务，设军机处，其后军权大臣渐夺内阁之权，成为真正之宰相。至末年。内阁但为虚荣，非兼任军机大臣者不得参议国政，此则又政制之一变也。

第七节　现今之责任内阁制度

清末立宪之议既起，于是主张采欧美制度改革内阁者亦多，宣统三年清廷颁新内阁官制十九条，仿欧美制度，设内阁总理，及各部大臣共议国政，是为责任内阁制度实行之始。民国成立，其初采总统制，后《临时约法》，则规定采用法国制，设国务院，仍以内阁总理总揽国务，而总统无权。袁项城病其于己不便，率废《约法》而改新约法，取总统制，设政事堂，其领袖为国务卿，下设左右二丞，辅弼总统，执行政务。袁氏败后，旧约法恢复，诸制仍旧，于是时闻有府院之争。至民国十三年六月总统黎元洪被逼去职，由内阁摄行职权。民国十四年段祺瑞废《约法》，改用临时执政制。段氏失败后，内阁恢复，因无总统，故摄行政权。表面上观之似内阁之权大增，实则全受实力派之指挥，守府而已。又民国六年西南独立后，设年政府，举大元帅，后实行委员制，以七总裁执政。民十以后又选举非常总统。现今则采用委员制虽制度变迁甚多，然于内阁制无关焉。

第三章 历代中央官制之变迁

任何民族，凡某政治组织进至相当程度之后，必有职官之设立，而当封建制度未打破以前，内官制尤先于外官制，此亦一定之步数也。吾国内官制相传自伏羲氏已有规模，自是以后，历代相沿，撮其变化之大略，可分五期如下：

一、神治时代（陶唐氏以前）

二、人治开始时代（唐虞三代）

三、九卿分职时代（秦汉至六朝）

四、六部分职时代（隋唐至清）

五、新官制时代（清至今日）

第一节 上古之设官事神

吾国内官之设立，相传始于伏羲，考之《左氏》，伏羲氏以龙纪，故为龙师龙官，共工氏以水纪，故曰水师水名；神农以火纪，故曰火师火名；黄帝云师云名，少皞鸟师鸟名；自颛顼以来不能纪远，乃纪于近，为民师而名以民事。《通考》马氏端临论之曰：陶唐氏以前之官，所治者天事也，虞夏以后之官，所治者民事也。太古法制简略，不可得而详，然以经传所载考之，则自伏羲以至帝尧，其所命之官，大率为治历明时而已。马氏此论诚得历史之真相。盖上古之时，政教未分，事神重于治人，所以设官，为神而已。其后民事渐繁，乃有治民之官，然其始亦惟注重于历象天文，以为人神之沟通而已。考之西方各国，上古皆有宗教巫师，专掌事神之术，旁及天文推步，此盖历史进化通象，各国皆然，中国古代情形，谅亦不过如此而已。其时之君主不过宗教之首领，其百官亦但为执行宗教职务而设，与后世之官，固微有不同也。

第二节　为民设官之开始

由事神之官,进而至于治民之官,其端起于颛顼氏以来,而征之历史之确可信者,盖始于舜。当唐尧之时,犹承上古之旧,命官惟及羲和,所事不过历象,逾此以往,无所施设。及舜摄政以后,虽璿玑玉衡,犹以齐七政为首务,然分命九官,则已皆以之治民,而未尝及天事,盖至是而民事始重于天事,政治进化,已离神治时代而入于人治时代矣。故谓舜之官制,为官制一大变迁可也。自是以后,神治遂衰,至周时成王所以命官,仅三公三孤尚有燮理阴阳,寅亮天地二语稍涉于天事,而冢宰以下便理民事,虽其六官尚承袭上古之名,然考其所掌,则已俱非天地四时之事,而为治教礼兵刑土等民事矣。其专掌事神之官,若冯相氏,保章氏,挈壶氏等则不过三百六十属吏之一,观官制之变迁,可以戏神治人治之升降矣。

虞舜设官,有司空,后稷,司徒,士,共工,虞,秩宗,典乐,纳言等职,实为三代所因依。夏有六卿,其职略同于虞。殷制,有六太(太宰,太宗,太史,太祝,太士,太卜)五官(司徒,司马,司空,司士,司寇)六府(司土,司木,司水,司草,司器,司货)六工(土工,金工,石工、木工,兽工,草工,)六太为事神之官,五官以下则治民事者也。周制据《周礼》所载,有天地春夏秋冬六官,谓之六卿,各有官属。此为古文家之说。今文家则据《王制》,及《春秋繁露》,均谓,天子有三公九卿二十七大夫八十一元士。今古文家说法颇有不同。愚意今文家如《王制》《春秋秋繁》《白虎通》等书,皆汉儒所作,其所言九卿,恐系抄袭汉制。古文家如《周礼》等书虽不足信,然其言六卿,颇合于《尚书》《左传》等纪载。观《左传》所载春秋列国官制,尚多沿六卿之旧,则可知周之制度为如何矣。

第三节　秦汉以后之九卿制度

周之制度,自春秋末年,已经破坏,战国时代,列国各有创制,莫能划一。秦统一天下,取三权鼎立制度,以丞相治民,以太尉主兵,以御史大夫掌纠弹。此二机关者,皆内自中央,外及郡县,各有统属,以互相牵系。丞相之下,设九卿分掌庶事,盖与今之各部相同。西汉制度全与秦同。其九卿为太常(掌宗庙礼仪）光禄勋（掌宫殿掖户）卫尉（掌官门卫屯兵）太仆（掌舆马）廷尉（掌刑辟）大鸿胪（掌诸归义蛮夷）宗正（掌亲属）大司农（掌谷货）少府（掌山泽之税）。汉之九卿所以与后世九卿不同者，盖后世九卿，但为命官之秩，而无所事事，汉之九卿，则各有掌职，为实任事务官也。东汉除废丞相及御史大夫，以太尉，司徒，司空为三公，分部九卿外，余制仍同汉。魏晋六朝相沿无改。及北周宇文泰师古作六官，而后六部乃代九卿为实际事务官矣。

第四节 唐以后之六部制度

自魏晋以后，尚书之权渐重，于是有各部尚书，代九卿而起。吏部初名选部，三国魏始改今名。户部初名度支，三国吴时始有户部之名。礼部初名祠部，又名仪曹，北周始名礼部。兵部起于三国魏之五兵尚书，后魏又名七兵，隋始有兵部之名。刑部始于晋之三公尚书，宋有三公，比部，都官等名，皆主司法，隋始改都官为刑部。工部在三国魏名左民尚书，晋宋以来则名起部，隋乃有工部之名。凡此六官其始固皆九卿之属官，如今之各部司科之类，非能总摄全部者。然因其首长为尚书之故，自东汉以后，遂隋尚书之权而日增重。至北周用苏绰之议，仿《周礼》作六官，虽不用六部之名，而六部之局已定矣。隋继周兴，尚未尽采其制。唐初始确定吏户礼兵刑工六部之名，以之分掌庶事。而隶于三省。自是以后，九卿之权，遂移转于六部矣。历宋元明清，皆以六部掌庶事，相沿无改。其间独宋之制度稍有殊异。宋代虽有六部，而每于六部以外另设专职以分其权。如财政则有盐铁，度支二使，与户部合称三司，分掌其事。军政则兵部之上又设枢密使，其权较兵部尤大。故宋之制度，中书制民，三司理财，枢密治兵，其将军财政独立于民政之外，盖有集权之意。其制度之发生，则皆由于唐末藩镇跋扈，任意创制之结果。总之，宋之官阶，但以定禄秩而已，其所掌职务如何，全视临时差遣而定，此亦官制上一大变迁也。辽金官制各依本国习俗，略参汉制。辽有南北两政府，北面治宫帐，部族，属国之政，南面治汉人州县租赋车马之事。北面多属契丹旧制，南面则仿自汉人。金代略仿辽宋，无大变更。元灭宋后，始厘定官制，以中书省总政务，以枢密院秉兵权，以御史台司黜陟。此外则关于宗教，工艺，理财亦各有特设之官，然为时甚暂，无大影响。明沿六部之制，且其初年曾废宰相，惟以六部议政，故部权甚增。其后内阁成立，而六部尚书又皆成事务官矣。清之制度，大率沿明，无所更易。直至末年，始改从新制云。

第五节　清末至民国之新官制

清代内官制，除理藩院为增设机关外，其余大率沿袭明朝。及其末年，环境改变，事务纷系，乃不得不顺应时势增设衙署。咸丰十年特设总理各国事务衙门，以王公大臣管理。光绪二十七年，改为外交部。光绪二十二年，采用西法，改订新官制，设外务，吏，民政，度支，礼学，陆军，农工商，邮传，理藩，法十一部，除外务部有管部大臣会办大臣位在尚侍之上外，余均设一尚书，（后改为大臣）两侍郎领部务。宣统元年，增设海军部，谘议府，尚书皆改为大臣，而裁吏礼二部并入内阁。民国革命，南京政府时代，采总统制，行政部仅有五部，即外交，内务，财政，军务，交通。每部设部长一人，综理本部事务。正式政府成立增设海军，司法，教育，农林，工商，等五部。与国务总理合组国务会议，议论国政。其后将农林工商二部合并为农商部，共为九部。国务院设参议八人，秘书长一人，下附设法制，铨叙，统计，印铸四局，及侨工事务局，全国水利局等机关。各部设总长一人，次长一人或二人，参事四人或三人，再下则为司长秘书签事主事等职。

第四章　历代地方制度之变迁

地方制度，自古至今，凡有数变，其变迁之原因，有由于疆域之变更者，有由于权力之增缩者，有由于历史之沿袭者，约而论之，可分为六代如下：

一、诸侯封建时代（三代以上）

二、郡国杂立时代（秦及西汉）

三、三级州郡时代（东汉至唐）

四、路制时代（宋）

五、行省时代（元明清）

六、省自治酝酿时代（今日）

第一节　封建时代之地方制度

上古时代，列国分立，各戴酋长，名虽统于一君，实则各有历史统系，非天子所能变置也。史称黄帝方制天下，立为万国，彼万国者，皆自远古相传割据而来，岂黄帝所能建立哉？惟自黄帝以后，历虞夏商周，君主专制之权愈大，则地方诸侯之势愈杀，至于周初，遂行封建之制，封建亲属于各地，以其土著酋长相牵制，盖自是而地方酋长始直接受命于中央，而中央得以命令变迁之矣。禹会涂山，来者万国，汤之受命，仅存三千，周初封建凡千七百七十三国，虽其数目未必可信，然地方侯国日渐减少，则可信然。其时封建详制，史文驳杂，莫可确执。《王制》所载谓"四海之内九州，州方千里，州建百里之国三十，七十里之国六十，五十里之国百有二十，凡二百一十国，名山大川不以封，其余以为附庸间田，八州州二百一十国。天子之县内方百里之国九，七十里之国二十有一，五十里之国六十有三，凡九州一千七百七十三国，天子之元士，诸侯之附庸不与。"凡此皆汉儒附会之说,未可全信。盖各州面积广狭不齐,其间土著国家,原有多少,亦各不等,岂有每州定限以二百一十国之理,此种穿凿可笑之说法,《朱子语录》已早疑之,其为汉儒臆说不问可知。又《周礼职方》氏载载:"职方氏乃办九服之邦,国方千里曰王畿,又其外方五百里曰男服,又其外方五百里曰采服,又其外方五百里曰卫服,又其外方五百里曰镇服,又其外方五百里曰蕃服。"此为九服之制,其说太过于整齐划一,亦不可信。大抵无论今文家言如《王制》,古文家言如《周礼》,皆汉儒臆造,汉儒虽去古近,然穿凿之风亦特甚,稍有常识者,决不能信其为真也。依吾人之意,古代列国分立,其初固皆各有种性史源,非天子所能干涉,及后政治进化,中央权张,乃有封建诸侯之举,无论土著以及封建,其国领土,必皆从历史之习惯,天然之地势,与夫民族社会之情形,以为疆域离合之标准,决非统八州而划若一致者也。至于各国君长之爵位,其初固皆自相称号,非有一定,及后中央集权既成,乃有五等之爵,而四岳五霸之类:其始固皆沿自习惯后乃由中央正式设立此职,成为法定名词,其变化之迹,固可覆按也。又九州之说,相沿甚久,大约亦不过如今之世界五大洲之划分,乃自然习惯所命名,非由于中央为之划分,与后世郡县不同。五服九服之说亦同此。所谓九州各有方伯州牧,当亦各地诸侯之雄长者而已,非中央任命之官也。

第二节 秦汉之郡县两级制度

郡县之度虽成于秦,然其实秦以前春秋之末战国之初已有之,特未尝为划一之制度而已。秦并天下,鉴于封建之尾大不掉,乃采李斯等议,完全废止封建制度,改建郡县。分天下为三十六郡。是时地方制度为两级制,上级曰郡,其长曰守,下级曰县,其长曰令。秦之地方制度有特点,即每一地方取三权分立,而各自直辖于中央是也。如中央政府有丞相,太尉,监御史三职,分掌民事,军事,监察三权,各郡县则亦有守,尉,监三职,皆直接受中央上级机关之统属,盖郡县之权不集于一部,则自无反抗中央之能力,此乃集权政策之极轨也。然封建制度行之千年,一旦欲彻底变更,自易惹起反动。故秦亡而六国纷纷自立,项羽宰割分封,几有完全恢复旧状之势。汉兴,虽用张良之策,取销六国封郡,然犹不能尽除封建,乃用郡国杂处之制。其封县制度,大半仿自秦朝。秦汉郡县制度之优点，即在阶级不多，地方政务得以上达，辖地不大，守令视察得以周及，故西汉循吏特多，虽由人主之提倡，亦制度之优良故也。又西汉守令，多久于其任，有劳绩者，但增禄而不迁秩，故能尽心乃职，不至见异思迁，治化之良，职此之由云。

第三节　自汉迄唐之虚三级地方制度

郡县之制虽云较良，然因辖地较小，设置过多，中央不易周察。秦及汉初，所属不过四十郡，尚易统属，及汉武以后，北伐匈奴，东灭朝鲜，南平南粤，西通西南夷，西北关地至玉门，拓地既广，州郡多至百余，势不能不别置地方视察之官，以代行中央职权，此三级制之所由起也。武帝时分天下为十三郡，十二部各置刺史，余一部直隶于中央之司隶校尉，刺史以六条警察所部，往来巡行，无一定治所，此为三级制之滥觞。其官实亦由秦之监御史蜕化而来惟权较重耳。然此等刺史不过中央之钦差，并非地方常任亲民之官，其地方郡守，仍得与中央直接交涉，故此时犹未得谓为纯然之三级制也。及东汉末年，盗贼纷起，乃增重地方之权，改刺史为州牧，简九卿等官充任，三级制之确立，实始于此时。然未几中枢解纽，州牧据地自立，其时之州牧，已非复地方长官而变为割据军阀之性质矣。西晋制度，沿自汉末，仍以州为地方最高行政区域，其下杂设郡国，然封建太多，卒酿八王之乱。东晋以后，疆土日蹙，而州郡反多增置，于是有侨置州郡之滑稽举动，州之区域愈变愈小，其官大抵由军阀充任，盖与地方制度无关也。隋初因州郡重复，乃悉罢诸郡，以州治民，炀帝时又改州为郡，置司隶及刺史分部巡察。盖昔时之州本为郡之上级机关，至是而州渐缩渐小，与郡无异，二者遂有减省合并之必要矣。唐初又改郡为州，太宗贞观初，并省州县，划天下为十道，每道设巡察使，后又改按察，采访处置，观察等名，其职仍系巡察诸郡，并不直理民事，盖仍汉刺史之意，惟实际上往往侵夺郡县权限耳。又自开元以后，节度使掌兵马之大权，地方民政及财赋皆受其支配，军民合治之风既开，地方制度遂日趋败坏矣。

总而言之，自汉至唐，地方制度，虽名称屡变，其实则仍系县郡二级制度，不过于郡上加以监司之官，以监督地方行政，成为虚三级制。其与后世行省之为确定地方最高行政区域者，固微有不同之也。

第四节　宋代中央集权主义下之地方制度

吾国地方官制，自三代以后，殆有两变：自汉之两级制度，变为六朝隋唐之虚三级制，是为一变；自隋唐之虚三级制度，变为元以后之行省制（实三级制），是为又一变；宋之制度，厕于此二大变之中间，恰成闰位焉。然宋之制度亦未尝无所本也。自唐中叶以后，藩镇擅权，制度纷置，类多因事设职，毫无系统，宋初锐意集权中央，缩小地方权力，乃因导其势，废地方常置各官，惟以朝臣出守列郡，号为权知军州事。其时地方制度略分三级，最下级为县，县之上有州府军监四种名称，其品位不相上下，是为一级，再上则有路，设监司大员以统府县，监司有"师""漕""宪""仓"四官。师为安抚使，漕为转运使，宪为提刑，而仓则提举平仓，此四官者皆因事设置，有时不必全设，其中安抚转运二使有总揽地方政务之权，后来行省制度下之抚藩二宪即由此蜕化云。

第五节　元以后之行省制度

行省制度，行之五六百年，已成为中国之固定制度，其创始之者则元朝也。然元之制度本非独创，其制仍承之于宋。自宋以路统府州军，而每路又设各项监司大员，行省之雏形已具，元自朔漠入主本部，其疆域广漠，不易统属，除中央政府设中书省外，远方则分封诸王，各置藩国，中国本部则有行中书省之组织，其原意盖亦代表中央分治一区，与封建之意相仿，所谓行中书省实即分政府耳。此种制度本非真正之地方制度，惟相沿数百年，行之无改，则亦不能遽更矣。元制以行省统路府，以路府统州县，府亦有隶属于路，州亦能有统县者。路府州县均设"达鲁花赤"为正官。至明朝废行省而改设布政司以掌民政，设按察司掌刑事，职较布政略低。布政之下有府，府之下为县。州有直隶及属州二种，前者略同于府，可以统县，后者则与县相等。其后又设分巡，分守，兵备诸道以巡察地方，或统领地方军政，其后渐成定员，遂于府州县之上又添道一级。中叶以后，又有总督巡抚等职，本为临时职务，后乃渐驾布政而上，成为地方之最高职官。清代全因明制，除东三省，蒙藏，新疆稍为特别外，余均仍行省制度，以总督或巡抚总其成，以布政理财，以按察司刑，其末年则增设提学司及劝业道，为今日四厅所滥觞。

第六节　集权与联治之推移

民国成立，地方制度大率沿清之旧，惟废督抚而改民政长，其后又称省长，为一省最高首领。其下分道，道有道尹，道下为县，县有县长，旧之府州俱从省减。开国之初，关于地方政制有两种意见，一派主张中央集权。废庞大之行省制，而以道或府为最高地方行政区域，其意取便于统属，不致反抗中央。他一派主张因行省之旧，授省以大权，联省而治，缩小中央权柄。此二派各持之有故，隐成为国内政治上之大分野。惟国内政党，持论并不坚固，如国民党昔重分权，今又主集权，进步党昔主集权，今又主分权，要皆因利乘便，不能忠于主张，始终一致。当民三时代，袁世凯励行集权，废民政长而代以巡按使，即为废省存道之第一步预备。省长之下分设政务，财政，教育，实业四厅。俱直接受命于中央，隐以分省长之权。此时集权政策，几乎成功。乃袁氏死后，军阀割据，地方之权大涨，于是为政论者，又多倡联省自治之论，以谋善导其势。一时狡黠武人，势力大者则主中央集权，欲以武力统一贯彻其欲望，势力小者则多主地方分权，欲以联省自治保持其地盘，其实按之实际，皆与本意无涉。以著者之意观之，今日中国地方辽阔，中央不易统属，非本分权主义，授地方以自定省宪自举省长之权，不足以改进一切，依现时大势观之，主张武力统一之军阀势必失败，闭门自治者，尚能苟延时日，可见大势所趋，非人力所能挽回。惟中国现行行省制度，地域太广，区划亦多不当，如淮水流域之徐海颖亳曹陈等本为一区，而今以之划归四省，汉水流域之汉中襄阳南阳，太湖流域之苏松嘉湖亦同此例。在昔日专制时代，疆域错杂，互相牵掣，犹有取义，今日若实行地方自治，则必须风土人情相同者始能相安无事。此疆域变更，势不可少。又现行三级地方制度，道之一级，几于无事可办，但以为官阶迁转之过渡，亦殊无谓。为今之计，当废除行省制度，以道为最高地方，行政区域，道长民选，联道建国，庶几两说得以折中，而地方制度各当其实，此著者个人管见，读者幸察鉴焉。

自民七督军团作乱以后，地方军权跋扈，每每干涉民政，俨同唐之藩镇，故论民国地方制度者，对于军人情形亦不可不留意焉。

第五章　地方自治制度之变迁

一国政治之基础不在上层之政府，而在下层之地方自治机关，仅有上层之政府，而无下层之地方自治者，不得谓之真正之政治。吾国地广民众，虽在专制时代，政治之权力，亦不能十分伸张，所赖以运用政治者惟此最下级之地方自治。惟此种制度愈古愈完备至近代则视同具文，虽有乡约地保之类，仅为催借办差之用，真正之地方自治已变为纯社会的，而非复政治制度以内事矣。兹述其变迁之迹如下：

一、地方自治制度传疑时代（周）
二、地方自治制度发达时代（秦汉）
三、地方自治制度破坏时代（六朝时代）
四、地方自治制度复兴时代（民国）

第一节　《周礼》上之传疑的地方制度

上古之事，渺以远矣。相传黄帝始经土设井以塞争端，立步制亩以防不足，使八家为井，井井四道而分八宅，凿井于中，一则不泄地气，二则无费一家，三则同风俗，四则齐巧拙，五则通财货，六则存亡更守，七则出入相司，八则嫁娶相媒，九则有无相贷，十则疾病相救，此种制度，实为地方自治之起端，惟是否黄帝时真有此制度，而非汉儒所向壁臆造，则未可断言。古之言地方自治制度之最善最详者，莫过于《周礼》之言周制，《周礼》人皆知为伪书，其言自未可深信，然其条理精密，内容博大，若视为古代哲人对于政治之一种具体的思想，亦未尝不可加以研究。且《周礼》所言纵使匪真，然要不至全无影响，以春秋时代列国名士竞言周礼观之，可见周之法度定有可观，至于古代国家组织本由下而上，周代去古未远，地方自治容有较胜于后代者，亦未可全视为虚造也。今依周礼所载周代地方自治制度略述之如次：

周礼所载地方自治之精义，莫详于"乡""遂"二职。乡遂者直隶于天子而行自治之制之区域也。王城为中央政府，王城之外，郊甸之地，即自治区域。外此则为公邑，家邑，小都，大都，又其外则为诸侯之国，乡城距王城近，可以为诸侯国之模范，故其自治制度独详。乡遂之组织法同而名异，《周官大司徒》。五家为比，五比为闾，四闾为族，五族为党，五党为州，五州为乡，此乡制也。《遂人》，五家为邻，五邻为里，四里为酂，五酂为鄙，五鄙为县，五县为遂，此遂制也。其官多由民举而受天子之命，总计六乡万五千比，为比长者万五千人，六遂万五千邻，邻长之数亦如之，推而上之，乡则有闾胥，族师，党正，州长，乡大夫，遂则有里宰，酂长，鄙师，县正，遂大夫，以及乡之上尚有乡老三人，合而计之设官至三万七千八百七十五人之多，然六乡六遂之地，不过方四百里，其民不过十五万家耳。乡遂之官，职掌略同，约而计之，有六种，一曰比较，即今之调查户口，二曰执法，凡法之颁布由乡遂官悬之"象魏"（阙名）使民公览，且教民读法。三曰教育，乡遂之学校皆由乡遂官督之，四曰联合，凡乡遂中人民之互相交际皆由其官为之劝勉，五曰作民，凡乡遂之间，人民对国家各种服役，皆由乡遂官为调度，六曰征敛，即征某人民赋税，此《周礼》所载地方自治制度之大略也。

第二节　秦汉之地方自治制度

三代而下，地方自治制度之详而可信者莫过于汉，汉以后法制破坏，自治之精神全失，汉以前则如齐之创霸，秦之自强，皆有完备之地方自治制度焉。管仲治齐，制国郊内则以五家为轨，轨十为里，里四为连，连十为乡，乡五为师，国内十五乡，郊外则三十家为邑，邑十为卒，卒十为乡，乡三为县，县十为属，属有五，自家至师，自家至属，各有长官以司其事，其制名为自治，暗寓军政，齐国以霸。商鞅治秦，令民为什五而相司，收连坐，告奸者与斩敌首同赏，不告奸者与降敌同罚，秦国以亦之强。秦统一天下之后，犹有亭长，三老等制，大率亦沿自商鞅之时也。汉高祖二年，举民年五十以上有修行能率为众善，置为三老，乡一人；择乡三老一人为县三老，与县令丞尉以事相教，勿复繇戍，以十月赐酒肉。十里一亭，亭有长；十亭一乡，乡有三老，啬夫，游徼。三老掌教化；啬夫职听讼，收赋税；游徼掌巡游，禁盗贼。终前后汉，对于乡自治常三致意焉。

第三节　六朝至唐之地方自治制度

吾国地方自治制度，莫善于《周礼》所载，秦汉之制，虽已带官治性质，然若三老等职，为地方所推举，其人率多资望甚高，足以代表民众，与自治之意，未相悖也。自汉以后，法度破坏，地方之权日杀。虽村乡吏胥名仍旧，然其职不过奉长官命令，催科应差而已。为之者皆地痞流氓，稍自好者，皆裹足焉，况一乡之重望者乎？以此而求自治，诚南辕而北辙矣。无已，就其形式之变迁，略述之如下。

晋制每县户五百以上皆置乡三千以上置二乡，五千以上置三乡，万以上置四乡，乡置啬夫一人，乡户每千以下置治书吏一人，千以上置吏佐各一人，正一人，五千五百以上置吏一人，佐二人，县率百户置里吏一人，其土广人稀，听随宜四达里吏，限不得减五十户。北魏孝文帝用李冲之说，立三长：即五家一邻长，五邻一里长，五里一党长。北齐合十家为邻比，五十家为闾，百家为族党，一党有党族一人，副党一人，闾正二人，邻长十人，合十有四人，共领百家而已。至于城邑，坊市一区，或至千户以上，唯有里正二人，里史二人，亦不常置，又有隅老四人，则民间私设职事，非官府所置也。隋制，五家为保，保五为闾，闾四为族，有闾长，族正。又有里正比闾正，党长比族正，以相检察。唐制，诸户为里，五里为乡，四家为邻，三家为保，每里设正一人。在城市者为坊，别置坊正一人。在田野者为村，别置村正一人。其村满百家者，增置一人，掌同坊正；其村居满十家者，隶入大村，不须别置村正。自六朝至唐，省行授田之法，故于村党官吏，颇注意焉。

第四节　五代以后之地方制度

自五代以后，授田之制久废，地方虽仍旧有邻保等区划，然其职已专主于防御盗贼，纠察非违，完全类似于今之警察矣。后周世宗令团保乡村，大率以一百户为一团，每团选三大户为耆长，凡民家之奸盗者，三大户察之，民田之有丰歉者，三大户均之。宋初循旧制，设衙前以执行官事；里正，户长，乡书手以课督赋税；耆长，弓手，壮丁以逐捕盗贼；承符，人力，手力，散从官以奔走驱使。此种职事，犹今之差役，吏胥，纯粹为官府之爪牙，其去地方自治之意远矣。且此等职事，皆强迫人民服务，每每中人之家，因之破产。宋初役法，实为人民大害，王荆公变法，乃毅然废之，以募役为代。自此举以后，人民得免差徭之苦。然既成募役，更纯粹属官吏性质，非自治之机关矣。王荆公又行保甲之法，以十家为一保，保有长，五十家为一大保，有大保长，十大保为一都保，有都保正，教保长以武势，使以转教保丁，以轮流备盗。金用唐制，以五家为邻，五邻为保，以相检察。城市设坊正，村社随户多寡置里正以按比户口，催督赋役，劝课农桑。村社三百户以上，则设主首四人，二百户以上三人，五十户以上二人，以下一人，以佐里正，禁察非违，置壮丁以佐主首，巡警盗贼。元制郡邑置弓手以防盗。州县城相离五七十里有直居至二千户以上者，设立巡防弓手，不及二千户者，依数差捕。若无村居处，则于五七十里，创立村舍，亦须及二十户数。又定村疃，凡五十家立一社，择年高晓农者为之长，增至百家者，别置长一员，不及五十家者，于数村合为一社，社长以时按课村民，教督农桑，加以劝戒，有不率教者，以其姓名告诸提点官责之。其有不敬父老及凶恶者亦然。仍大书其所犯于门，使其改过自新乃去之。终岁不改。罚其代充本社夫役。明初定制，以一百一十户为里，推丁多者十人为长，以百户为甲，甲凡十人，岁轮里长一人，管摄一里之事，城中曰坊，城曰乡，乡都曰里。凡十年一周。每里编为一册，首篇为一图，鳏寡孤独不任役者，则代管于百十户之外，而列于图后。清制略同于明，各村里有乡约，社首等以掌村事，类以轮流充任，与元以前之择人专任者又不同矣。

第五节　现今之地方自治制度

清末预备立宪，知宪政之基础在地方自治，乃有城镇乡地方自治章程之制定，然徒有其名，未尝见诸事实也。民国以来，干戈伪扰，未遑创制。其各省地方自治较有可观者，惟广东，山西，四川三处。广东自民十以后，即实行县长民选之制。近年又于各县村镇设农会，工会，由国民党指挥，实行以党治民。

山西近年以来亦实行村范政治。以一县分为数区，区之下有村，村有村长副，区有区长。不满一百户者，则为联合村。村之下有闾，二十五家为一闾，有闾长。闾之下有邻，五家为一邻，有邻长。其进行计划，分数期：第一期用官力消除莠民；第二期用民力救济穷乏；第三期确立村团；第四期实行村自治。四川则因近年屡受军阀土匪骚扰之故，人民激而自卫，民团，商团到处组织，势力骎大。谈民国未来地方自治制度者，对于此三省三种形式，不可不加以注意焉。

第六章 历代参政制度之演进

在昔贵族政治时代，政治为贵族一阶级之所有物，平民无从而干预之舍贵族阶级外，别无所谓参政制度也。参政制度之普及于平民，盖起于贵族政治既衰颓以后。我国自战国以后，贵族政治即已消灭，故人民参政权之树立亦较早。虽辟举，考试，为途不同，然其为平民皆得有致身卿相之机会则一也，兹述其事实，分期略如下：

一、贵族阶级世袭执政时代（春秋以前）

二、辟举制时代（两汉六朝）

三、考试制时代（隋至清）

四、选举制时代（民国）

第一节 上古之贵族执政

上古为贵族政治，前章已言之，其时普通人民，自无参政之权，惟贵族得有之。贵族之参政也，以其门阀地位而得政权，与个人之聪明才力无关。在封建制度之下，自天子以至卿大夫皆有领土，皆有臣宰，此种臣宰与其君主相同，多系世袭，国有大事必与此辈贵族共议之，国有要职，必于此辈贵族中选任之，其任官之法，别无定例，惟视人主之决择与夫贵族间之舆论而定，其甚者，则一切官职多由贵族团体中互相推定，人主不过坐受其成而已，其尤甚者，则人主之兴废，亦得由贵族间决定之。此实古代社会中普通之习惯，非独中国为然也。

第二节　辟举制之发生

平民参政之局，开于战国，当春秋末年，贵族政治已臻破坏，其时贤哲多有系出贵族，而沦为平民者，如孔子是，此实为贵族政治与平民政治之过渡时代。降及战国，国际之竞争既烈，列国竞收揽人才，以图自强，于是布衣卿相之局大开，惟此时士之进身，多凭口舌，有立谈而取高位者，初无一定之轨例，故不得谓之制度。及汉兴，而后有辟举之制发生。汉高得天下后即下诏求贤士大夫与共安利天下。文帝时诏诸侯王公卿郡守举贤良能直言极谏者。至武帝时遂成为定制。郡国人口二十万以上者岁举一人，四十万以上二人，以此类推，不满二十万者二岁一人，不满十万者三岁一人。限以四科，一曰德行高妙，志节清白；二曰学通行修，经中博士；三曰明习命法，足以决疑；四曰刚毅多略，遭事不惑。选举之制至此略备。大抵汉制郡国举士，虽有四科，实际上通常所举不过三种，曰贤良方正，曰孝廉，曰博士弟子。其举人之权由郡国操之，试验之权则丞相御史等官操之，其至要者或天子亲策问焉。至东汉而专设选部以司其事，历魏晋六朝皆有专官，为后世吏部之滥觞，其制益备。东汉冲帝时尚书令左雄因举人太滥，乃创议限年四十以上始得被举，且须加以试验，此为辟举制度过渡于考试制度之起源。然辟举之制犹相沿数百年。魏陈群立九品官人之法，州郡皆设中正以专司选举，于是举人之权遂不操于守令，而另有专人，此贡举制之又一进化也。然其弊也，以资格门第限人，失自由竞争之原意，于是辟举制敝而科举考试制代之而起矣。

第三节　科举考试制之继起

辟举之制，人民参政之权，操之官吏，士虽有奇才异能，不为官吏所知，即不能自进而参预政治。官吏之贤不肖不齐，则其所举者难免凭个人之好恶以为去取。其初士之被举，犹多取评于舆论，尚能略得其公。及其敝也，舆论之势力为势家大族所操纵，官吏亦不得不仰其鼻息，而独行闇修之士未免向隅，此辟举制之流弊而科举考试制之所以代之而起也。原考试之制，发生较久，《尧典》三载考绩，亦为考试之一种。汉魏六朝虽行郡举，而被举之士亦多加以考试。特古代考试之法不必定用文字，亦未尝有一定之规程耳。至隋炀帝大业中始建进士科，令士子得投牒自试。唐代因之，遂为科举考试制之发端。唐代选士之法大要有三。由学馆者曰生徒，由州县者曰乡贡，天子自诏者曰制举。而乡贡之途最广。三者皆须经过考试，其考试科目有秀才，明经，明法，明字，明算等，而秀才，明经二科最发达。其后又有进士科较秀才为尤重。进士所考为辞赋，明经所考为经义。其司考试之机关为礼部，考试及格后，选官之权则操之于吏部。故选士与选官之途分，自此时起也。惟士之被选者，皆有服官之权，则分与不分等耳。宋代考试制多沿唐制，其初士习多趋重辞赋。王荆公变法。乃一以经义为考试之科目，然亦未能较胜于前代。自此以后，道学之风既盛，而科举乃专以经义为科目，遂历元明清诸朝而弗改矣。明初更创八股之法，其所谓经义特文章之游戏而已。学者敝精神于无用之地，国家不能得一有用之人才，考试制至此而流弊又多，訾议者纷起，又至于不得不变之时代矣。

第四节　选举制之输入

科举取士之法既弊端百出，而其时又适值欧化东来，政治革新之议纷起，参政制度尤为欧西立宪政治之精华，其势不能不已以从之，故科举制度遂濒于不能不废灭之境。然其间阻力亦甚多。自清末戊戌变法即以废科举设学校为目的，至辛丑拳乱后始告成功。然旧制虽废，而新制未立，捐纳之风大开，考试之法犹存，用官之法盖无确定之标准焉。及预备立宪诏下，乃有开国会选代议士之运动，然终清之末，仅有各省谘议局为议会之预备机关，而正式议会终未成立。民国革新，代议制度乃确立，中央设参众两院，各省设省议会，各县设县议会，人才济济，盛极一时。乃国会成立未几，旋遭袁世凯之解散，其后虽属经恢复，仍受摧残，至今未复。县议会自民国二年经袁氏摧残后，多数省分，迄今无存。省议会之生命较长，然近年来亦均无形消灭。此后代议制度之能存在于中国与否，为中国政治上一大问题。而行官政吏之任用亦多凭在上者之喜怒，毫无标准，虽有法令，殆同虚设。呜呼！上无道揆，下无法守，欲政治之不滥，宁可得乎。

第七章　历代监政制度之变迁

政权之运用必赖有监察之机关执法以绳其后而后权力始不至有滥用之嫌，此为古今各国所同然，然发挥此种监察之权能至于极点，使之成为政府组织上独立之一系统，可以供后世研究政治组织之参考者，则莫有过于吾国旧时代之科道制度。故今另立为一章以备研究焉。考监察制度之发达约可分为以下数时期：

一、监察制度发展未完备时代
二、监察制度确立时代
三、监察制度发展完备时代
四、监察制度消灭时代

第一节　上古之监察制度

监察制度由其历史上之演进情形观之，本包涵有两种职能，一为谏诤得失，一为纠弹官邪。谏官一职，成立较早。尧舜命官设职，已有纳言，专司谏诤。嗣后列代，皆有相似之职官存在。可知古代对于此职较为注重。惟纠弹之职，则向未设立专官。战国时虽有御史一职，但职在纪言，仍系史官，与后世御史性质并不相同。《周礼》一书虽有小宰及御史等官颇似纠察之职，但此书根本性质既尚在怀疑，其所叙制度自未可贸然据为信史。故吾人可大胆断言，自秦汉以前，中国尚无正式之监察制度，其监察之权能分寄于各官，而无集中之组织。凡一切制度在未发展时代恒如此也。

第二节　秦汉以后之监察制度

监察制度何以至秦而始行发展，其理盖亦易明，大抵时代愈专制，则君主之所以防范监督臣下者愈严，而监察制度亦因之发达，西洋史上之古波斯，中国史上之秦，皆此例也。秦以御史大夫与丞相太尉并列于三公，御史大夫之下设御史中丞，侍御史等官，又于诸郡设监御史以监理郡政，观其制度实系将监察权完全独立于政权之外，自中央以至地方皆有独立之监察机关，其监察权之扩大如此，实由于专制政体发达之故也。汉初制度一仍秦旧，故御史大夫仍列于三公职副丞相。至成帝时改御史大夫为大司空，于是御史大夫一职始变为纯粹之行政长官，不复召监察之任，而监察之职权则以其下之御史中丞领之。中丞之下尚有多数从属。其所掌之职权则除监察官吏，举劾违失外，一切法度刑狱，图书秘籍，内则护从帝室，外则督理州郡缉捕盗贼，监察军旅，皆其分内事。盖其权包含今之司法立法两机关之权在内，可想见其职任之重要矣。历东汉魏晋六朝虽代有变易，而大体无改，此为一时代。

第三节　隋唐以后之监察制度

监察制度，至唐而发展益完备，初御史在汉魏本属近臣，得直宿禁中，参预机密，至隋炀帝始罢其制，使御史专属于外台。唐初更分御史台为三院，一曰台院，二曰殿院，三曰察院，而察院最重要。内则六部分巡，外则十道分察，各有专责，其职权益分明。而分察十道之御史，后遂变为十道巡察按察等使，亲行州郡，切实考察，其权益大矣。此外京外各官多兼御史大夫中丞各号，亦为御史职权扩张之一证。五代及宋，略承唐制，惟宋代御史大夫并无正员，御史中丞亦多缺人不补，盖由行政长官，忌其权大，所以抑之。自宋以前，谏官与御史向系分立，司谏诤者历代有给事中，拾遗，补阙等官。至宋中叶始许御史言事，于是台谏二职逐渐合一矣。至元代承辽金之旧，升高御史台职位，与中书及枢密并列为最高行政长官。又设行御史台于各省，以监督地方行政，为后世督抚之起源。明初统一三院，惟设都察院，以都御史为长官。其下有副都御史，佥都御史，监察御史等。而监察御史仍分道纠察，多至百数十人，其职权极为广大，监察制度至此进化已达极点。至清代更将台谏完全合一，内设六科给事中，外设十五道监察御史，俱隶于都察院衙门。其职权则建议得失，监察行政，纠弹官吏，会审刑狱，检查会计，稽察礼仪等。为君主最重要之耳目焉。

第四节　监察制度之现在及将来

监察权独立，本为君主时代之特色，盖所以为君主耳目之官，以察听臣僚得失者也。民国制度采自欧西，故监察制度，遂完全取消。惟议会以立法机关，而兼监督政治之作用，其权殆较旧时科道为尤大。所不同者，议员选自民间，非如科道之由君主任命耳。民国三年，袁世凯当权，解散议会以后，曾设肃政院以掌纠弹，一时肃政史亦颇有能尽职者。袁氏失败，此职又废。近顷时贤颇有主张监察权独立设为机关者，如孙中山倡五权宪法，即以监察权独立为原则，国民党组织有监察委员会，亦即此意。此外章太炎，章行严等亦间有此意。以吾人论之，监察权独立固未为不可，惟其选出之权仍当操之于民众而不可操之于政府，既当选之后，其地位职权当有确实保障，又不应许其兼任行政官吏，如此则庶可弊少而利多耳。

第八章　财政一——田赋

经国之道，财为最要，历代政治设施，要以理财为第一义。吾国理财政策，历代相沿，不外二种，一曰田赋，二曰榷税，前者取之农民，后者取之工商，大率自唐以前，田赋为唯一之财政来源，自唐以后，榷税收入始与田赋同列为国用大宗，此亦社会经济情形之变化，谈国计者，所不可不知者也。兹分为二章述之，本章先述历代田赋制之沿革。

我国以农立国，人民之生计大半依赖于农业，故国家收入亦不得不以土地税为大宗，此历代谈经济者，所以多注意于田赋问题也。今约历代田赋制度之沿革，约可分为下列数时代。

一、公田制时代（三代以前）

二、算赋制时代（秦汉）

三、授田制时代（六朝至唐）

四、两税时代（唐以后）

第一节　上古之传疑的公田制度

公田制度，为治我国上古历史者一大疑案，其制度之有无，及详细情形，当于古代社会制度研究中述之，本章姑不具论。惟由此制度而产生之田赋制度则不可不一考究之。考我国田赋制度纪载之起源，当始于《尚书》《禹贡》，《禹贡》载禹平水土，别九州，按九州土性分为九等，其赋亦有九等之差。其如何取赋之法已不详，惟知其又按道里之远近，而言纳赋之轻重精粗而已。夏商以后，制度更无可考。《周礼》虽纪载甚详，然亩事出伪，书未可为。信公田之，说始于《孟子》，《孟子》谓夏后氏五十而，贡殷人七十而，助周人百而彻，其实皆什一也。此古书言三代赋制所可根据之唯一材料。宋儒朱熹作集注，解释此段文义，谓夏时一夫受田五十亩，而每夫计其五亩之入以为贡；商人始为井田之制，以六百三十亩之地，画为九区，区七十亩，中为公田，其外八家，各授一区，但借其力以助耕公田，而不复税其私田；周时一夫授田百亩，乡遂用贡法都鄙用助法，八家同井，耕则通力而作，收则计亩而分，故谓之彻，其实皆什一也。据此则自商以前，尚征收田赋，自商以后乃创公田之制，使民代耕而不另收赋，此诚田赋制度上一大变革也。惟井田制度，异说纷纭，虽《孟子》一书，较若可信，然其详已不可得闻，吾人撰通俗历史者，于此等问题未经完全解决以前，姑存而不论，所谓不识马肝未为不知味者也。

春秋以后，虽纪载较多，然于田赋制度亦未有详细之说明。春秋鲁宣公十五年初税亩，似为鲁国初按亩而税之始，论者引此以为前此只有共耕公田，而无私田之税之证。自此以后，列国竞争，国用浩繁，繁征苛敛，无划一之制度，更难究诘。所略可考者，大约古代兵农合一，故田赋征收，并不专以征取谷物为目的，戎马，乘牛，兵器，以及兵车之属均得为赋。孟子所谓有粟米之征，有布帛之征，有力役之征，大约较近于事实时至战国，田赋之制已与秦汉以后制度逐渐按近矣。

第二节　时汉之田赋制度

秦汉以后，纪载甚多，田赋之制，灿然可考。大约其时田赋性质有二种：一曰田租，一曰口赋。田租者按田而征收租税者也。秦代征取甚重，取十分之五，故秦亡甚速。汉初除秦之弊，仅税十五分之一。文帝一朝，国家晏安，无所动用，故初则减天下田租之半，后乃完全免除。全景帝二年始复征田租，三十而税一。武帝以后，更有变更，而大致不外文景之旧。口赋者按人口而征收赋税者也。又分二种，甲曰算赋，人民年十五以上至五十六岁，每人每年出赋钱百二十，谓之一算，以供兵车马库之料，其出赋年龄时有变更。乙曰口钱，武帝时因征伐四夷，国用不足，乃起口钱，民年三岁即出口钱，每人每年出钱二十，其后至元帝时改为七岁以上始出口钱。

汉代国用以田赋为土，全武帝时始注意盐铁等收入，然田赋仍为国用大宗。历朝贤主，亦均能实行薄税敛之儒者政策，且有如文帝时代之免田赋至十余年之久者，故汉代农民对于国家之负担，殆不可谓甚重。惟西汉末年，土地多并兼于大地主之手，贫者至无立锥之地，田赋虽薄，平民并不身受其益。故西汉末年儒者多有名田之议，驯至王莽时代，遂有更名天下田曰王田，实行井田制度之法，虽行不旋踵，而至灭亡，然可以观汉代农民生活之一斑矣。

第三节　六朝隋唐之授田制度

自汉代土地因豪强兼并，以至发生"富者田连阡陌，贫者无立锥之地"之结果，一般儒者对于平均地权之主张遂逐渐倡导认为救时之良策。王莽变法即实行此政策之第一人，不幸操之过激，反遭反动。然此种思想，终不能扑灭，至西晋初年，遂因环境之变动，而见诸实行。自晋至唐初，四百年中，授田之名虽屡变，而其实相差不远，此亦谈中国土地史者所不可不加以注意者也。

西晋武帝平吴之后，即作"户调"之制，此为中古授田制之始。其制按年岁分男女为正丁，次丁，老小三种，凡一家为户者男子占田七十亩，女子三十亩，其余丁男每人课田五十亩，丁女二十亩，次丁男半之，女则不课。丁男之户岁输绢三疋，绵三斤，女及次丁男为户者半输。不事远夷不课田者，输义米户三斛，远者五斗，极远者输算钱，人二十八文。

至后魏又有均田之制，其制分土地为桑田，露田二种；桑田为世业，露田则及岁而受，年老则还之政府。其田赋总名曰调，每一夫一妇，帛一疋，粟一石。人年十三以上未娶者，四人出一夫一妇之调。有奴任耕婢任绩者，八口当未娶者四。耕牛十头当奴婢八。其产麻布之乡，一夫一妇布一疋，下至半，以此为降。大率六疋中五疋为公家之调，二疋为调外费，三疋为内外百官俸。

唐代仍用授田制度，分天下田为口分，永业两种，犹魏之桑田，露田。其田赋分租庸调三种，租者课口分田之税也。当时丁皆受田百亩，内二十亩为永业，八十亩为口分，自此八十亩中征收之税谓之田租。凡每丁每年粟二石。调者从乡土所产之布帛而征者也。每户出绢絁各二丈，布加五分之一，纳绫绢调者，添绵三两，纳布者添麻二斤。庸者，役之代名也。每人每岁应为官服役二十日，别加闰二日，凡不出役者，以一日折合绢三尺布加五分之一。

综上观之，自晋以后，有人必有田，每人所种之田大略均相等。故赋税得以划一。其赋税分为三种，以田计者谓之租，以人计者谓之庸，以户计者谓之调，以唐代之制度最为完备焉。

第四节　唐中叶以后之两税制度

六朝隋唐授田之制，有人必有田，其法较善，似应行之永久，然积久其弊亦生。盖授田之法，重在簿籍分明，户口与田亩俱有详晰之调查，始能公允。在旧日专制时代，官偷吏狡，日久自难免因偷废而上下其手。加以有唐天宝之乱，簿籍荡然。土地渐由私人买卖而趋于不均，若仍旧按人收赋，则有无田而须出租者，有田多而仍旧出八十亩之租者，若必责令田多者还之田少者，重行分配，则俱系经买卖手续而来，难以更行纷扰。故至德宗时，宰相杨炎遂创两税之法，"户无主客，以现居为簿；人无老少，以贫富为著。"虽不能仍旧平均地权，然就当时现状而论，颇为简易，此法遂历宋元明清大端无改。

自汉以来，人民田赋，多以粟米，布帛，力役三者并输，自宋王安石执政，而行免役之法，人民遂解除为国家服力役之义务，自后虽有反对者，亦不能恢复。明神宗万历九年颁行一条鞭法，总括一州县之赋役，量地计丁，凡地丁之赋及其他杂项支纳，总括为一，号曰一条鞭，皆计亩征银，由官代办，不必分缴钱米绢布等物，此为税制又一进化。至清圣祖康熙末年，定以后滋生人口永不加税之制，以康熙五十年之人口数为准，乾隆时代遂以丁税合地税为一，称为地丁，自此以后，丁口税亦殆可称为大部分免除矣。故今日之田赋，只计出而收租，其丁税，户税俱已免除，骤观之似将全民负担，加诸有田者，稍为不平，其实田赋之外工商诸税，已加重甚多，不仅以地丁为主要收入矣。惟自此以后，游手好闲者，以及坐拥资产不事生殖者，多能幸逃于国家之赋税，此小不平等之一端也。民国以来，改征银两为银元，其法多承清代之旧，所征收者有地丁，漕粮，租课，差徭，垦务，杂赋，附加税，七种，因地不同。近年以来，各省当局多有藉附加税之名，滥行征收，以增重人民负担者。

第九章　财政二——杂税

一国赋税之所收入，与其国民生计至有关系，凡国民生计重农业者，其赋税之所取亦多取之于农，重工商业者，则取之于工商。我们财政收入田赋最为大宗，盖因农业为人民生计之本使然，惟自唐以后，杂税浒作，其重要渐与田赋平等。寝假而驾田赋上之，读者观财政之变迁，可以知国民生计今昔之不同矣。兹述杂税之变迁次第，分为时期如下：

一、杂税萌芽时代（春秋以前）
二、杂税渐重要时代（春秋至隋）
三、物税盛行时代（唐至清）
四、商税盛行时代（现代）

第一节　上古时代之杂税制度

杂税者包含田赋以外之一切收入而言也，其主要性质可分二种，一曰物税，如盐税，酒税等，二曰商税，如关税，厘金等。上古时代此两种税均不占重要地位。《孟子》称关市议而不征，似古代商人并无负担，《周官》载委人掌敛野之赋敛薪刍，又萍氏掌几酒谨酒，则似物税尚时有之。大抵彼时在农业共产时代，贸迁有无之事至不重要，故商税之无有亦在意中。至山林川泽之出产，颇亦为国家收入之一部分，故货税当亦有之。惟决不占国家收入之重要部分耳。

第二节　春秋以后之杂税制度

春秋以后，农业社会逐渐破裂，工商业渐形发达，于是经国者对于工商之收入亦渐加以注意。而正式视杂税为国用大宗而用全力以经营之者，当始于齐之管仲。齐当春秋之时，其地僻处于海滨，不宜于农业发展，故管仲治齐，首先注重盐铁政策。以盐铁之收入为国家收入正宗，仲所倡也。战国之时，工商大兴，其取于工商之税殆不下于农民惟时无正式纪载不能得其详细制度耳其时学者鉴于工商之盛行，农业之衰颓，多有持重农抑商之论者，商鞅以此说一试之于秦而秦以之强，法家兴而此说大盛。秦及汉初，重农抑商之政策更加注意。然当时商人因受社会上之轻视故国家财政亦不倚之为重大来源，结果商人反得占实际上之利益。全汉武时因东西征伐国用困穷，遂不得不于田赋之外注意及工商之收入。于是有商贾之算，酒酤之榷，又置盐铁官以专买盐铁，工商之负担自此遂渐重矣。武帝以后历朝虽有损益，然盐铁酒等收入将不能全行豁免，盖理财之道一辟则不可复阖，势则然也。

第三节　唐以后之杂税制度

杂税之征取至唐以后成为国家收入之大宗来源，其故亦有可言者，盖唐自安史乱后，田赋之籍荡然无存，且强藩割据，地方收入多不贡之中央，于是理财之臣不得别出新策，以应急需，此近因也；远因则唐以后长江流域甚形发达，运河开通，南北交通亦形便利，此种情形皆有助于工商业之发达，中唐以后，虽国家政权不一，然地方军阀皆尚能保境安民，战争之事不多，故工商业颇有发达之余地，以此诸因，故唐以后之国家收入以杂税与赋同视为重大来源其事，盖非偶然矣。

唐代杂税性质甚多，兹举其要者分述如下：

一盐税　盐之为政府所注意始于齐之管仲，前已言之矣。汉武帝以后，盐由官卖，禁人民采取，成为定例。至隋初除此禁，唐肃宗时始收盐税。至乾元元年第五琦为盐铁使，变盐法，凡产盐之地设盐院，使民自煮盐谓之亭户，得免杂徭。制成以后，售之大商人，使转卖于各方，谓之通商法。通商法与从前盐法不同之处，即在旧法系官制官卖，丝毫不准人民干预，此法一行，则官特处于盐督地位，而售卖之利归之大商人，因是以盐商起家者甚多。唐代宗末年盐课凡六百余万缗，居天下赋税之半，国用仰给焉。五代以后，盐法大率沿自唐制，元初又定引地之制，于是食盐又有地域之限制。明清以来皆用此法。

二茶税　茶之成为税时起于唐，故唐以前无茶税。茶税起于唐德宗时，文宗时宰相王涯始变茶法，禁民栽制，移民间所植茶树于官场，官自焙制，售与商人，与当时盐法相同。宋时则用民制官卖政策，凡植茶之处，谓之山场，采茶之民谓之园户，皆系由政府特许者。所出之茶，除一部分供租税外，余悉由官收买，再于各地设榷货务以售卖之。惟川广陕三地之茶得听民自卖，但不得出境。商人欲领茶售卖者，得于京师榷货务纳钱，给予引卷，使向其指定之禁地领茶。自元以后，商人售茶仍须待官允许，领取交引，但已直接向种茶者采买，不必由官立之榷货务转买矣。明清以后，茶禁益宽，渐已视为普通货物之一种，但照值收税，而不复有官督民制，或民制官卖等限制矣。此茶盐两税不同之点也。

三酒税　酒税自汉时即有之，历代对此态度不一，或以为酒之为物无益民生而有妨食料，因之取严格禁止主义者，或不加严禁但征取重税因以为利者，又有官自酿酒，官为售卖者，大率因时变迁，未有定例，且亦未占国家收入之重要地位也。自唐代宗以后，课税于酒户，谓之榷酤，以后遂成定制。宋代用官酿之法，置务以酿酒，惟县镇乡间，亦许民私酿。惟私酿者须经官允许，且须有保人，以免不能纳岁课之弊。北宋时此项岁课并不占重要地位，至南宋时国用窘乏，酒税遂成为财政收入重要之项目，往往有地方上已无私酿，而所课酒税仍照旧征收者，此亦行法不善之流弊也。造酒之麯亦归官卖，且有一定之引地焉。大抵宋代官酿民酿并行，官卖者谓之榷酒，民卖者谓之税酒，榷之不便于税，势所固然，故自南宋以后，官卖之制遂逐渐打破，而任民自酿自卖但纳税于国家而已。明以后榷酒之制遂全废矣。

四矿税　盐铁二物自管仲时即视为应归官卖之物，汉武实行此政策，凡铁器皆归官铸，禁民私铸。东汉以后，解私铸之业，惟采矿事业仍视为国家专有，不得私行采掘。唐宋二代矿产特许之采取，谓之阬户，而由官监督之。宋徽宗时亦做税盐之法，榷而售之，令官置炉冶，收铁给引，召人通商。金元以后，采矿之业，皆官民并管，大抵大者由官设局采取，小者则听民自采，至铸器物以及售卖转运则皆听自由，不复归官业矣。

五其他各物税　除盐铁茶酒等税以外，其他日用必须之物品如香料，矾，硝矿，木材等自唐以后亦均征收税课，而宋代香矾两物且归官卖云。

总之产物课税，自唐以前本已有之，惟未尝视为国用大宗，唐以后，理财者始注意于此种收入。唐末及宋更行官卖之制，欲网罗其利。惟流弊滋多，不能久行，至今惟盐尚用通商之法，官督商卖，民间不得私售，其余则俱已解禁，自民国以后，烟酒二物又行官卖之制，各地由官设局，商人向官承领执照，转运贩卖，则仍通商法之旧也。

第四节　近代之杂税制度

货物税之征收盛于唐宋二朝，上节已言之，宋代国用收入，殆太半仰给于此，此可谓物税之最重要时代，顾自元明以后，何以官卖之制度反不能维持，而货物之税亦不占国家收入之第一位？则以另有重要税源，起而代之故也。此重要税源非他，即商税是也。

商税所包范围亦甚广，约而言之，可分三种，一营业税，二通行税，三关税，皆盛行于宋元以后，以下分述之。

一营业税　营业税者，课商人营业盈余而征收其一定之比例之数者也，其法颇类今之所得税，但专限于商人耳。汉武帝元光六年初算商贾，即营业税之起源。东晋时凡货物奴婢马牛田宅有文卷，率钱一万输值四百入官，卖者三百，买者一百。北魏有所谓市税者，凡入市者人出一钱，小营业税之一种。唐宋以后，征收益多。市上交易大约每千钱征收三十，但亦无一定。元明以后情形大致相同。民国以来又有印花税采自西方，亦营业税之一种也。

二通行税　通行税大约起于唐末，观五代后周太祖曾勒诸道州府不得征收牛畜经过税，可知其时必已有此税法矣。此种税法征收商人转运货物经过路途上之税。宋初过税每千钱抽二十。南宋以后，更为苛细。明宣宗时始设钞关及收钞官，于沿河交通经过之所以及各都市城门设官监守，凡经过商贾皆须照例纳税，而载货之船亦须纳船料钱。通行税之增重自此始。然其时犹仅经过大都市征收，搜刮未尽也。至清末太平军兴，江督雷以諴乃创釐金之制，几各省内地均收关卡，商贾经过层层收税，国家收入骤增，而商人则受病不浅焉。

三关税　此关税指对外族贸易征收之税而言。古代对外贸易不盛，偶有之亦均属怀柔政策，故不注重其征收税入。唐以后对外贸易日盛，西北陆路交易，东南海上交易，皆置官以征取货税。而海上贸易自唐置市舶司以来，收入尤为国用大宗。宋元以后市舶司之地位更为重要，收入亦愈多。清中叶曾一禁与外人通商，然粤闽海关始终未撤。鸦片战后，五口通商，对外贸易遂占国家财政收入最重之地位，而海关税乃为中外财政家所同注意者矣。《天津条约》以后，关税受条约限制，不能由吾国政府自由规定，国家主权及实际利益之损失尤多焉。前者列强开关税会议于北京，终借口于我国内乱而解散。民国十六年南京国民政府宣布于九月一日实行关税自主，至期亦以受内乱影响而自动延期，其正式收回之期尚远也。

第十章　财政三——社会政策与民生

考政治进化之次第与其政府权力之大小有关，凡愈进化之国家，其政府所掌之职务愈繁。最初政府之设立，殆仅以禁暴御奸，执行消极的职务而已。逮社会愈进化，社会之变化愈多，而有待于政府之协助与干涉者亦愈重。故政府之权力始则由消极进为积极，继则由政治进为社会，而民生问题，经济政策，遂成为政府最重要职务之一种矣。我国政治在三千年前即已脱神治而入于人治时代，对于民生问题，极早即加以注意，禹之治水，稷之教民稼穑，皆足为政府注意民生之证，盖我国民族性倾向实际，故对于民生问题注意独早，较之其他各古国之最初政治但重事神者，其为进步显然可见。即后世政治家对于民生问题，亦多加以注意，故经济制度之改革，社会政策之实施，在我国古代即已屡有端倪，非若欧美之至近代始成为重要问题也。今略述历代对于民生之设施划分时代如下，其与政治无关者，不述于兹。

一、教民生业时代（唐虞夏）

二、平均地权时代（商周）

三、自由竞争时代（战国）

四、重农抑商时代（秦汉）

五、抑制大农时代（汉六朝）

六、自由放任时代（唐至清）

七、社会政策鼓吹时代（今日）

第一节　上古时代之教民生业

中国为最富于实际性之民族之国，故其所传神话，亦多毗于实际的事业，与其他民族之荒唐无稽不同。古史称有巢氏教民为巢，燧人氏教民钻木取火，伏羲氏教民作网罟，以畋以渔，神农氏教民稼穑，皆为政治家引导人民改良生计之传说，虽其人物不甚可信，但大体上可以窥见古代中国哲人对于民生问题之注意。至唐虞之际此种色彩愈益显著。观《尧典》所载舜时官制，内司空，后稷，兵工，虞四官皆与民生有关，而司空伯禹且以尽力民生之故，得代舜而为天子。禹之政治理想为正德利用厚生，而利用厚生则皆与民生有关，可知当时政治概念必已甚发达矣。自是以后，历代皆有关系民生之官，因古代为农业社会之故，故后稷一职尤为重要。后世政治虽已寖寖离民生问题甚远，失古时之本意，然天子之劝农躬耕，后妃之亲服蚕织，犹列为历代躬行故事之一种，此吾国政治之最可注意之特色之一也。

第二节　三代之平均地权

三代井田之制至今为后儒所聚讼，然上古时代人民原为共产，三代承共产社会之旧，行平均地权之政，亦非绝对不可能。授田之制在六朝以后尚能实行，况三代土旷人稀之时耶。今考三代井田之制，除《周礼》所载未可遽信外，惟《孟子》之说为最古。《孟子》称夏时一夫受田五十亩，殷七十亩，周百亩，其详已见前第六章，此制设可信，则彼时人各有相当之土地以维持生计，其生活安定自较后世之自由竞争者为愈。所应注意者，古代阶级制度甚严，此种授田不过仅及于一般平民，贵族卿大夫则不在此例，而平民之中又有小部分业工商者，亦无人受百亩之需要，与近代共产理想之尽废商人实有不同，此研史者所不可不注意者也。

第三节　战国时代之自由竞争

平均地权之政策到底不能维持久远，至春秋时代而其制逐渐破坏。其大原因在经济生活进步，人民生计复杂，工商业之地位逐渐与农业处于平等地位，井田制度已不足适应时代之需要。再加以诸侯割据，战乱频仍，人民无安居务农之余裕，于是生活失其平衡，而各项事业并起矣。其时王权既已失坠，侯国亦皆多变，自然中央政府无力顾及民生之设施，求其能稍薄税敛，使民苏息，已属难得，况进而为民生设想耶。此战国时代人民之所以困苦逾恒，而秦汉以后之反动政策所由起也。

第四节　秦汉之重农抑商政策

春秋战国时代，旧式均田制度既已破坏，人民全趋于自由竞争之一途，于是大商巨贾出于其间，《史记货殖列传》载之綦详。因此种机会甚多之故，遂易启人民之侥幸心，多弃其固有生计之农业而从事于不可必得之竞争，此举于社会秩序及国家实力均有妨碍，故一般学者均反对之。当时显学如道家主张无治，儒家主张复古，墨家主张人同，皆与自由竞争之原则相反，而法家之反对尤甚。法家者主以政府之力量整齐人民使趋于一致者也。自由竞争之社会最足以妨碍国家政府权力之发展，故法家之反对最烈。法家之理想欲使人民复归于淳朴之农业生活，故提倡重农抑商之政策甚力。自商鞅施其政策于秦而奏效，于是秦汉二代此种政策遂支配一时。汉高帝时之摧禁买人甚力，其一证也。战国末年，商人势力本甚伟大，汉初虽经摧抑，其潜势力犹未骤消，惟自此以后商人于社会上政治上之地位遂不能如前之突进矣。

汉初对于农人保护甚力，文帝时至免天下租赋至十余年之久，其于农人可谓尽力矣。顾此种政策虽足以抑商人之跋扈，然真正农民并不能多得利益，则以其时土地又多为大地主垄断故也。因此之故，第二期之平均地权政策又起。

第五节　西汉末至唐初之均田政策

汉初政策对农民保护优待甚力，而农民不能感其利益何也，则以其时土地多为势家大族所割据故也。董仲舒所谓"富者田连阡陌，贫者无立锥之地。"晁错所谓"官家之惠优于三代，豪强之侈酷于亡秦，"皆当时实在的状况。盖当时政府对于农民虽有种种优待，如减税免赋等，而结果受其益者则皆大地王，一般平民早已无田可耕，政府虽极力奖农，而民不受其利益。以故自西汉中叶以后社会上遂生一种反动思想，一般儒者感民生之困苦，思古代之井田生活，遂不期而发生均田限田之思想。自董仲舒，晁错，以至于师丹，孔光皆鼓吹此种政策之实现，至西汉末年，此种学说遂渐从鼓吹而有进于实现之情势。其时政治家如孔光辈有主用缓进之"限民名田"政策以减削一部分地主之势力者，然经豪强之反对卒不能成功，及王莽即位乃取断然的手段，下令更天下田曰王田，奴婢曰私属，皆不得买卖，其男口不盈八，而田过一井者，分余田与九族乡党。此外又设五均，司市，以平市价，亦续以官卖盐铁等物，杜商人之垄断。此种设施大半犹为社会政策而非属于社会革命之性质，然已以施行过急而致失败。惟王莽虽失败，而均田思想深入于人心，自晋以后，历北魏及唐，所行均田政策，皆汲汉儒之流者也。在此时代之中，其政府对于民生所负之责任，似较宋以后为多焉。

第六节　唐末至清之放任政策

自唐天宝乱后，中央政府威权失坠，无暇顾及民生，宋以后之政府又率以姑息优容不事事为善政，金元等朝以异族入主中国，对于经国之道更所未悉，自唐中叶以至清，此一千年中殆可目为放任主义盛行时代，政府对于凡百生业但求保障其安全发展不受障碍即已尽其责任，至于如何调剂均平则非惟政府之力有所未及，即偶有欲施行其社会政策之一部分以解除民困如宋王安石之变法者，亦皆以旧势力反对而致失败，故千年来之政府与民生殆皆可谓处于相安无事之环境中，而以一切兴施为多事者也。

然则在此情形之下，宜可以适应自由竞争之原则一切事业为极度的发达矣，顾何以欧美大资本大地主之祸，未发现于中国耶。无他，以社会上有自然之调剂故也。自然的调剂有二，一曰财产遗传之平均，二曰战祸之不绝，有此二因，故社会阶级不至十分不平等也。

第七节　干涉思想之复活

此种政策，自清末因西方思想之输入，而渐呈复活之状态。盖十九世纪末年世界政治理想已复从自由主义而趋向于干涉主义，政府对于民生政治之设施负重大责任，又恰值西方社会主义发生，对于经济上之改革鼓吹甚力，影响及于政治，遂有社会政策之名词出现，中国海通以后，适值此种干涉主义盛行之际，自不免受其影响。故政府之权力骤形增大，如禁烟放足等事皆归于政府职权之内。孙文组同盟会，以三民主义为号召，其中民生主义一项，即含有平均地权节制资本之社会政策性质。惟同盟会推倒清室后，并未实行此种政策。自近年共产主义输入中国后，对于经济问题注意者渐多，去岁党军北伐，所至之地实行三三三一制，没收地主财产分给农户，其办法大约在社会政策与社会主义之间。而中国国家主义青年团之政策大纲，亦有对内实行社会政策之详细规定云。

第十一章　历代司法制度之演进

自古觇人国者，法律之完备与否，亦为其国家进化与否之标准，凡国民性之趋于实际者，其法律之发达必早，如欧洲之罗马是其例也。吾国国民性趋重实际，故法律之发达亦较早，虽其发展完备要在隋唐以后，然读上古历史即已见此种观念之萌芽，此亦吾族历史之光荣也。兹述其进化之次第如下。

一、刑法草创时代（三代以上）
二、法典编制发达时代（汉魏六朝）
三、司法制度完成时代（隋唐）
四、司法制度分化时代（宋元明清）
五、司法制度革新时代（清末至今日）

第一节　上古时代之司法制度

谈司法制度有三问题应注意焉，一曰法典之编纂，二曰刑制之沿革，三曰执行法律之机关。又法律一辞。包含甚广，泛而言之，一切政治制度，均为法律之一种，即缩小范围而言，亦有民法，刑法，行政法等等分别。欲于此短章中列述无遗，势所不能，无已举，其演进之大略情势述焉。

吾国法律观念，发展甚早，尧典称虞舜象以典刑，流宥五刑，鞭作官刑，朴作教训，金作赎刑，又命皋陶为士，以典刑法，是此时司法制度，殆已大备，有五刑之制，有流刑以代五刑，有赎刑之规定，有执行司法之官，而"象以典刑"一语，有解作法律之公布者，若此则较之后代之司法制度，盖无大差异也。虞舜时代何以即能如此发达，则其前之必有所受可知，或谓汉族法律袭自苗民，举书《吕刑》篇"苗民弗用灵，制以刑，惟作五虐之刑曰法"数语为证，其言或亦可信。大抵古代兵刑不分，甲兵谓之大刑，战阵之事，苗人较之汉族进步为早，其时必有惨酷暴虐之刑为后世所沿用者。古代五刑为墨劓刖宫辟，皆属肉刑，其法或沿之于苗族，至唐虞时代始以流刑，然肉刑究全废与否，尚未可知。观至春秋战国之际，肉刑尚列为主要之刑，则此风之不但不易革，而且更加流行，盖可知也。周代法制，《周礼》一书，载之綦详，惟吾人于此书既不能置信，故不欲引之。要之法律观念至春秋末年已大进步，战国之时，有专以法治为主义之法家出现，而法律遂渐臻于成熟之地位矣。

第二节　司法制度之渐次发达

战国而后，刑事日多，而法律观念亦日益发达，经秦汉两代统一时期，君相之提倡，学者之鼓吹，不惟刑制之实质日益改善，即法典之结集亦日益完备。自春秋末年，郑晋等国有刑书刑鼎等物，为法律公布之起源。战国魏之李悝遂著《法经》六篇，至汉初萧何加为九章，刑法分类始大略定，魏陈群更定新律十八篇，六朝依之，法典至是始告完备。

战国末年，刑法繁苛，惨酷异常，秦以高压为治，刑尤严峻。汉初约法三章，与民休息，刑始趋于简易。肉刑至汉文帝时而废，然后世究未能全禁绝焉。要之，刑制之由惨酷趋于平易，实为社会文化进步之征，汉之渐废古代苛刑，盖非徒一二君主提倡之力也。

战国时代官制复杂，掌刑之官，各国名目不同，至汉则以廷尉为最高司法官，郡县之疑狱不决者则上之于廷尉，后世名目虽屡更，然其官制系统相沿，盖犹汉之旧也。

第三节　司法制度之完成

吾国司法制度，胚胎于三代，发展于汉魏，而大成于隋唐，唐以后之历朝，其司法之设施盖皆不越于唐制焉。综隋唐之制可为后世法者，盖有二端。一曰法律之编纂，二曰刑制之划一。法律结集至魏而略定，然其内容犹未完备，至唐太宗时，始令长孙无忌等撰律令格式各若干卷，于是正律之外，又有令格式等以补律之不足，此为法律之一进化。古代法律，但注意刑事，萧何九章，始略及民事，然阙略濒多。唐之新律则包括甚广，大率律主刑事，令主民事，区划秩然，后世莫能易之。再广而言之，则唐之六典，尤为广大精微，为中国法律典章之大渊薮焉。刑制之划一始自隋文，文帝令高颎更定新律，其刑名有五，曰笞杖徒流死，又各分数等，以次升降，自此刑制秩然，莫能以私意创苛刑者。又有十恶不赦之规定，以避枉法宽纵之失。盖自斯而吾国法律始成为有系统之组织矣。其后不惟宋明诸朝莫等出其范围，即朝鲜日本之旧法律亦多受其影响，诚吾国文化史上一大可纪念之时代也。

第四节 唐以后法律之分化

自唐以后，司法制度，无甚显著之进步，惟演进愈趋于繁复精细耳。宋代法典编制之多，远过前代，每易一年号，即重编一次，惜此等法典，多已遗失，于研究古代法律之内容，颇滋不便。宋代习惯又多好以君主敕旨代替法律，故有敕令格式之名，此则微与唐代不同者也。明清以来，每朝虽皆有新律颁布，但大体皆一仍唐代之旧，且实际上判狱多以成例为标准，并不依据律文，而普通人民且禁止私习律令，则律文之为效亦已仅矣。

第五节 司法制度之革新

有清末叶，因海通之关系，外人来华者，动辄以吾国法律野蛮，裁判制度，诉讼手续等均不完备为口实，而不肯受吾国官厅裁判，于是遂保留该国领事自行裁判该国人民之权利，世谓之领事裁判权。至德宗末年，乃有自动的改良法律之议，派载泽等五大臣出洋考察宪法，又派于式枚赴日考察司法，于是沈家本于式枚等奉旨设法律编译馆，编订刑律，民律，商律及刑民事诉讼法等草案，且拟改良审判制度，未及实行而清亡。民国承清之旧，设立四级三审制度，以大理院为最高审判机关，其下有高等厅，地方厅，及初级厅，共四级。然因经费及人才关系，各地初级厅均仍以县知事兼理。年来人民国家思想发达，收回治外法权之议大行，列强不得已，乃开法权会议于北京，派遣代表到内地考察我国司法状况，结果则以我国司法制度不完备为辞，主张暂时不能撤销领事裁判权，然我国代表固已宣言不承认此种报告也。此后司法权之完全收回，尚须待内政统一后之努力焉。

第十二章　历代教育制度之演进

吾国教育制度发达甚早，考世界各古国，其始教育行政多附属于宗教行政之下，其能独立发展教育机关，并认清教育之目的者盖鲜，独吾国在三千年前即已认教育为行政之主要部分，而特设专官，规定宗旨以处理之，盖吾民族素重实际，对于神权观念向来淡泊，而入事观念发达甚早故也。兹将历代教育制度发展之情形划分时期如下。

一、王官掌教时代（春秋以前）

二、自由讲学时代（春秋末至汉）

三、学校制时代（晋至唐）

四、书院制时代（五代至清）

五、新式学校时代（清末至现代）

第一节　上古之学术集权制

古代教育事业多附属于宗教事业之内，吾国教育自亦不外此例，惟人民脱离神权时代较早，故教育之成为独立机关亦较早耳。自契为司徒，敬敷五教，教育已有专官。尔后虞夏商周，历代对于教育事业。皆甚注重。因教育演自宗教之故，故所重科目惟礼乐二者，礼为仪文节目所以事神，乐为歌咏舞蹈亦所以事神。此时文化未进，学术视为禁物，仅政府官吏得以保守之。盖古代惟宗教僧侣始有研究学术之机会及权利，后虽时异势迁，而王官犹席宗教余威保持专门研学权利。国家虽有大学小学之设，然大率限于贵族，一般平民不得而与也。

上古学制传于后者以周代为较详，周之学制今古文家所说亦各不同，大致有国学；有乡学；有大学；有小学。颇为完美。惟此等传说多系汉初学者所臆造，未敢据为信史，故本编不取焉。

第二节　教育权之分散

教育权之集中于王官，盖上古社会文化未进时事也。自东周以降，王权失坠，王朝官吏不克世守其业，学术之权威日落。其时列国纷争，政变日多，贵族之权衰，而平民参政之风潮起，于是平民之杰出者，欲求得有与贵族平等之地位，不得不先求获得贵族平等之智识，而自由研学之风起矣。春秋之末如孔墨诸哲，皆以自由讲学为业，及门者至数千人，降及战国，此风愈盛，后车数十乘，从者数百人，稍著名之学者皆能之。秦汉以后此风未泯。名士大儒往往设帐讲学，聚徒千百。所与战国不同者，则昔之为师者恒周游列国，所至其徒众随之，至汉代则游学之风较衰，惟闻弟子千里往就其师于一地耳。战国学校之制未详，汉代虽有学校，然人恒不重之。至东汉之末，大学生讲学干政，为天下所耸动，于是国家学校之权威始渐代私人而上之，此谈教育制度之治革者，所宜注意者也。

第三节　学校制之复兴

东汉一代，盖私人讲学制复变为学校制之一过渡时代也，前乎此者学校制度，杳不为世所重，大学之制起于汉武，其制有博士，有弟子员，萃天下英才于一方，故西汉末年已成为学术之中心机关，东汉诸帝类多崇儒重学，故太学之设备益发达。及桓灵之季，而太学且成为政治言论之机关矣。其时则有大儒马融，郑玄相继聚徒讲学，结数百年讲学制之结局。至魏晋而后，学校益多，郡县皆有学校，为人才训练之地。历六朝兵革之会，未尝稍废，及唐代而学校制遂极完备。唐立六学以造天下士，皆隶于国学，六学，即国子，太学，四门，律学，书学，算学是也。此外州府县皆有学校，校设经学博士医学博士各一人，助教数人，以敷教化，唐之文化极盛，盖于学校制不无关系焉。

第四节　书院制之代起

官立学校与私人讲学互有利弊，大率一制行之既久，弊实渐多，则他种制度代兴焉。唐代学校制度之弊，士皆惊于荣利，不知求学所以为己，故所学无济于实际，徒为装饰悦人之具。晚唐之时，渐有私立书院以讲求学术者。五代至宋，此制度普及。至南宋而极盛。当时大儒，多讲学书院，从者动千百，与汉代经师略相仿。宋代道学之昌，当由于是。其时官立学校虽仍旧，而已有名无实，不为世所重矣。此种书院其大部分为地方公立，非国有，亦非私有，此为教育权自国家及私人之手，移于地方自治事业范围内之始。元明清三朝此种趋势愈益显然，其时书院几全属地方公立，由地方公聘耆儒主持，号曰山长，学者寄宿其中，朝夕探讨，有膏火之费，有奖励之金，学者得以安心从事所业，影响甚大。

此外补书院之不及者，则有私塾制度，私塾略分家塾，乡塾，义塾，及私馆四种，多属于初等教育，盖为进入书院以前之预备机关也。

第五节　新学制之改革

书院之敝，与学校同，皆成为有名无实。盖明清以来，帖括盛行，学者所志惟举业。虽在书院，其所研习与宋元之潜心性理者不同，清代虽有于书院提倡考据之学者；然亦仅属三数著名书院，普通者固不足以语此也。故清之末叶提倡改良书院者之议论纷起，及新学制输入，而书院遂成过去物。拳匪乱后，清廷实行废科举，立学校，书院随科举之废而俱废，各地皆就书院旧址，改设学校。学校之制，采自欧美，分为小学，中学，大学三级，小学分高初两级，大学之外又有专门学校。自后学制虽屡有改良，而大要不外于沿袭欧美。比年以来，经费虽绌，而教育仍日进不辍，倘长此不懈，则国家之兴盛可预卜也。

第十三章　历代军制之演进

军事为立国要素之一，故自古迄今，无论何种形式之国家，未有无军者。然其间军之组织，军之性质则各有不同。我国上古军事之组织，原只以补法治之不足，故曰"大刑用甲兵，"盖其视兵犹今之警察也。其后列国并立，对外时有冲突，乃始有正规军之组织，及时局统一，天下无事，所谓兵者乃又化为纯粹点缀升平，庄严仪卫之装饰品，求如现今各国之以兵为立国之性命者，其时期盖甚少也。今撮述古今军事制度之变迁，分为数期如下：

一、军事制度传疑时代（秦以前）
二、民兵制时代（秦汉）
三、府兵制时代（六朝唐）
四、募兵制时代（唐以后）
五、征兵制预备时代（现代）

第一节　上古之传疑的军事制度

我国军事动作之见于史籍最古者，莫如黄帝涿鹿之战，史称黄帝东西征讨，迁徙往来无宁处，以师兵为营卫，则其时必有一种军事组织可知，惜史无明文，莫得其详。其后制度之传于后者，莫备于周，然有今古文家说法之不同。今文家谓周之兵制，五人为伍，五伍为两，四两为卒，五卒为旅，五旅为师，师凡二千五百人，每一师即为一军，天子六军为万二千五百人，方伯二师，诸侯仅一师（依《白虎通》及《公羊传》何注。）古文家则谓万二千五百人为军，王六军，大国三军，次国二军，小国一军，二千五百人为师，五百人为旅，百人为卒，二十五人为两，五人为伍（依《周礼夏官序》。）目师以下今古文家说法略同，惟今文家谓师即是军，古文家则谓六师始为一军，天子即有六军，其说相差甚远。又诸侯之军古文家谓有三等，今文家则只二等。以理推之，大约古文家说较近是。

又其出兵之法，今古文说法亦不同。惟大制皆系按户数抽兵而已。

要之，无论从今文家或古文家之说，即使非纯属儒者之向壁虚造，然其实行之期间必甚短。盖周自昭王南征不复，夷王下堂见诸侯以后，王室已甚衰微，诸侯渐各自变更制度，降至春秋，霸国蔚兴，兼并时作，军制更因时制宜逐渐扩大矣。

第二节 秦汉之民兵制度

自春秋以降，列国并立，接触日繁，而军事亦日益扩张。春秋时代，每次战争至多不过出车六百乘至八百乘，其兵至多不过数万人而已。至战国之时，则所谓大国者，类皆带甲数十万，有至百万以上者，其用兵也，则废车而参用马，此战争技术之一大进化也。

其时战争既多，则使民之法，自不能依照常轨，而不得不出于普遍的强迫。以当时列国之人口计之，当亦不过数千万，而带甲之士合计已有五六百万，是几于凡民之少壮者皆可为兵矣。此种凡民皆兵之制，实自战国开其端，而秦汉两朝因之。其与上古之制不同者，上古之征兵有一定之法制，其数甚少，又注重在出车出赋而不在出人，秦汉之制则较上古为普遍，又注重在人，此二者不同之点也。

秦之军制，其详不可得而闻，大约与汉略相近。汉制民年二十三为正，一岁为卫士，一岁为材官骑士，至年五十六始免兵役。其兵之种类，有材官即步兵，有骑士即骑兵，有楼船即水兵，大约因各地人民习惯之不同而分别教练之。此种制度自汉武帝置八校，始渐改为募集常备之制。

然汉代此种兵制，实不过普及武事于民众之一种办法而已，以之镇压地方，供护卫驱使则有余，以之对外作战则不足，故当时对外作战之兵，另有一种来源，即罪犯是也。此种制度亦自战国起，秦代仍之，汉时使用更多，此实古代一种特异的制度，其制仍从上古认兵事为刑罚之一种，及民有服劳役之义务之二观念演绎而来。而其时所发罪人亦类能奋勇克敌，不稍回顾，此实今人所不能思议者，大约由于当时户籍法完备，人民不敢逃避之故耳。

第三节　六朝隋唐之府兵制度

秦汉之民兵制，其实不得谓之兵，以其于作战上无大能力也。至东汉之末，天下分裂，兵戈日多，而兵制亦遂紊乱。其时之兵或由于强制之募集，或由于招抚盗贼而来。及五胡乱华以后，其时北方诸国所用之兵，皆该种人本族之兵，胡人以骑射为生，故举族皆兵，初无待于制度，而汉人则惟耕种出租税而已。南方则当时兵力集中于荆扬两处，荆州兵与北府兵始终为南朝重镇，此虽与后来之府兵制不同，然未始非此制之滥觞也。至北周时北方遂创立一种府兵之制，其制择民之魁健才力者为兵而蠲其租调。令刺史以农隙教练，合为百府，每府一郎将主之，分属二十四军，领军者谓之开府，一大将军统两开府，一柱国统二大将，共为六军。隋代略沿其制。至唐初更为完善。全国设折冲府六百三十四府，而在关内一道者有二百六十一，盖取强中弱外之意。折冲府有上中下三等，上府千二百人，中府千人，下府八百人，每府有折冲都尉及左右果毅都尉。其兵之编制十人为火，火有长，五十人为队，队有正，三百人为团，团有校尉。人民二十而为兵，六十而免。平时居于田亩，以农隙教练，有事则出征，事讫则各还其乡。有所征伐则临时命将，征伐既终，则兵归其府，将上其印，故大将不能拥兵，而中央得以制驭。此实古今军事最良之制度，而为今日所应设法恢复者也。

第四节　唐以后之募兵制度

府兵之制在唐初诚为良法，惟其制亦便于对内统制，而不便于对外长期之作战。自开元以后，屡事边功，府兵渐不敷调用，而府兵屯驻一地既久，有室家资业之累，其精神亦渐衰颓。故张说遂请召募壮夫，谓之骥骑，以供宿卫，此为募兵制之起源。天宝以后，列镇割据，兵为私人之兵，其法制变乱，莫可究诘。大要出于招募，而亦有父子兄弟相承累世为兵者，故兵士之权滋重，得以逐守将，杀主帅，迎拒长官，盖已寖成一种特殊阶级矣。

宋兴惩唐之弊，务集权于中央，集各州精壮之兵于中央，谓之禁军，专以备征伐，其各州所留者皆老弱，惟以备守卫而已。各地要塞每年派禁军出守，轮流更调，谓之番戍。然其后禁军寖多，而教练日荒，故有事不能御侮。至神宗时，王安石变法，裁减禁军，改番戍之制，置将统兵，分驻各路。又行保甲之法，使保长以武事教保丁，以备逐渐训练民兵。惜其后以党争纷扰，卒未能有效。南宋以后，招募盗贼为兵，诸将各拥兵自重，几同唐末情形，惟不久即收权于中央耳。辽金元均以异族兴起，其军队各取本族壮丁为之。辽之军分六种，曰御帐亲军，曰宫卫军，曰大首领部族军，曰部族军，曰五京乡丁，曰属国军，以部族军为主干，金初起时，全族皆兵，其后又收纳汉人渤海人等，部队寖广，其首领有猛安，谋克等名。元之初起，其兵有蒙古军及探马赤军，探马赤者蒙古族以外各部族之军也。其后平金入中原，发民为兵谓之汉军，平宋以后，所得兵谓之新军。其兵有兵籍，盖为一种特殊职业，与平民不同。其兵官有万户，千户，百户等名，其实仍以本族之兵为主也。

明初仿唐府兵制于各地设卫所，以都督府及都司统辖卫所，以百二十人为百户，千二百人为千户，五千六百人为一卫。京师设五军都督府，各卫设卫指挥使，千户所设正副千户，百户所设百户，其下设总旗二名，小旗十名。兵士平时屯田，有事则命将出征，军还后兵归其所，将上其印，其制极与唐相似，有明一代无武人跋扈之弊，其制之效可见。然因自卫指挥使以下乃至兵士皆父子世袭，故军纪不修，教练日荒，而寖至不能有用，是则明军制之弊，而非府兵制本身之过也。

清代以满族入关，故最初兵力全赖八旗子弟，殆亦举族皆兵之制。其汉人之兵谓之绿营。仁宗以后，八旗绿营皆归腐败，故川楚教匪起，不得不另募乡兵，谓之练勇。洪杨之乱，亦赖湘淮练勇讨平，然为时既久，勇营亦渐腐败。至德宗以后，海禁大开，外竞日烈，遂不得不取法外人，而为根本改革军制之图矣。

第五节　清末至今日之新军制度

清末改革军制之议大兴，于是首先于勇营及绿营之外，挑选精壮，加饷重练，谓之练军。初仍用旧法操练，及张之洞创自强军于湖北，乃用西法教练。袁世凯练兵于小站，而北洋新军始为国内重镇，至清末定全国练三十六镇新军，又逐渐实行征兵制度，未及大行而清亡。民国以后，军制大略本自前清，惟易其名而已。其制最高单位曰师，师有步兵二旅，旅有三团，团有三营，营有三连，连有三排，排有三小排，每小排十四人。每级皆有长以统之。每师定制为步兵二旅，炮兵一团，骑兵一团，工兵一营，辎重一营。此外一旅而包有炮骑等兵者谓之混成旅，团谓之混成团，然近年以来，军事寖多，有合数师而成军者，又有合数军而成军团者。又各地藩镇，拥兵自重，任意变更军制，多有不按常制者，或名少而实多，或名多而实少，纷纭变化，至莫可究诘云。